西安工程大学马克思主义理论学科建设经费资助
（项目编号：107090305）

复杂性探索与马克思恩格斯辩证法的当代阐释

张涛 著

中国社会科学出版社

图书在版编目(CIP)数据

复杂性探索与马克思恩格斯辩证法的当代阐释/张涛著．
—北京：中国社会科学出版社，2016.6
ISBN 978-7-5161-7933-8

Ⅰ.①复… Ⅱ.①张… Ⅲ.①马克思主义—唯物辩证法—研究 Ⅳ.①A811.63②B024

中国版本图书馆CIP数据核字（2016）第070991号

出 版 人	赵剑英
责任编辑	田 文
特约编辑	陈 琳
责任校对	张爱华
责任印制	王 超

出 版	中国社会科学出版社
社 址	北京鼓楼西大街甲158号
邮 编	100720
网 址	http://www.csspw.cn
发 行 部	010-84083685
门 市 部	010-84029450
经 销	新华书店及其他书店
印刷装订	三河市君旺印务有限公司
版 次	2016年6月第1版
印 次	2016年6月第1次印刷
开 本	710×1000 1/16
印 张	18
插 页	2
字 数	305千字
定 价	68.00元

凡购买中国社会科学出版社图书，如有质量问题请与本社营销中心联系调换
电话：010-84083683
版权所有　侵权必究

序

一

张涛博士、副教授的著作《复杂性探索与马克思恩格斯辩证法的当代阐释》就要出版了,我为他感到高兴,我对他表示祝贺!

张涛博士是我的学生,在读博期间,他就专注于用当代复杂信息系统的相关理论去解读马克思和恩格斯的辩证法思想,显然这本将要出版的专著正是在他的博士研究基础上再深化研究的成果。

简单性和复杂性是完全不同的两种研究问题的方法。张涛博士敏锐地看到这两种方法分别与一般哲学中所揭示的形而上学和辩证法的方法的相关性。他强调指出:"在传统哲学中占据主导地位的是形而上学,是以追求简单确定性为其主要目标的,而辩证法则更多作为实现这种追求的方法而出现。但作为与形而上学不同的理论思维,辩证法始终保持着对简单性怀疑的态度,是对现实世界复杂性的反思与自觉。"

从这样的一种基本立论原则出发,他具体揭示了马克思主义辩证法的复杂性特征。他写道:马克思恩格斯的辩证法是"通过对近代哲学与科学的简单确定性观念的批判而确立的。正是因为这样,承认世界的复杂性不仅是现代科学研究的主题,也是马克思恩格斯辩证法理论的题中应有之义"。

传统的形而上学的思维方法具有片面性、孤立性、单维度、静态性考察问题的特征,因而是一种简单性的思维方法;而辩证法的思维方法与形而上学的思维方法相反,它主张从多维综合的、整体联系的、动态演化的观点出发去考察事物,因而,辩证法的方法便具有了复杂性思维方式的特征。

张涛博士把当代复杂性思维的具体特征概括为四个方面:"系统整体性思想、全息建构的非线性思想、自组织思想与不确定思想。"这样的见解十分深刻。具体体现出了复杂性思维的整体相关的普遍联系性、全息映射的非线性信息网络建构性、事物自我演化和发展的运动变化性、事物运动变化过程和结果的随机性和非决定论特征，由此又可以进一步解析出事物运动变化的涌现性和创新性特征。

张涛博士的著作在对简单性思维和复杂性思维的区别作了科学史考察的基础上，具体对马克思主义辩证法与当代复杂性科学的思维方式进行了深入的比较性研究。他从四个大的方面揭示了马克思主义的辩证法与复杂性思维方式的一致性关系：系统联系的整体性思想；全息综合建构的非线性思想；自组织生成演化的思想；生成与演化的不确定性思想。

在对上述四个方面的具体阐释中，张涛博士又具体采取了一种从自然史到社会史、从自然的自在生成和演化到人的主体性选择和建构的全息综合的考察方法。这样，在他的阐释中马克思主义的学说不仅具有了自然与社会、客体与主体、历史与现实的多维综合的统一性特征，而且还具有了这诸多维度之间的既先后生成，又互为基础和条件的全息建构的特征。由此而论，张涛博士不仅看到了马克思主义的辩证法与当代复杂性思维的诸多一致性方面，而且，他对这诸多一致性方面的研究和探讨也同样运用了复杂性思维的方法。

二

我曾经从世界的物质和信息双重存在和双重演化的维度上对当代复杂性思维方法进行过具体的阐释："信息、系统、复杂性方法基于对世界的物质性和信息性双重存在模式的规定和认同，更强调从现存事物的结构组织和关系网络模式、生成演化程序和建构过程模式中去把握和描述事物的本质、特点和属性，更强调将现存事物（包括人为设定的符号）的结构、关系、程序和过程作为信息的载体或符码，并由此破译出其中蕴含着的关于事物历史状态、现实关系、未来趋向等间接存在的内容。另外，信息、系统、复杂性方法还更强调事物及其发展的差异性、变易性、多元协同性、对立兼容性、全息蕴涵性、动态性、演进性、自生性、整体性、非线性、无目的性、不确定性、偶然性和非决定性的韵味。"[①]

[①] 邬焜：《古代哲学中的信息、系统、复杂性思想的基本特质——希腊·中国·印度》，《江南大学学报》2009年第2期，第13—16页。

虽然，我们承认，辩证法是一种具有复杂性的思维方法，但是，这并不就意味着历史上的所有冠以"辩证法"的学说都可以具有真正完满的复杂性韵味。事实上，传统哲学中的辩证法学说在很多方面都还具有某种程度的简单性特征。如，古老的两个极端直接对立统一的观念，永恒发展的单极化特征，由简单直接的量的积累便可以达到事物进化式质变的所谓"质量互变规律"，以及永远是由低到高的仿佛回到出发点又高于出发点的"否定之否定规律"。在这样的一些学说中呈现出来的同样是单向性运动、单一因素的作用、纯粹化的极端性关系的简单性原则。

其实，依据当代复杂性科学发展的成果，很多传统辩证法所阐释的观念都应当被重新审视，甚至有必要予以批判和改造。

为什么说由两个极端性状态构成的对立统一模式仍然具有简单性特征呢？因为一般事物的真实结构、结构之间的关系并不总是处于某种极端对立的状态，其间还会有并未达到对立程度的差异关系、兼容多重性质和状态的中介性关系。这样一些复杂性的关系在传统的辩证法学说中并未得到很好的体现。虽然在黑格尔那里，在恩格斯和列宁的相关论述中差异关系、中介关系都曾得到了极为深刻的揭示，但是，他们的这样一些相关思想却未被后来的一般哲学家们所继承。当人们一般地提到辩证法时，总是把它归结为对立统一的原则。另外有一些学者则根据纯粹的对立统一关系无法容纳差异和中介的情景干脆对辩证法采取一种怀疑或否定的态度。在这里，不是辩证法出了问题，而是将对立统一关系绝对化、纯粹化、排他化的简单性思维的教条主义的阐释理论出了问题。另外，那种将对立统一关系仅仅看作是二元结构、"两个部分""两个方面"之间的关系的学说仍然是简单性的。因为，复杂的事物都往往具有多元、多维度的结构，就是讲对立统一也不能排斥多元对立统一、多维竞争协同的情景。还有一些更复杂的结构，这就是跨层次的相互作用的问题，在不同的层次之间也同样会存在着差异的、中介的或对立统一的复杂性关系。如此看来，多元性、多维性、跨层次性、差异性、中介性、对立性、竞争性、统一性、协同性、综合性，以及多方面、多领域、多层次、多重关系的交织和兼容性都应当成为辩证法关于事物结构化理论应该予以概括的内容。须知，辩证法决不是一种单一性的学说，它理应合理容纳丰富性和多样性。只有这样的辩证法才可能真正具有复杂性韵味。

为什么说传统的质量互变规律的模式仍然具有简单性特征呢？这是因

为，按照当代复杂自组织理论的相关学说，事物的有序结构是靠其内部的非线性相互作用机制所维持的，而任何一种进化事件都意味着有序性的增长。这样，事物进化的有序性增长的非线性机制决定了事物在进化的临界点上总是面临着多重发展方向的选择，这就是事物有序自组织演化的分岔现象。与之相对应的便是有序演化的非线性方程总是面临着多重解，其中的每一个解都对应着一个特定的分岔方向。这一分岔演化的模式告诉我们，在事物进化的质变点上仅仅是与旧质相统一的量的增减并不能直接作出进化方向的选择，它还需要其他的偶然因素的介入，这就是通常自组织理论中所讲的"涨落"。当事物的量变的积累推动事物达到了质变的临界点的时候，不同性质的偶然因素（涨落）的介入将导致事物向不同的方向演化。这样，仅仅依靠量的积累而达到质变的传统的质量互变规律对事物演化机制的阐释便不能不具有简单性的特征了。只有把引入偶然性涨落因素的作用融入到事物的质变过程和机制的描述中才可能有效地克服传统质量互变规律仅仅由量的增减这一单一性因素来描述事物质变原因的简单性特征。

为什么说永恒发展的理论是一种具有单极化特征的简单性理论呢？当代宇宙学关于宇宙演化整体模式的描述、当代复杂自组织理论和混沌演化模型都揭示了宇宙和宇宙间的事物的演化具有两个方向，一个是向上的有序化的进化演化的方向；另一个是向下的无序化的退化演化的方向，并且这两个方向在大的方面又是相互转化、过渡和交替循环的，亦即是说，进化和退化都有各自的极限，进化达到了极限就是退化的开端，而退化达到了极限同样就是进化的开端。从有序化和无序化的具体模式来看，发展也是有其极限的。最为发展的系统，也就是有序化程度最高的系统，而最高的有序化系统也是最为僵化的系统，因为这样的系统是由单一模式支配的系统。而事物达到了这样的状态便不可能再向前发展，它要运动变化便只能向有序性降解、无序性增长的方向演化。在事物运动、变化方向的理论上，我们也应当同时关注进化和退化两个分支，也应当把发展论和循环论辩证地统一起来。其实，恩格斯早就提出了演化大循环的思想，只是其后的一些所谓的马克思主义的哲学家们把恩格斯的观点简单抛弃了，并还煞有介事地大批特批循环论。恩格斯在其著作中写道："整个自然界被证明是在永恒的流动和循环中运动着"；"整个自然界，从最小的东西到最大的东西，从沙粒到太阳，从原生生物到人，都处于永恒的产生和消失中，处于不断的流动中，处于不息的运动和变化中"；"这个过程是同一个东西——在大循环中——的某种永恒的重复呢，还是这个循环有向下的和向上的分枝"；"自然科学预言了地球本身存在的可能的末日和它适合居住状况的相当肯定的末日，从而承认，人类历史不仅有上升的过程，而且有下降的过程"。[①]

否定之否定规律所面临的困境和永恒发展的理论是一致的。传统辩证法的教科书体系把否定之否定看作是一个具有普遍性的规律，并把这一规律具体描述为螺旋式上升和波浪式发展的过程，在这一过程中虽然有暂时的和局部的倒退和回复，但是在总体趋势上却只能是"由低级到高级，由简单到复杂"的前进性和上升性的运动，亦即是"仿佛回到出发点，又高于出发点"的运动。显然，这样的阐释也与永恒发展的学说相一致，是一种单极性、简单性思维的结果。长期以来，关于否定之否定规律的普适性问题始终存在争议。其中涉及的主要方面有：是否所有事物的运动都会回到出发点？回到出发点的运动结果是否必然会高于出发点？在这里，也和永恒发展的学说所面临的困境一样。发展有没有极限？发展到极限是什么状态？

其实，无论是单向退化演化（宇宙热寂论）的理论，还是单向进化演化（永恒发展论、否定之否定规律）的理论都具有单极化思维的简单性和形而上学性特征。我们的结论只能是这样，辩证法的演化观是：宇宙和事物的演化具有向上和向下的两个分枝，在整体上呈现出循环演化的特征，并且，在向上演化的整体进化分枝中总会兼容向下演化的某些局部退化的方面，而在向下演化的整体退化分枝中同样会兼容向上演化的某些局部进化的方面。无论是向上还是向下的演化都会有其极限，单极性的运动只能走向死亡，而只有循环才可能永生。辩证法承认事物的永恒运动、变化和相互转化的性质，并认为这是绝对的，无条件的。而其中呈现出的进化或退化的现象则可能是阶段性的、暂时的、相对的和有条件的。但无论是进化或退化都是事物永恒运动，变化和相互转化的过程，这一过程在整体上呈现出有进有退的大循环特征。

近三十多年来，中国的哲学界已经越来越清晰地认识到传统教科书式的辩证唯物主义哲学具有极强的教条主义色彩。我我里要强调的是，仅仅

[①] 《马克思恩格斯选集》（第4卷），人民出版社1995年版，第270—271、344、217页。

指出它是一种教条主义的学说还并不能成为我们试图改变现有哲学状态的充足理由。问题的要害在于，这种教条主义的学说本身的真理和谬误性是什么？只有当我们认识到它不仅仅是一种教条，而且还是一种并非真理性的认识的时候，这种教条主义才会真正受到批判，我们也才会真正地改变哲学的现状。另外一个要澄清的问题则是，这样的教条主义式的哲学离开真正马克思主义哲学的距离有多远？事实上，在马克思和恩格斯那里，相关辩证法的思想是相当丰富而深刻的。后来的那种教条主义式的哲学并不能真正反映马克思主义哲学的整体风貌。我们前面已经提到，恩格斯和列宁当年提到的对立包容差异、相互作用需要中介的思想，以及恩格斯关于循环演化的思想在后来的教条主义式的哲学中都隐而不见了，有的甚至遭到了明确批判。

三

当然，辩证法决不是一种僵化的哲学。作为辩证唯物主义哲学的第一个历史形态的马克思主义哲学同样也不是一种僵化的哲学。长期以来，辩证唯物主义哲学的教条化、保守和僵化式的发展并不是马克思和恩格斯的过错。

马克思和恩格斯对辩证哲学的性质曾经做过极为深刻的阐释："辩证哲学推翻了一切关于最终的绝对真理和与之相应的绝对的人类状态的观念。在它面前，不存在任何最终的东西、绝对的东西、神圣的东西"；"它的革命性质是绝对的——这就是辩证哲学所承认的唯一绝对的东西"；"每一时代的理论思维，从而我们时代的理论思维，都是一种历史的产物，它在不同的时代具有完全不同的形式，同时具有完全不同的内容"；"像唯心主义一样，唯物主义也经历了一系列的发展阶段。甚至随着自然科学领域中每一个划时代的发现，唯物主义也必然要改变自己的形式"。[1]

虽然，马克思和恩格斯创立了辩证唯物主义的第一个历史形态，但是，按照他们所言明的辩证哲学的性质，马克思主义哲学并不曾终结辩证唯物主义哲学的发展，马克思主义哲学的最大功绩在于它开启了人类哲学的一个新的时代，辩证唯物主义哲学发展的时代。而辩证唯物主义哲学本

---

[1] 《马克思恩格斯选集》（第4卷），人民出版社1995年版，第217、284、228页。

身，也如历史上的辩证法和唯物主义一样，在不同的历史时代将会呈现出它的不同的历史形态。而在当代科学技术革命、复杂信息系统理论，以及当代信息哲学的兴起的全新时代背景下，辩证唯物主义哲学也必将会迎来它的第二个历史形态的全新变革。

在这样一个全新的时代背景面前，我们对马克思主义哲学、对辩证唯物主义哲学与当代复杂信息系统理论、与当代信息哲学的思想渊源的关系进行探讨，不能不具有十分重大的意义和价值。就此而言，我们应当对张涛博士的研究予以充分的肯定。

然而，仅仅停留于简单比较和阐释的层面，我们所做的工作还远远不够。我们应该更深入地去探讨辩证唯物主义哲学在当代应当如何发展的问题。并且在继承和发展马克思主义哲学的基础上具体建构辩证唯物主义的第二个历史形态。这无疑是我们当代的马克思主义哲学家们的一个最为重要而紧迫的历史使命。

在一篇已经发表的论文中，我曾针对建构辩证唯物主义的第二个历史形态提出了二十个需要重点关注的问题，并对这些问题分别给出了简要的具体回答。在此，我仅把这二十个问题列出，以供同仁思考。

1. 辩证法唯物主义的批判性和革命性性质在自身发展过程中的作用、意义和价值；

2. 辩证唯物主义具体理论变革的历史轨迹；

3. 科学在辩证唯物主义哲学发展过程中的作用、意义和价值；

4. 现代科学革命给辩证唯物主义哲学的发展带来的挑战和机遇；

5. 当代信息科学和哲学的发展给辩证唯物主义哲学的发展带来的新启迪；

6. 兼容信息世界的新唯物论的存在论学说；

7. 信息世界的发现导致的哲学基本问题的具体表述方式的变革；

8. 物质形态和信息形态的相容关系，以及二者同步进化过程和机制的理论；

9. 基于演化、信息、历史的多重维度所阐释的时空内在融合统一的全新时空观；

10. 人的认识活动的信息层次和信息过程与机制的研究；

11. 人的实践活动的物质性和信息性的两重化特征的研究；

12. 人的本质的多重维度的辩证分析；

13. 辩证法关于普遍相互作用、普遍联系原则的信息机制的新解读;

14. 对立统一规律与多元协同、普遍差异、多级中介理论的辩证综合分析;

15. 事物质变方式的渐变性和突变性的辩证分析;

16. 事物运动、变化的发展论和循环论的辩证分析;

17. 哲学非根本转向和根本转向的理论判据与西方哲学宣称的几次哲学转向的非根本性质的研究;

18. 西方哲学的认识论、语言学和现象学转向的单极化发展的简单性和绝对化特征研究;

19. 当代认知科学和复杂性理论的发展对辩证唯物主义哲学变革的启示;

20. 辩证唯物主义的第二个历史形态的理论体系研究。

辩证法并不是一种僵死的只能描绘某种单一模式的学说,它在本质上是一种能够容纳多样性和整体性在自身之中的哲学。辩证法的这一哲学性质决定了它是一个开放的体系,它能不断从发展着的科学中汲取新思想,并在对这些新思想的合理性批判中实现自我批判,从而不断发展自己。如果一种辩证哲学总是与发展着的科学处于相互排斥的状态,那么,这种哲学便一定是迷失了它的辩证本性的哲学。这样的辩证哲学如果不能在自我超越的自我批判中获得再生,那么就一定会走向反面——形而上学。在这里,辩证法和形而上学也是可以相互贯通、相互过渡和相互转化的,在这二者之间同样也不存在什么万古不变的、绝对分明的界限。

张涛博士的相关研究已经为我们开了一个好头。我们希望张涛博士,也希望哲学界的同仁在今后的研究中能够取得更为深入、更富有创新力度的新成果,从而为辩证唯物主义哲学的新发展作出自己的贡献。

邬　焜
2016 年 1 月 16 日

目 录

引 论 …………………………………………………………… (1)
 第一节 复杂性科学与马克思恩格斯辩证法 ……………… (1)
 第二节 国内外已有研究析评 ………………………………… (6)
  一 国外研究的历史逻辑探寻 …………………………… (6)
  二 国内研究的历史逻辑探寻 …………………………… (14)
 第三节 复杂性科学与马克思恩格斯辩证法关系的
     新探索 ……………………………………………… (16)

第一章 科学的变革：从简单性观念到复杂性观念 ……………… (23)
 第一节 传统科学的简单性观念 …………………………… (23)
  一 科学简单性观念的确立 ……………………………… (23)
  二 科学简单性观念的发展 ……………………………… (28)
  三 科学简单性观念的思维特征 ………………………… (30)
 第二节 科学简单性观念的缺失与科学复杂性观念的兴起 …… (32)
  一 传统科学简单性观念的缺失 ………………………… (32)
  二 现代科学复杂性观念的兴起 ………………………… (34)
 第三节 现代科学复杂性观念的发展与完善 ……………… (37)
  一 现代科学对复杂性的自组织主义研究阶段 ………… (37)
  二 现代科学对复杂性的非线性主义研究阶段 ………… (39)
  三 现代科学对复杂性的不确定性研究阶段 …………… (41)

第二章 现代科学复杂性观念的思想特征 ……………………… (47)
 第一节 对现代科学复杂性观念理解的复杂性 ……………… (47)
  一 对复杂性理解的语义溯源 …………………………… (47)

二　现代科学对复杂性理解的历史逻辑 …………………………（49）
　　三　现代科学对复杂性理解的复杂现状 ………………………（52）
　第二节　现代科学复杂性观念的思维特征 ……………………………（54）
　　一　系统整体性思维 ……………………………………………（55）
　　二　全息建构的非线性思维 ……………………………………（58）
　　三　自组织演化的过程性思维 …………………………………（62）
　　四　演化过程中确定性与不确定性相统一的思维 ……………（66）

第三章　复杂性观念的社会科学扩散与哲学跃迁 …………………（70）
　第一节　人文社会科学的复杂性探索 …………………………………（70）
　　一　人文社会科学研究的复杂性转向 …………………………（70）
　　二　经济学与管理学的复杂性探索 ……………………………（75）
　　三　社会学、政治学与教育学的复杂性探索 …………………（79）
　第二节　现代科学复杂性研究的哲学反思 ……………………………（84）
　　一　科学复杂性观念的哲学向度 ………………………………（85）
　　二　复杂性科学研究与哲学研究的会通 ………………………（90）

第四章　科学复杂性观念的哲学渊源与当代映射 …………………（95）
　第一节　复杂性科学研究的哲学思想渊源 ……………………………（95）
　　一　中国传统哲学的系统复杂性思想 …………………………（96）
　　二　古希腊哲学中的系统复杂性思想 ………………………（105）
　第二节　复杂性科学研究的当代哲学映射 …………………………（111）
　　一　文化哲学的系统复杂性思想 ……………………………（112）
　　二　科学哲学后现代转向中的系统复杂性思想 ……………（114）
　　三　解构主义哲学中的系统复杂性思想 ……………………（116）
　　四　精神分析学后现代转向中的系统复杂性思想 …………（118）

第五章　辩证法：对现实世界复杂性反思与自觉的哲学 …………（121）
　第一节　辩证法和形而上学的不同哲学追求 ………………………（121）
　　一　形而上学的简单性哲学追求 ……………………………（122）
　　二　辩证法的复杂性哲学追求 ………………………………（125）
　第二节　马克思恩格斯辩证法在复杂性自觉中确立 ………………（129）

一　马克思辩证法思想的确立：对理性主义简单性观念的
　　　　批判 …………………………………………………………（129）
　　二　恩格斯辩证法思想的确立：对近代经典科学简单性思维的
　　　　批判 …………………………………………………………（133）
　第三节　马克思恩格斯辩证法当代研究困境及思考 …………………（138）
　　一　马克思恩格斯辩证法当代研究困境 ………………………（138）
　　二　马克思恩格斯辩证法当代研究困境的理论反思 …………（142）

第六章　马克思恩格斯的系统联系思想 ……………………………（148）
　第一节　系统概念的哲学意蕴 …………………………………………（148）
　第二节　系统观点：马克思恩格斯辩证法的重要原则 ………………（151）
　　一　系统联系着的整体世界 ……………………………………（152）
　　二　系统联系着的整体自然界 …………………………………（154）
　　三　系统联系着的人类社会 ……………………………………（156）
　　四　作为系统过程的人类思维 …………………………………（160）
　第三节　马克思恩格斯辩证法分析具体问题的系统方法 ……………（163）
　　一　系统整体的新质涌现 ………………………………………（165）
　　二　系统整体作用下要素的新质涌现 …………………………（168）

第七章　马克思恩格斯的全息建构的非线性思想 …………………（173）
　第一节　系统联系的内在机制：全息建构的非线性相互作用 ………（173）
　第二节　自然、社会与人的非线性全息建构 …………………………（178）
　第三节　自然界非线性的全息建构 ……………………………………（184）
　　一　自然界空间意义上的非线性全息建构 ……………………（184）
　　二　自然界时间意义上的非线性全息建构 ……………………（187）
　第四节　人类社会非线性的全息综合建构 ……………………………（190）
　第五节　社会生产形式非线性的全息综合建构 ………………………（193）

第八章　马克思恩格斯的自组织生成与演化思想 …………………（199）
　第一节　发展：系统自组织生成与演化的过程 ………………………（199）
　第二节　宇宙的自组织生成与演化过程 ………………………………（202）
　　一　太阳星系与地球的自组织生成与演化 ……………………（203）

二　从无机物到有机物再到人的自组织生成与演化 …………（205）
　第三节　人类社会整体自组织生成与演化的一般过程 …………（209）
　第四节　人类社会自组织生成与演化的具体过程 ………………（215）
　　一　人类早期社会的自组织生成与演化 …………………………（215）
　　二　资本主义工业生产系统的自组织生成与演化 ………………（219）
　　三　世界历史的自组织生成与演化 ………………………………（225）

第九章　马克思恩格斯生成与演化的不确定性思想 …………（229）
　第一节　自组织生成与演化：确定性与不确定性统一的过程 ……（229）
　第二节　自然界生成与演化的不确定性 …………………………（232）
　　一　自然规律现实表现的不确定性 ………………………………（232）
　　二　自然界生成演化过程的不确定性 ……………………………（236）
　　三　不确定性在自然界生成演化过程中的重要作用 ……………（239）
　第三节　人类社会生成与演化的不确定性 ………………………（242）
　　一　历史规律现实表现的不确定性 ………………………………（242）
　　二　人类社会演化基本动力的不确定性 …………………………（246）
　　三　人类社会演化中主体选择的不确定性 ………………………（249）
　　四　人类社会演化过程的多样性与不确定性 ……………………（254）

结　语 ……………………………………………………………（259）

主要参考文献 ……………………………………………………（265）

后　记 ……………………………………………………………（275）

引　　论

第一节　复杂性科学与马克思恩格斯辩证法

纵观人类发展历史，哲学与科学技术一直紧密相连、密不可分。马克思主义以前的旧哲学家把哲学视为各种知识的总汇，甚至"科学之科学"。马克思恩格斯明确了哲学的研究对象，阐明了哲学与其他科学之间的辩证关系，即哲学与各门具体科学互为促进、互为发展。马克思恩格斯一生都极为关注自然科学的发展，把自然科学视为包括哲学知识在内的一切知识的基础。早在马克思主义哲学创立之前，马克思对古希腊的自然哲学、恩格斯对19世纪的自然科学都曾做过深入的研究。在《资本论》及其手稿写作的过程中，马克思不仅研究了科学技术对于近代资本主义工业生产的意义，而且还专门研究了数学，写作了著名的《数学手稿》。19世纪中叶以后，自然科学有了巨大的发展，科学技术已经走过了以经验分析方式为主导的搜集材料的阶段，进入了以整理材料为标志的辩证综合阶段。近代科学技术的伟大成果，特别是细胞学说、能量守恒和转化定律、达尔文进化论三大发现，揭示出自然界的辩证关系和物质统一性。自然科学对辩证法的需要与在自然科学家中占统治地位的机械的形而上学的思维方式之间的矛盾，变得越来越突出了。因此，马克思恩格斯先后创立了唯物史观，撰写了《自然辩证法》和《反杜林论》，对自然、人类社会和思维的运动和发展的普遍规律进行了科学、系统的阐述，产生了指导人类实践的新世界观和方法论即唯物辩证法。

唯物辩证法创立后科学技术又经历两次大的革命。"革命"一词通常指根本性的重大突破和进展，科学技术作为一种人类特有的活动及其成果，在近代以来取得了长足的进步和发展，形成了多次重大突破。但一般认为，时至今日，科学技术经历了三次大的"革命"意义上的变革。唯物辩证法创立是与第二次科技革命的爆发几乎是同时进行的，二者的超越对象都是作为第一次科学技术革命成果的机械思维范式，第一次科技革命所确立的机械世界图景把整个自然界看成了由离散的单元个体靠机械力联结起来的世界，是一个缺乏丰富多彩的联系和没有历史的世界，是一个不连续的世界。第二次科学技术革命是以场能实在论否定机械实体实在论为线索展开的，从法拉第提出"场"的概念到量子力学与爱因斯坦相对论，第二次科技革命使人对世界的认识又深化了一步，大大提高了人们改造世界的能力。第二次科技革命试图从机械力学的基本范式中走出来，这显然与唯物辩证法的理论旨趣是一致的，而且第二次科技革命的理论成果在范式意义上与马克思恩格斯辩证法思想有着很多契合之处，这方面在马克思恩格斯之后，马克思主义的经典作家尤其是列宁做了较为深入的研究，并适时地将第二次科学技术革命的理论成果纳入了唯物辩证法的理论框架之中，但这并不意味着第二次科学技术革命的理论成果所形成的新的思维范式就是马克思主义辩证法的完成形式。在恩格斯看来，作为一种哲学范式的"辩证哲学"是建立在"通晓思维的历史和成就的基础上的"，如果说人类思维能力的提高是一个没有终点的历史过程的话，那么辩证法就应该站在更高的层面上去反思人类思维的每一个发展阶段的成就，才能使自身成为真正有生命力的哲学思想。更高的层面在这里也并非空话套话，其实具体的实现方式马克思也早就给了我们答案："辩证法在对现存事物的肯定的理解中同时包含对现存事物的否定的理解，即对现存事物的必然灭亡的理解；辩证法对每一种既成的形式都是从不断的运动中，因而也是它的暂时性方面去理解；辩证法不崇拜任何东西，按其本质来说，它是批判的和革命的。"[①] 这告诉我们，辩证法的精神实质是"批判的和革命的"，对于人类思维水平的每一次重大发展既要从肯定的方面去理解，更重要的是要带着批判的态度使人类的思维水平走向更高的发展阶段。人类思维的历史进程表明，人们思维方式总会随着时代的变革发生相应的变革，而且会表现在科学与文化等各个领域。这种适应时代的新思维正在科学与文化的变革与发展中慢慢显现出来，而且表现为一个不断深化与不断自我反思批判的过程，而这个过程是以复杂性问题的研究及其理论成果的发展为主要线索的。

[①] 《马克思恩格斯选集》（第2卷），人民出版社1995年版，第112页。

科学是人类认识世界能力的最直接的体现,涉及几乎所有学科领域的现代科学革命发生在20世纪中叶,标志这一过程的是一批可以用复杂信息系统理论这一统一名称来指称的新兴学科群的崛起。可以将这一学科群的崛起具体分为四个阶段,涉及一系列学科领域的先后变革,表现为一个持续推进和发展的过程,而这一过程的展开同样是科学对世界复杂性认识的深化过程。第一阶段发生于20世纪40年代初至50年代初,形成了分子生物学、一般系统论、通信信息论、一般控制论等科学成果,可以看作是复杂信息系统的基础研究阶段;第二阶段发生于20世纪60年代末至80年代初,形成了耗散结构理论、协同学说、超循环理论、突变理论等科学成果,该阶段的重点是研究各类系统的自组织生成与演化过程;第三阶段发生于20世纪70年代至90年代初,形成了分形学说、混沌理论、孤立子理论等科学成果,这一阶段重点是研究各类系统如何从有序—混沌和无序—更高层次的有序;第四阶段发生于20世纪80年代中期至今,形成了复杂适应系统理论、复杂巨系统理论等科学成果,这一阶段是复杂信息系统理论研究的进一步深化,至今仍在探索之中。作为一个持续推进和展开过程,虽然已经使科学整体发生了翻天覆地的变化,但到目前为止仍然处于理论的探索过程之中,仍有着非常巨大的发展空间。现代科学革命无论在涉及学科领域的范围和规模上,还是在科学思想的创新力度上都远远超过了以往的科学革命。[1]

作为一个持续推进和发展的过程,直到目前我们仍然未能看到第三次科学技术革命终结的迹象。第三次科学技术革命无论在涉及学科领域的范围和规模上,还是在科学思想的创新力度上都远远超过了前两次科学技术革命。而科学的变革是很难与社会和文化的变革截然分开的,它们往往是一种连锁互动的关系,事实上这一科学上的巨大变革已经快速渗透到科学、社会、经济以及文化等各个领域,众多现实的新变化表明,它带给这个时代显然不仅仅是科学研究方法的突破,而是一个全新时代的到来。

首先,现代科学技术革命引起社会生产方式的变革。历史上,马克思曾把火药、指南针和印刷术视为预告资本主义社会到来的三大发明。恩格斯更进一步论断:英国工人阶级的历史是从18世纪后半期,从蒸汽机和棉花加工机的发明开始的。而现代科学技术革命,则使科学越发快捷地物

---

[1] 邬焜:《信息哲学——理论、体系、方法》,商务印书馆2005年版,第2页。

化为直接的劳动力,实现了从体力向智力的重点转移。特别是以信息技术等为代表的人工智能的广泛应用,使劳动资料发生了深刻变化;新能源、新材料的开发,改变着劳动对象的结构;智力的开发与应用,成为提高劳动力素质的主要标志,"白领"阶层在数量和质量上明显提高;以计算机应用为标志的现代管理技术和手段,应用范围更加广泛,缩短了时空距离,使原来无法跨越的世界成为互相联系的"地球村"。同时,人们认知眼界和领域的开阔,使全球经济一体化、现代信息网络化,社会主义与资本主义在相互竞争中各自发展。

其次,现代科学技术革命引起人们生活方式的变革。现代科学革命推动了生产力的发展,改善和提高了人们物质生活、精神生活的质量和条件;现代技术革命把人们带进了信息时代;全球性的"知识爆炸"加快了社会生活的节奏,改变了人们传统的作息、交往、学习、消费和娱乐方式,促进了世界间的沟通与交融。国界已不再成为人们交往的障碍。

再次,现代科学技术革命引起人们思维方式的变革。由于地球距离的相对缩短、信息传递的绝对开放、各国思想文化的充分交流,传统的意识形态受到冲击,人们的思维方式呈多元化的态势,进步与落后、先进与腐朽的思想,都在自觉不自觉地向人们的头脑中灌输。

总之,随着科学技术的发展,人类在研究自然、社会、工程、经济、国防等领域的许多问题中越来越离不开复杂性科学,科学已经在内部开始了一场前所未有的自我反思,这使得现代科学的面貌焕然一新,其实质就是对世界复杂性的反思与自觉。复杂性的反思与自觉已经成为科学领域内部的共识,并进行了不断深入的、系统的研究,形成了具有广泛性影响的复杂性科学体系,已经融入人类认识的几乎所有领域,正如刘劲杨教授所说,"我们很难找到,还有其他什么领域能像复杂性这样,在基本概念都还很模糊的情况下,发展成在纵向维度上跨越本体论、认识论、方法论乃至实践层面的研究体系;在横向维度上,涉及自然复杂性、生物复杂性、社会经济复杂性、心理复杂性等各个领域,似乎要以复杂性理论统摄人类文明的一切复杂现象与复杂性问题(至少是形式上的目标),探究更深层次的复杂性规律"。[①] 而这一切也仅仅是一个开始,复杂性的研究到目前

---

① 刘劲杨:《穿越复杂性丛林——复杂性研究的四种理论基点及其哲学反思》,《中国人民大学学报》2004年第5期,第17—24页。

为止仍然只是探索阶段，就此而言，复杂性科学的出现向人们展现了科学更加真实的另一面，即科学本身也和世间的万事万物一样都有自己的历史过程，不能一劳永逸地固定于某一种形式；同时这也意味着复杂性已经不再是一个科学可以单独回答的问题，而是具有更广泛意义上的普遍性，是需要科学和哲学的协作来共同回答的问题。曾经的马克思主义者，法国当代著名复杂性思想家埃德加·莫兰就曾经指出复杂性探索对于人类思想史的意义，同时也提醒了我们这一探索的难度，在他看来，"复杂性是对于人类思想的一种挑战与激励，它不是取代或替换简单性方法的现成程序，也不是通向有序性和明确性的反面的神秘主义，更不是某种对于虚幻的绝对完备性的刻意追求"。①

这段话发人深省，但仔细斟酌后会发现这与我们所熟悉的马克思恩格斯辩证法有着很多异曲同工之处，复杂性科学的思想实质与马克思恩格斯辩证法一样都强调一种批判和革命的否定精神，是当代科学自身在新的时代背景下提出的这样一种具体的否定性，对此恩格斯早有预见："……随着自然科学领域每一个划时代的发现，唯物主义也必然要改变自己的形式。"② 一般系统论的创始人贝塔朗菲曾经明确提出："虽然起源不同，但一般系统论的原理和辩证唯物主义相类似的则是显而易见的。"③ 并且高度评价了马克思的辩证法："黑格尔和马克思强调思维以及思维所产生的世界观的辩证结构：不是个别的命题而只有在辩证过程中达到矛盾双方的统一……才能够完全解释现实，他们这一论断是非常深刻的"④；贝塔朗菲的学生，系统哲学的开创者拉兹洛甚至说："把系统哲学称为马克思主义类型的哲学更合理些……这不是说系统哲学的基础是马克思主义的理论本身，而是应用了与马克思同样的研究方法和思维方式。"⑤ 在我国对复杂性与辩证法的关系也进行了深入广泛的研究，有很多学者也强调了辩证法与复杂性研究的内在统一关系，如林德宏教授认为"辩证法是关于复

---

① [法]埃德加·莫兰：《复杂思想：自觉的科学》，陈一壮译，北京大学出版社2001年版，第137—138页。
② 《马克思恩格斯选集》（第4卷），人民出版社1995年版，第228页。
③ 庞元正、李建华：《系统论、控制论、信息论经典文献选编》，求实出版社1989年版，第118页。
④ 同上书，第134页。
⑤ 黄麟雏、李世新：《系统论的发展与哲学及未来社会——记拉兹洛教授在西安的一次座谈》，《自然辩证法研究》1988年第4期，第69—72页。

杂性的哲学"①；再如陈一壮教授认为复杂思想是辩证法的"当代形态"②。这些看法虽然就目前来说仍然存在争议，在相关研究中也并非主流，但已经说明在辩证性和复杂性思想之间，存在着我们不能忽视的内在关联，而对这一关联的深入思考对于马克思主义哲学的研究者来说无疑是重要并且迫切的。

马克思恩格斯的辩证法和现代科学革命的复杂性科学都研究世界的联系、演化和发展的问题，这使得二者有着共同关注的理论课题。那么马克思恩格斯的辩证法与现代科学所强调的复杂性思想究竟是什么关系，就成为马克思主义哲学研究者不可回避的问题。在这个问题上，随着复杂性科学的进一步发展，很多学者认为现代科学革命与马克思恩格斯所处时代科学的研究范式已经明显不同，作为自然科学、社会科学以及思维科学的概括和总结的辩证法在解释力上有着不足，需要改变自己的形式，重新概括现代科学革命的科学精神。但是当我们带着复杂性研究的相关成果"回到马克思恩格斯"，通过研究不难发现，马克思恩格斯辩证法的复杂性思想虽未被直接论述过，却以萌芽、胚胎形式内存于马克思恩格斯的理论著作之中。以现代科学革命的带头科学即复杂性科学提供的研究成果为基础，把马克思恩格斯辩证法中的一些因为各种原因被忽略、被抑制、被遗忘的复杂性思想凸现出来，并对此予以全面系统的阐发，使其同马克思哲学中已有的成熟观点有机融为一体，无疑对于坚持和发展马克思主义哲学具有重要的理论意义。这方面的研究对于我们重新认识马克思恩格斯的辩证法思想所具有的前瞻性与时代性，坚定我们对马克思主义哲学在新时代对实践的指导作用的信心具有重要意义。

第二节　国内外已有研究析评

一　国外研究的历史逻辑探寻

就马克思恩格斯辩证法与复杂性思想的关系，国外的许多研究者都给予了高度的关注，做了许多具体深入的研究，形成了大量的研究成果。概括起来可以分为这样三个不同的方向：西方马克思主义"总体辩证法思

---

① 林德宏：《辩证法：复杂性的哲学》，《江苏社会科学》1997年第5期，第93—96页。
② 陈一壮：《包纳简单性方法的复杂性方法》，《哲学研究》2004年第8期，第64—70页。

想"；系统哲学的研究；苏联及东欧学者的研究。

（一）西方马克思主义的观点

西方马克思主义是 20 世纪 20 年代主要在欧美一些发达资本主义国家出现的，与苏联以列宁为代表的马克思主义有着明显不同的思潮。西方马克思主义的众多理论家都对马克思恩格斯辩证法进行了深入探讨。在对辩证法的理解上，由于派别繁多和哲学家思想的分歧存在着很大的差异，但是西方马克思主义的多数理论家对"总体性"的强调在辩证法问题上有着明显的共识，这也成为西方马克思主义哲学思想的重要特点之一。黄小寒教授在《世界视野中的系统哲学》一书中揭示了西方马克思主义哲学所强调的总体性概念与复杂信息系统理论所强调的系统整体性观点有着极其相似的含义，并把他们的研究看作是系统哲学发展的重要部分。[①] 其实通过研究不难发现，西方马克思主义对辩证法的理解不仅停留在系统整体主义的层面，而且蕴含着其他更深刻的复杂性思想，这其实也体现着科学和哲学的发展与探索由于面对相同的时代课题往往存在着某种相互的呼应与关照。

匈牙利的哲学家卢卡奇最早提出了"总体性"的概念，他认为，"构成马克思主义与资产阶级思想之间的决定性区别的，不是历史解释中经济动机的首要性，而是总体性的观点"，因为"总体范畴的统治地位是科学中革命原则的支柱"。[②] 卢卡奇的总体性是指整个总体是由从属于它的各个低一级的总体构成的，而它本身又是由一个更高一级的复合体即总体所决定的，而且整个总体是具有相对性与历史性的，不难看出这与系统论的观点如出一辙。这样，只有把现实社会中的个别历史事实或个别历史事件看作历史整体过程的各个环节，并把它们放在历史总体中才使它们有了存在的意义。所以，总体是认识现实与获得真理的根本方法，只有从现实的整体上升到"具体的总体"，才能"前进到在观念中再现实在"。从卢卡奇这里开始，这种对马克思主义哲学的总体性思想的理解在法国、德国以及美国的一些马克思主义者那里都得到了进一步的研究与论述。

在法国，萨特同卢卡奇一样把总体性看作是马克思主义哲学的根本原

[①] 黄小寒：《世界视野中的系统哲学》，商务印书馆 2006 年版，第 138 页。
[②] ［匈］卢卡奇：《历史与阶级意识》，杜章智、任立等译，商务印书馆 1999 年版，第 15 页。

则，他在《辩证理性批判》中指出，辩证法就是总体化运动，"揭示出部分的辩证性质是更深层的总体运动的表现"。① 在此基础上萨特重点关注了人的问题，他指出马克思把生产关系作为一个统一的整体，而生产关系恰恰是由每个个人组成的，每个个人又是一个由需要、劳动与欲望等因素组成的统一整体，"一体化永在的可能性变成了整体化和被整体化的人的永恒必然性，也将世界变为了一种范围越来越宽的不断发展的整体化过程"。② 法国另外一位哲学家阿尔都塞则用结构主义的方法解释社会的发展变革，提出了多元决定辩证法理论或者称为结构辩证法。他批判了机械论的线性因果观与黑格尔的表现因果观，提出了自己的结构因果观，并对马克思的社会辩证法进行了重新解读，把马克思主义的经济基础归根到底的决定作用和上层建筑的相对独立性解释为社会的各种结构的联系和轮流占据主导地位，并最终由经济基础决定，他的理论也被称为结构主义的马克思主义。

在德国，柯尔施在《马克思主义与哲学》一书中也曾提出，马克思所描绘的资产阶级社会是个统一整体，而且马克思也把社会看作一个活的整体来理解，从而在理论上揭示了社会历史的整体性，并试图通过实践来颠覆资产阶级社会这个整体。德国的另外一位哲学家阿多诺甚至专门研究了关于系统学的问题，但是他仅仅是从理论系统或体系的层面来说明的，他坚决反对理论系统或体系的封闭性，强调理论系统必须具有开放性；他还联系实际强调，如果将一种封闭的理论应用于社会，也就相当于"彻底地把社会当作一个封闭的体系，一个相应地不顺从主体的体系，那么只要主体依然是主体，对主体来说，社会就成了太令人不愉快之物"。③ 值得注意的是，德国当代著名哲学家哈贝马斯提出了社会的交往创新模式，事实上已经是蕴含了深刻复杂性思想的历史观，对线形历史观进行了批判。

在美国，美籍德裔哲学家马尔库塞提出了"回忆的总体性"，认为对社会分析要坚持总体性的原则，强调总体是一个运动、变化与发展的过程，因此辩证法就是"否定的辩证法"。他通过深入比较马克思与黑格尔

---

① 陈学明：《二十世纪哲学经典文本》（西方马克思主义卷），复旦大学出版社1999年版，第569页。
② 同上书，第572页。
③ 同上书，第202页。

辩证法，概括了二者的本质区别，在他看来，虽然二者都认为真理存在于否定的整体中，但黑格尔的整体是理性的整体，而马克思的整体是阶级社会现实的整体；黑格尔的整体是一个封闭的思想观念体系，整个历史被理性的形而上学过程所限定，而马克思的整体却是开放的、发展的具体过程。在此基础上提出："辩证法把事实作为与事实不能分离的有限历史整体的要素。"[①] 同时马尔库塞也同样把人看作是总体，但是由于资本主义社会使人异化，人的丰富性与总体性被抑制了，必须通过"总体革命"来恢复人的总体性。

西方马克思主义对总体性的强调体现了与现代科学在思想深层的某种时代呼应，都是对当今时代日益明显的整体化特点的反思，西方马克思主义很多理论家都认为马克思主义辩证法的实质就是"总体性"思想。[②] 他们把马克思主义辩证法解读为"总体性"思想，同现代科学提出的系统思想一样，都深入探讨了整体与部分关系的问题。但二者也有着明显的区别，现代科学对这一问题的研究主要集中于自然领域，而西方马克思主义把这种整体与部分的关系具体化为社会与人的关系，强调人的丰富性、整体性的发展，强调通过"总体性的革命"来继续马克思提出的历史任务。西方马克思主义除了蕴含着丰富的系统整体性思想之外，也有许多西方马克思主义的哲学思想如博弈论、交往创新模式等所蕴含的复杂非线性思想同样值得关注。上述这些思想从复杂性科学的新视角来看是很有价值的，也存在值得反思的问题。一方面，他们普遍认为辩证法无论在黑格尔那里还是在马克思那里都是在人与物及人与人的关系的意义上界定它，只是到了恩格斯这里，"出于一种统一的希望，才尝试在自然的历史中去发现人类历史的运动。所以，宣称存在着一种自然辩证法，实际上指的是物质事实的整体性——过去，现在，未来——或者用另一种方法表述，它所含指的是时间性的整体化"[③]，也就是说，西方马克思主义一般都否定恩格斯关于自然辩证法的思想。但实际上马克思曾经指出："有一位思想极其深刻但又怪诞的研究人类发展原理的思辨哲学家，常常把他所说的两极相联

---

① 陈学明：《二十世纪哲学经典文本》（西方马克思主义卷），复旦大学出版社1999年版，第270页。
② 黄小寒：《世界视野中的系统哲学》，商务印书馆2006年版，第142页。
③ 陈学明：《二十世纪哲学经典文本》（西方马克思主义卷），复旦大学出版社1999年版，第580页。

规律赞誉为自然界的基本奥秘之一。"① 这说明马克思并没有否定自然辩证法，也同意把辩证法看作是包括自然界在内的整个世界的普遍规律，而且其本人也参与了《自然辩证法》部分章节的写作，否定恩格斯的自然辩证法思想以及对自然界辩证性质的忽视显然是不合理的。②

（二）西方系统哲学家对本问题的研究

由于复杂性科学的出现，对其进行哲学探讨的哲学思潮可以按照现代系统论的创始人贝塔朗菲的提法"系统哲学"来命名，这一思潮形成于20世纪下半叶。马克思主义哲学出现于19世纪40年代，两种理论的出现在时间上相差了一个多世纪，正如贝塔朗菲的学生系统哲学家拉兹洛所说："系统思想作为一种哲学，比马克思主义的创立要晚。"③ 但如前所述两种理论却都涉及了共同的问题，有着很大的交集。有一个特别值得注意的现象，在世界性的系统哲学甚至包括系统理论的研究中，几乎所有的系统哲学家甚至一些从事复杂性研究的科学家都会提到马克思主义哲学，也就是说系统哲学与马克思主义哲学的关系问题往往是系统哲学研究者自己提出来的。④ 很多系统理论研究者都指出了系统哲学与马克思主义哲学尤其是辩证法的相似之处。早在系统论的先驱贝塔朗菲那里就指出了马克思在制定研究系统的方法论方面所起的作用，并指出一般系统论的原理和辩证唯物主义相类似的则是显而易见的。耗散结构的理论创始人普里戈金（又译为普利高津）等人在著作中也关注到恩格斯的《自然辩证法》并认为，"恩格斯得出结论：机械论的世界观已经死亡"。⑤

当然，并不是所有的系统哲学家对于马克思主义的系统思想采取积极肯定的态度，很多则带有着强烈的批判色彩。比如美国系统哲学家詹奇的《自组织宇宙观》认为马克思的思想受到了19世纪物理学的平衡论思想的影响，设定了一种终极的平衡态系统，发动和加速达到这一目的是人类的任务，马克思主义的各种不同思想流派只是以极不相同的方式解释了这一过程中人的作用。詹奇还指出恩格斯在为马克思《法兰西的阶级斗争》

---

① 《马克思恩格斯选集》（第1卷），人民出版社1995年版，第690页。
② 黄小寒：《世界视野中的系统哲学》，商务印书馆2006年版，第142页。
③ 黄麟雏、李世新：《系统论的发展与哲学及未来社会——记拉兹洛教授在西安的一次座谈》，《自然辩证法研究》1988年第4期，第69—72页。
④ 黄小寒：《世界视野中的系统哲学》，商务印书馆2006年版，第475页。
⑤ 庞元正、李建华：《系统论、控制论、信息论经典文献选编》，求实出版社1989年版，第305页。

所作的序中提出的革命是按照"数学确定性"通过长期不断的工作取得成功的观点,存在着明显的简单性特征。在詹奇看来,如果革命被理解为某种涨落的自发突破,那么就应该形成渐进的改良行动去"穿越种种制度的长征",而他认为列宁的错误在于完全不相信涨落的自发性,十月革命并不是进化过程的延伸或创造性自组织的过程。詹奇还认为进化创造性总是致使"大数定律"失效,往往历史中杰出人物的主观方面起到决定性作用。另外,加拿大的系统哲学家邦格甚至提出了取消辩证法的观点,在他看来唯物主义是真理,如果它要继续发展,必须走精确化的道路,这就必须与辩证法划清界限,从而否定了辩证法,在他看来辩证法是混乱和模糊的,需要详尽的阐明所涉及的关键概念,并以清晰的、有说服力的方式重新阐释辩证法的原则,并认为辩证法理论不能构成变化理论的充分基础。[①]

系统哲学研究世界的系统联系和发展的普遍规律,马克思主义哲学也研究自然、社会和思维发展的普遍规律,但是,它们在形成的具体背景,在研究的范围、角度、普遍性的水平、分析的深度以至语言的表述上都不同,因此,它们的理论也各具特色。比如拉兹洛就认为系统哲学是建立在系统运动的基础上的,"系统运动能够发展起来的原因,在于它体现着一种合理性,把支离破碎的西方科学整合起来。这与马克思创立辩证唯物主义的动机不同。因为马克思的动机在于他看到了社会上存在的不公正现象,想用科学来矫正社会的不公正,创造一个更加美好的社会。而系统运动本身最初是从科学的发展中导引出来的,而后系统理论才应用于社会领域现实问题的解决,如制定社会政策,解决社会问题,等等"[②],而马克思主义哲学显然并不是专门研究系统的理论。这些都导致了虽然系统哲学家们都关注到了马克思主义哲学的系统复杂性思想,但是这些关注只是散见于其著作中对其他问题的阐述中,或笼统地作为自身理论的论证或补充,并没有对该问题进行深入系统的分析与论证,也就不可能对马克思、恩格斯辩证法的复杂性思想进行全面系统地揭示,无论肯定还是否定态度,都缺乏对马克思恩格斯思想的深入理解。作为马克思主义哲学的理论

---

① [加]邦格:《科学的唯物主义》,张相轮、郑毓信译,上海译文出版社1989年版,第17页。
② 黄麟雏、李世新:《系统论的发展与哲学及未来社会——记拉兹洛教授在西安的一次座谈》,《自然辩证法研究》1988年第4期,第69—72页。

工作者，理应回到马克思恩格斯的著作中，对马克思恩格斯辩证法的复杂性思想进行全面系统的揭示与分析，并对系统哲学对马克思恩格斯辩证法的不同理论态度尤其是否定态度给出回应。

（三）苏联和东欧哲学家对本问题的研究

苏联哲学对系统科学的研究是我们不能忽视的，虽然在最初对系统科学的态度上由于意识形态的原因经历了一些周折，但进入20世纪60年代，出现了系统科学研究的热潮，尤其在马克思主义与系统科学的关系研究上，形成了大量的有价值的研究成果。①

苏联哲学家库兹明可以说是当时该方面研究的杰出代表。库兹明指出马克思从来没有专门对系统性原则进行过方法论研究，但他却对世界上最复杂的系统即社会进行了深入的研究，给我们提供了对社会现象进行系统研究的方法与思路。在库兹明看来，没有对世界的系统理解，就不能充分正确地理解马克思的唯物主义和辩证法。而且，在他看来系统性原则还构成马克思整个辩证方法和辩证唯物主义认识论的一个重要方面。在此基础上库兹明进一步揭示了现实的世界图景和关于世界的观念的范围发生了变化，"实物的世界"已经向"系统的世界"转向，所有这一切都具有巨大的世界观意义，它应该成为辩证唯物主义理论体系的重要组成部分。库兹明还对马克思和黑格尔关于理论认识的形式和阶段进行了比较研究，提出了实物知识、系统的知识、元系统知识的概念，确定了系统知识在一系列其他形式知识中的核心和首要地位。

苏联系统研究的另外一些著名的专家如罗森塔尔、萨多夫斯基、乌约莫夫等都从各自的角度强调了马克思主义辩证法为建构系统哲学提供了原则和方法，这也成为苏联对这一问题研究的主流观点。比如罗森塔尔就指出："马克思主义认为系统及其结构是历史现象，只有从辩证发展的普遍规律出发才能理解这些现象。"② 再比如萨多夫斯基也曾反复强调辩证法是系统方法的基础，但要最大程度发挥自身的理论作用又需要通过系统方法与具体现实实现有效的联接，"分析复杂的发展着的客体的辩证唯物主义的方法论原则，对于形成有关系统方式和现代系统研究专门科学观念来

---

① 黄小寒：《世界视野中的系统哲学》，商务印书馆2006年版，第313页。
② 刘炯忠：《马克思的方法论与系统论》，人民出版社1994年版，第118页。

说，乃是再恰当不过的哲学基础"①，在此基础上他进一步指出马克思详细地制定了对复杂客体进行哲学理论描述的原则，"在研究资产阶级经济系统时，马克思提出如下要求：要揭示这一系统的'隐蔽结构''内在有机联系''生活过程''资产阶级社会的内部生理学'……马克思的著作中蕴藏着研究复杂客体的哲学方法论的极其丰富的材料：他创造了分析发展着的系统的一系列方法，揭示了把所研究的客体的抽象规定综合起来的形式，揭示了与系统同时并存的元素与历史地变化着的元素之间的相互关系，等等"。② 另外，乌约莫夫提出了系统方式的概念，也旗帜鲜明地强调唯物辩证法的普遍联系原则是系统方式的方法论基础；他认为系统方式是辩证法普遍联系原则具体化的形式之一，进而强调其作为唯物辩证法的具体化和发展在现实中的作用，他指出："一般系统论和系统分析乃是可以称之为'系统方式'的研究方式的独特表现形式。从本质上看，系统方式就是唯物辩证法原则的具体化和发展，通过系统方式极大密切了马克思列宁主义哲学同国民经济发展课题的联系，这比通过物理、化学等'经典'型科学所建立的联系要密切得多。"③ 并在此基础上强调唯物辩证法随着科学的发展应该具体化。

20世纪中叶，东欧的一些社会主义国家也接触到了系统科学，70年代前后东欧各国的系统问题研究受苏联的影响也形成了研究热潮，一些哲学家对系统科学中的哲学问题进行了深入的研究。其中，民主德国著名哲学家、控制论专家克劳斯就是其中极具代表性的一位，他认为："卡尔·马克思比詹姆斯·瓦特有更多的理由可以称为控制论的先驱、第一个控制论家"④，并初步尝试将控制论中的系统思维纳入唯物辩证法的理论框架，并且指出，如果说控制论需要一种"行动哲学"作为哲学基础，辩证唯物主义就是它的基础。⑤

苏联与东欧的学者无疑对这一问题的考察作了非常深入的工作，为本

---

① ［苏］萨多夫斯基：《一般系统理论原理》，贾泽林等译，人民出版社1984年版，第5页。
② 同上书，第29页。
③ ［苏］乌约莫夫：《系统方式和一般系统论》，闵家胤译，吉林人民出版社1983年版，第2页。
④ ［德］克劳斯：《从哲学看控制论》，梁志学译，中国社会科学出版社1981年版，第10页。
⑤ 黄小寒：《世界视野中的系统哲学》，商务印书馆2006年版，第142页。

研究提供了大量的理论基础，但由于时代的局限性，他们仍停留在对复杂系统理论早期阶段的思想概括，一般在研究上更多的是把系统研究定位于一般科学方法论的研究，对其哲学意蕴都持有保守的态度，比如萨多夫斯基就认为，在西方整个来说，对系统方式和一般系统论哲学方面的研究带有偶然的性质，这方面的研究是零散的，往往是表面的，而从哲学方面来说是明显不成熟的①，这也是当时苏联复杂系统理论研究的一种主流态度。在这之后，随着科学的进一步发展，复杂系统理论已经有了新的突破，又有一些与之前思想内容有着明显差异的新的理论出现，时至今日，世界范围的复杂信息系统理论的哲学层面的跃升的研究已经十分广泛和深入，而苏联这方面的研究由于其解体再没有取得进一步的有影响力的理论成果。另外，苏联哲学的相关研究往往也局限于辩证法苏联斯大林模式的理解之中，带有较强的简单性和机械性，所以也并不能真正揭示马克思恩格斯辩证法的复杂性思想。

二　国内研究的历史逻辑探寻

在我国最早关注马克思主义哲学与现代系统理论关系的是钱学森教授，他明确指出现代系统理论"来源于人类的长期社会实践，首先在马克思主义经典著作中总结上升为明确的思想，而决不是什么在二十世纪中叶突然出现的"②，他还指出："系统思想经过两千多年的演变，最后到一百年前，恩格斯把它明确了，成为真正辩证唯物的、科学的、现代系统的思想。然后又经过半个多世纪，才真正实际上应用来解决具体的问题"③，在此基础上进一步提出"从马克思主义哲学到系统科学的桥梁，可以称为'系统观'或'系统论'，它将成为辩证唯物主义的一个组成部分"④，并指出"如果说系统论是系统科学到哲学的桥梁，那么系统观就是马克思主义哲学的组成部分"。⑤在钱学森这些思想的指导下，围绕着复杂性

---

① ［苏］萨多夫斯基：《一般系统理论原理》，贾泽林等译，人民出版社1984年版，第29页。
② 钱学森：《大力发展系统工程尽早建立系统科学体系》，《光明日报》1979年11月10日。
③ 钱学森：《系统思想、系统科学和系统论》，《系统理论中的科学方法与哲学问题》，清华大学出版社1984年版，第7页。
④ 钱学森：《系统科学、思维科学与人体科学》，《自然杂志》1981年第1期，第3—9页。
⑤ 钱学森：《现代科学的结构——再论科学技术体系学》，《哲学研究》1982年第3期，第19—22页。

科学与辩证法关系的问题上,学界展开了热烈的讨论,比较突出的有以下几个方面的理论见解:

"丰富论"的观点。在钱学森教授的倡导下,使这个问题在20世纪末成为我国哲学界研究的热点问题,很多学者对这一问题进行了深入的研究,早期比较流行的理论态度是总结概括系统科学的理论成果,并把这些理论成果进行哲学概括后将其有机融入原有的辩证法体系之中,这方面的研究形成了大量的理论成果,最有代表性的可以算是乌杰教授的系统辩证论。乌杰教授提出的系统辩证论以系统为核心概念揭示了客观世界不同层级的系统联系与发展的一般性质,在此基础上重新阐释了唯物辩证法中的物质观、过程观、时空观等基本内容,对原有的唯物辩证法的规律和范畴进行了丰富和发展,其主要特点是把现代科学的一些核心概念诸如系统、要素、结构、功能、层次、序量、差异、协同以及中介等范畴引入辩证法理论体系之中,深入阐述了系统辩证论的整体优化、层次转化、结构质变、差异协同等基本规律。

"分歧论"的观点。在这一问题的探讨过程中,随着现代复杂信息系统理论研究的深入,很多学者逐渐从研究马克思主义辩证法与系统理论有机结合转向了研究二者的差异。乌杰教授、张华夏教授等学者认为,辩证法的实质是用对立统一来说明事物之间的关系,而系统科学则是用系统内部各个子系统之间以及系统与外部环境之间的相互作用来说明的,二者对于联系的理解存在明显差异。持这种观点的学者认为辩证法中对立统一所描述的联系往往发生在两个研究对象之间,更多指代的是彼此在属性、趋势和状态方面既统一又区别的关系,其理论基点是矛盾;而系统科学所描述的联系往往发生在多个研究对象之间,更多指的是彼此之间是实际地交换物质、转移能量和传递信息的过程,其理论基点是系统整体。

"超越论"的观点。随着复杂性科学的进一步发展,很多学者认为现代科学革命与马克思、恩格斯所处时代科学的研究范式已经明显不同,作为自然科学、社会科学、思维科学的概括和总结的马克思主义辩证法在解释力上有着不足,需要改变自己的形式,重新概括现代科学革命的科学精神,这在2000年以来成为该问题研究的主流观点。受西方系统主义哲学研究的影响,很多学者以当今科学技术的一些核心概念进行全新的理论体系的建构,这就不仅局限于辩证法,而是体现在本体论、认识论、价值论等哲学研究的各种领域。持这种观点的哲学研究者有很多,比如西安交通大学邬焜教授以信息为核心概念提出了信息哲学、中山大学的张华夏教授就以系统为核心概念构建的系统哲学、中国社会科学院金吾伦教授以协同生成子为核心概念构建的生成哲学、罗嘉昌教授以关系为核心概念的关系实在论等。

总之，从20世纪80年代到20世纪末，关于复杂系统理论与马克思主义辩证法的关系探讨成为了学术界的热点，在对复杂系统的哲学阐释基础上大都强调复杂系统理论成果对马克思主义的丰富与发展。进入21世纪后，学者们对这一问题的研究热情明显冷却，原先复杂系统理论的哲学研究者们逐渐开始关注超越"整体主义范式"与"自组织范式"的复杂性探索研究的新阶段，并在对这些理论进行哲学概括基础上围绕不同的理解展开了哲学理论体系的建构，这些建构无疑包含了对原有唯物辩证法整体超越的意味。而且，早期对复杂系统理论与马克思主义辩证法关系的探讨多是对复杂系统理论的"整体主义范式"与"自组织范式"的概括，并不能真正概括复杂性思想的内容实质，而且针对的多是受苏联模式影响的早期流行教科书的传统理解，这种理解往往带有强烈简单性特征，并不能完整体现辩证法的精神实质。而近年来复杂系统理论的研究者在不断概括复杂性新成果中，围绕不同的理解展开了自身哲学理论体系的建构，却也或多或少的忽视了对马克思主义经典作家思想的深入挖掘。

第三节　复杂性科学与马克思恩格斯辩证法关系的新探索

辩证法一直是马克思主义哲学研究中的重要领域，在研究过程中有着对马克思恩格斯辩证法不同维度的解读方式，不再仅仅是传统教科书模式的一家独大，出现了从多种哲学视角进行的新的阐释，对马克思恩格斯的辩证法进行不同维度的考察无疑是对马克思恩格斯辩证法理解的深化与发展，而全书主要是从现代科学发展的角度对马克思恩格斯的辩证法进行解读。众所周知，马克思主义经典作家一贯强调在科学发展中充实和完善自己，并积极运用到新的科学中检验自己的理论，通过自身与科学发展的互动以保持自身理论的科学性与时代性。这也应该是进行马克思主义哲学研究中不可或缺的一种研究思路，全书延续了这一思路，首先深入对现代科学革命形成的理论成果即复杂信息系统理论所蕴含的哲学观点进行提炼，进而带着这一成果重新解读马克思恩格斯的辩证法思想。

当今时代，科学技术在人类社会生活起着越来越重要的影响，不应因其所有的一些负面效应而对其产生怀疑，科学技术自身的负面效应同样可以依靠自身的发展来予以减少，而现代科学革命的爆发及复杂性科学的兴起恰恰是在这样一个背景下进行的。科学技术的诸多负面效应归根结底是由于人类对世界简单性的认识，把世界当作外在于自己的对象客体，并认为可以无限制的为我所用而造成的，而对世界简单性认识是近代传统科学的特点，现代科学正是在对此批判的基础上强调直面世界的复杂性。而对复杂性的自觉与反思在哲学上由来已久，通过分析不难发现，作为与形而上学的简单性追求不同的哲学思维，辩证法的精神实质也是对现实世界复杂性的反思与自觉，马克思恩格斯的辩证法正是通过对近代哲学与科学的简单确定性片面追求的批判而确立的。正是因为这样，承认世界的复杂性不仅是现代科学研究的主题，也是马克思恩格斯辩证法思想的题中应有之义，由此我们强调把马克思恩格斯辩证法的研究与现代科学革命的新方向——复杂性的研究联系起来。

不同学者基于不同的学科背景和研究对象，有着对复杂性不同的理解和界定，"据约翰·霍甘所提供的信息，塞思·劳埃德共收集到45种复杂性定义，如分层复杂性、算法复杂性、随机复杂性、有效复杂性、同源复杂性、基于信息的复杂性、时间计算复杂性、空间计算复杂性等"[1]，除此之外，常见的还有按领域划分得如语法复杂性、生物复杂性、生态复杂性、演化复杂性、发育复杂性、经济复杂性以及社会复杂性，等等；还有按性质划分的客观复杂性和主观复杂性，等等，可以说是不胜枚举。复杂性的定义之多就已经显示出了复杂性问题的复杂程度，这使得"应当容忍与接受不同意义下的复杂性，允许不同学科有不同的定义。多样性、差异性是复杂性固有内涵，只接受一种意义下的复杂性，就否定了复杂性本身"[2]，这说明由于复杂性问题自身的复杂性，使得我们很难找到某一种确定的定义或几个特定的特征对其进行清楚的描述。但是这并不是说让我们成为彻底的不可知论者，复杂性绝不是完全不可以认知的彻底混乱与无序，其理论目的是要从混乱与无序中找到确定与有序，而且要从确定与

---

[1] 苗东升：《论复杂性》，《自然辩证法通讯》2000年第6期，第87—92页。
[2] 同上书，第87—91页。

有序中找到无序，从而不断把认识推向前进。

就产生背景来说，所有的可以称之为复杂性科学的科学理论对于传统科学的简单性原则的批判是达成共识的。我们通常所说的传统科学至今已有四百年的历史，但这也许只是科学发展的初级阶段，由于传统科学对人类社会尤其是工业文明的巨大功绩，使其在思想领域长期占据了主导地位，甚至给人们对科学的看法形成了某种习惯性的思维定式，有着把传统科学绝对化的倾向，好像只有符合传统科学标准的才是科学。现代西方哲学的众多哲学思潮对科学的批判态度往往也由此而来，其实科学已经在内部开始了一场前所未有的自我反思，这使得现代科学的面貌焕然一新，与传统科学早已经不可同日而语了。就此而言，复杂性科学的出现向人们展现了科学更加真实的另一面，即科学本身也和世间的万事万物一样都有自己的历史过程，不能一劳永逸地固定于某一种形式。复杂性科学研究和探索的各种在现实中普遍存在涉及几乎人类所有认识领域的复杂性问题，偶然性、不确定性、随机性与无序性等这些科学曾经的敌人被请回了科学的殿堂，正是这些问题的不断发现和深入探索推动着几乎所有科学领域的复杂性研究，并使其在各个科学领域研究的前沿地带占据着重要位置。

复杂性本身很复杂，如上所述，到目前为止还没有一个严格的准确的复杂性定义。不同学者基于不同的学科背景和研究对象，提出了不同的复杂性定义，但还是没有给复杂性作出一个定义，对此中国人民大学的苗东升教授认为，复杂性是现代科学中最复杂的概念之一，无法给出统一定义是正常的，也许根本不存在统一的复杂性定义，目前，不必过于追求统一的定义，应当容忍和接受不同意义下的复杂性，允许不同学科有不同的定义。多样性和差异性是复杂性固有的内涵，只接受一种定义下的复杂性，就否定了复杂性本身，因而也就不是复杂性了。这里要注意，复杂性与随机性并不是一回事，随机性不一定复杂，以前人们由于认识的局限性把无法精确测量和运算的随机性视为复杂性，这是对复杂性的误解，运算量大，数据多并非就是复杂性，真正的复杂性介于随机性与确定性之间，有序和无序之间，平衡与非平衡之间，是在随机背景上无规则地组合起来的某种结构和有序状态。复杂性尽管"复杂"，但总要作出一定程度的界定，否则就失去了研究根基。概括地说，复杂性就是一种众多要素和环节非线性相互作用并相互反馈的状态，复杂性即"交织在一起的东西"。它包括以下三个层面：第一，在本体论上，"复杂性"是相对于"简单性"

而言的，复杂性是客观世界本身所固有的，它不以人的主观意志为转移，不会因科学的发达而消失，也不会因其被解决就成为简单性问题。第二，复杂性是指 20 世纪六七十年代诞生的一组理论群：普利高津的"耗散结构理论"，哈肯的"协同学"，托姆的"突变论"，艾根的"超循环理论"，曼德布罗特的"分形理论"及洛伦兹等的"混沌理论"。这些理论在研究复杂系统和复杂过程方面均取得了重大突破，成为探索复杂性问题的重要理论工具。第三，在认识论上，复杂性成为一种思维模式，即"复杂性思维"，这是对简单性思维和还原论的扬弃和发展，使人们的思维范式开始由线性转向非线性，由还原论转向系统论，由实体转向关系，由静态转向动态，由平衡转向不平衡，由可逆转向不可逆，由有序转向混沌，由封闭转向开放，这是一次思维模式和认识范式的重大突破。

针对复杂性问题，根据邬焜教授的概括，20 世纪以前主要的科学研究纲领是"还原论"，这一研究纲领强调把构成事物的构件还原出来，试图从这些构件的性质的研究中得出事物的本质。而现代科学通过对复杂性不断深入的研究，随着系统科学、信息科学、复杂性科学等学科群的崛起，先后提出了具有全新视角的四种科学研究纲领[1]，这正是现代科学在第三次科学革命中不断发展自身的一个研究范式不断更迭的过程，也在粗线条意义上体现了复杂性研究的一个不断走向深化的研究历程，也是科学自身通过自我批判、自我发展对世界的复杂性不断自觉的过程。

（一）系统科学研究纲领

现代科学革命中率先诞生的系统科学强调了与"还原论"截然不同的"系统整体主义"的科学研究纲领，强调事物整体性质具有超越其组成部分性质加和的全新意义。按照现代系统论创始人贝塔朗菲的说法，一般系统理论是关于整体性的一般科学，整体性观点是系统科学的核心观点，也是这一研究纲领分析问题的理论原则。

（二）信息科学研究纲领

现代科学革命中兴起的包括分子生物学、控制论、通信信息论、各种全息理论在内的信息科学，通过信息、程序、编码、控制、反馈、网络、全息等概念的深入研究，形成了以信息为核心概念的信息科学研究纲领，强调理解事物如何通过信息中介的重要作用进行结构化组织和综合建

---

[1] 邬焜：《信息哲学问题论辩》，西安交通大学出版社 2008 年版，第 160 页。

构的。

（三）自组织科学研究纲领

现代科学革命中兴起的耗散结构理论、协同学说、突变理论、超循环理论等强调了一种事物有序结构生成、维持和增长的自组织科学研究纲领。自组织纲领强调的是系统在有序进化中所产生的新结构模式不是从外部赋予的，而是系统在开放的条件下由内部的相关机制自发建构出来的。

（四）复杂性理论研究纲领

现代科学革命近年来又出现了分形几何学、混沌理论、纳米科学以及复杂适应系统理论等，这一过程仍在进行中，可以概括为复杂性理论研究纲领，这一纲领试图在一个更为综合的意义上实现上述各种科学研究纲领有机统一，为我们所面对的这个复杂世界中的复杂事物找到更为合理的说明方式。复杂性研究纲领强调系统的内随机性、要素的自主性以及系统与内部要素及外部环境既相互依赖又相对独立等特征，从而把确定性和不确定性、决定论和非决定论、内随机性和外随机性、内反馈和外反馈以及质能因素和信息因素辩证地统一起来。[1]

可见，复杂性科学与马克思恩格斯辩证法一样都关注世界的联系、演化与发展的问题。当今复杂性科学对该问题的深入探讨也体现了人类思想史上的新进展，是人类思维方式的重大进步，复杂科学所重点关注的整体性、层次涌现性、全息性、非线性、自组织性、不确定性等特征在事物联系和发展中普遍存在，但在流行教科书的传统理解中我们却很难看到其明确的表述。在一百多年前，马克思恩格斯在确立他们的辩证法思想的时候由于时代的局限，无法了解今天科学与社会的巨大变革，但这并不等于我们的问题是一个全新的问题，因为对近代传统科学简单性局限的反思在那时已经开始了。回到马克思恩格斯的著作中，我们所探讨的复杂性问题有很多已经引起了马克思恩格斯的关注，他们的辩证法思想原则和今天科学革命所体现出的思想原则有着很多异曲同工之处，今天许多的复杂性研究的科学家和哲学家都提到了马克思恩格斯这方面的工作。贝塔朗菲曾说，一般系统论的原理和辩证唯物主义相类似的则是显而易见的[2]；被认为是

---

[1] 邬焜：《信息哲学问题论辩》，西安交通大学出版社2008年版，第160页。
[2] 黄麟雏、李世新：《系统论的发展与哲学及未来社会——记拉兹洛教授在西安的一次座谈》，《自然辩证法研究》1988年第4期，第69—72页。

系统哲学开创者的拉兹洛也明确指出："被表达成一般进化论的规律和原理的进化的动力学构成了新发现的一种辩证法形式"，它"构成了由马克思主义哲学奠基人提出来的辩证法的一种形式"。①拉兹洛还指出"'辩证法'在今天就发展成为非平衡态热力学理论引起的新的哲学思想形式，即系统的进化规律"，"如果马克思还活着，他也会成为系统哲学家，可以设想，用马克思的方法看待当代科学，就会用系统的观点看世界，发展出系统哲学"。拉兹洛甚至说："把系统哲学称为马克思主义类型的哲学更合理些……这不是说系统哲学的基础是马克思主义的理论本身，而是应用了与马克思同样的研究方法和思维方式。"②当代法国的复杂性研究大师莫兰其实深受马克思恩格斯的影响，早年曾是一位坚定的马克思主义者，仔细研究不难发现他的复杂性思想充满了辩证法的意味，他对马克思的社会辩证法理论给予了高度的评价："卡尔·马克思仍然是关于历史的自我发生性的最深刻的理论家。"③

用这些复杂性科学研究成果中所蕴含的带有哲学性质的本体预设与方法论思想回到马克思恩格斯的原著中重新解读他们的辩证法思想时，不难发现复杂性科学相关研究成果所蕴含的许多哲学思想在马克思恩格斯辩证法思想中虽未系统表述、论证过，却大量渗透在马克思恩格斯对具体问题的分析中，甚至有一些也直接进行了阐述，虽然我们不可能做到复杂性科学的所有新思想都可以在马克思恩格斯的著作中一一对应地找到，但完全可以把他们已有的、丰富的复杂性思想进行提炼、概括和梳理并进行系统的表述。沿着上述思路，全书在对马克思恩格斯的相关论述进行梳理的基础上经过反复思考，将他们辩证法的复杂性思想概括为四个方面：马克思恩格斯辩证法的系统整体联系的思想、全息建构的非线性思想、自组织生成与演化的思想、生成与演化的不确定性思想。马克思恩格斯辩证法的系统整体联系的思想与全息建构的非线性思想对应着马克思恩格斯普遍联系的思想，在以往理解普遍联系往往只关注到流行教科书式的传统理解或者

---

① [美]拉兹洛：《系统哲学讲演集》，闵家胤译，中国社会科学出版社1991年版，第34—35页。

② 黄麟雏、李世新：《系统论的发展与哲学及未来社会——记拉兹洛教授在西安的一次座谈》，《自然辩证法研究》1988年第4期，第69—72页。

③ [法]埃德加·莫兰：《复杂思想：自觉的科学》，陈一壮译，北京大学出版社2001年版，第196页。

马克思恩格斯尤其是恩格斯直接的表述，而忽视了他们分析具体问题时所表达的对普遍联系复杂性的理解；马克思恩格斯的辩证法的自组织生成演化的思想与生成演化的不确定性思想则对应的是他们在分析具体问题时所蕴涵的关于事物演化发展的复杂性思想。这些都是在以前的流行教科书的表述中未曾看到的，把这些内容重新加以提炼、梳理并形成对马克思恩格斯辩证法复杂性思想的系统表述构成了全书的主要内容。

第一章 科学的变革:从简单性观念到复杂性观念

科学真正意义上登上人类历史舞台的四百年来,在科学界占据统治地位的以还原论、线性论、决定论为思想特征的传统的简单性科学受到了越来越大的挑战,在科学领域内再次经历着重大的变化,这是一次对科学自身根基的前所未有的反思,其主旨是对作为以往科学根基的简单性信念的否定,同时也是科学复杂性观念的逐渐确立。

第一节 传统科学的简单性观念

近代科学(或称之为传统科学)尤其是自然科学由于近代工业文明大背景下各种社会历史条件的推动,逐渐在人类的思想世界当中取得了可以与中世纪的"上帝"相提并论的影响力。在这一过程中,由古希腊传承而来的传统科学特有的思维方式即科学简单性观念和还原论方法发挥了核心的作用。

一 科学简单性观念的确立

科学是随着人类文明进程不断展开的过程范畴,作为一种知识或者是获取知识的活动在工业文明之前就已经存在,虽然我们通常所指之科学主要是在人类文明中产生越来越大影响的近现代科学,但科学不可能是无源之水,在近代科学产生之前,必然有着一定的准备和积累,只是不如近现代科学有如此巨大的影响力和独立性,甚至很多情况作为哲学、宗教等的组成部分发挥着自己的作用,但作为前工业文明的智力工具我们完全有理由把其看作科学的第一个历史形态,或者依据其特点称之为"前科学"。第二个历史形态是文艺复兴之后,在产业革命的巨大推动力下日渐在文化领域逐渐走向中心地位的近代科学，特点是各学科相互独立，研究对象具体而明确，多采用分析和还原的方法，由于其最基本的本体论预设是简单性，最基本的方法论原则是分析还原方法，所以也通常被称为简单性科学或还原论科学。事实上，近代科学所倡导的简单性原则可以追溯到古希腊时期。

从古希腊的先哲们开始，简单性就一直是一个古老朴素的观念和信条，是认识追求的最高目标，无论是从本体论和认识论意义都占绝对的统治地位。① 这种信念以世界统一、和谐的思想形式，以直观、猜测、朴素的表达方式反映了当时人们对自然界中客观存在简单性的认识。他们试图把纷繁复杂的自然现象背后的原因逐渐化繁就简，最终把一切自然现象的最终原因确定为一个或少数几个，如泰勒士的水，赫拉克利特的火，德谟克里特的原子与空虚，亚里士多德的四因说，等等。大多数的哲学家都抱有这样一个信念：世界从时间意义上的最初或从逻辑意义上的最根本都一定是简单的，或者世界在本原上是简单的。亚里士多德曾对万事万物最终可以还原为简单的一进行了明确表述："自然界选择最短的道路"，"一样东西，万物都是由它构成的，都是首先从它产生，最后又化为它的（实体始终不变，只是变换它的形态），那就是万物的元素，万物的本原了"。② 亚里士多德还从认识论意义上提出了简单性原则，他在《形而上学》中提出了"所包含原理越少的学术比那些包含更多附加原理的学术更有益"。③ 被马克思恩格斯称为"经验的自然科学家和希腊人中第一个百科全书式的学者"的德谟克里特提出了世界的本原是简单的，即"原子"和"虚空"。他认为，组成万事万物的原子在数量上是无限的，但是在性质上都是相同的，没有差别，组成不同事物的原子并不具有某种特殊的属性。原子之间的区别在形状、体积和位置排列不同。原子构成万物，但原子本身是永恒不变的，它过去如此，现在如此，将来也永远如此。

上述思想基本代表了大部分思想家在世界本原问题上的基本态度，均在人们思想中打上了深深的烙印：世界在本质上是简单的，构成世界的本原或始基，只有量的不同，没有质的区别，也不会随时间而变化。整体即

---

① 魏宏森：《复杂性研究与系统思维方式》，《系统辩证学学报》2003年第1期，第7—12页。
② 北京大学哲学系编译：《西方哲学原著选读》（上卷），商务印书馆1981年版，第15页。
③ ［古希腊］亚里士多德：《形而上学》，吴寿彭译，商务印书馆1959年版，第18页。

为部分之和，整体与部分在性质上是完全相同的，因此既可以分离又可以组合。上述古希腊哲学家的思想一直影响着人们的思维方式，并且作为思想资源成为近代科学思维的重要理论基础，正如普里戈金所说，相信现实世界的简单性，是从德谟克利特以来在西方科学中形成的基本信念，现象世界的复杂性能够和应该从简单的原理和普遍的规律出发加以消解。

第一次科学革命从16世纪中期开始，我们可以把哥白尼的日心说的提出作为其发起的标志，而第一次科学革命的核心成果即经典力学的科学理论体系则是由牛顿建立完成的。作为第一次科学革命的核心内容和最重要的标志性成果，牛顿的经典力学的理论体系向我们展示了一幅新的世界图景。这是一幅由处在机械运动之中的、离散的、可以作为质点来处理的物体靠机械力或超距作用联结起来的可逆的世界图景。在这个世界图景中，构成世界的基本要素是离散的"质点"和机械力与引力。其中可被当作质点处理的物体是构成这个世界的特定的单元个体，它们要么处在惯性运动之中，要么通过机械力和引力而改变着自己的原有的机械运动状态，处在变速运动之中。在牛顿所给出的世界图景中，相对于古希腊先哲们而言，最突出的特征便是科学地、定量化地引入了机械力的概念，是一幅可以依据观察和实验的数据定量描述的世界图景。正是具备了这一可定量化的特点，它成为人类文明进程中不是通过哲学的或宗教的方式而是通过科学的方式向人类展现出来的世界图景。在诸如笛卡儿的解析几何、莱布尼茨和牛顿的微积分、哥白尼的日心说、哈维的血液循环说、林耐的生物分类法等近代自然科学的整体发展中，牛顿创立的经典力学体系无疑扮演了领航者的角色，由于当时科学的巨大发展与成功，使得机械力学规律的作用被片面夸大，并被无限制、无条件地应用来说明一切自然现象背后的本质及规律。近代自然科学发展的这种状况，深刻地影响着人类思维方法在近代的演化走向，第一次科学革命由此也产生出与之相应的基本的科学思维方式。

牛顿经典机械力学作为第一次科学革命的核心成果的形成，是人类思维方式走向科学化的必然结果，本身就体现着思维方式的一次科学变革。牛顿的这一成果本身所具有的重要方法论意义，使越来越多的科学家接受了牛顿创建经典力学的基本思维方式，并将其推广到各自研究的领域，从而使得经典力学的基本思维方式在众多的科学领域里蔓延。不仅如此，这种基本思维方式还超越了科学的领域，向上进入哲学向下渗入日常生活，成为一种最常见的、基本的思维方式。它不仅改变了原有的社会经济和文化格局,而且也改变了科学自身的地位,使其逐渐代替宗教成为人类文化领域的领航者。物理学、数学、化学、生物学的革命也相继发生,并从庞杂的哲学中分离出来众多自然科学门类。到18世纪末,这些学科在其发展的初始阶段的主要工作是分门别类地积累经验、收集和整理材料。其研究方法主要依靠分析方法,把自然界的不同方面与不同过程从其整体联系中孤立地抽取出来,进而对一个个独立的部分、孤立的过程加以分析。这种方法对自然科学各个学科门类在其初始阶段的建立与发展显然是必要的,但由于在思维上一味地追求把客观联系着的事物整体分割为互不联系的孤立存在的部分,以便能够单纯地运用分析方法加以考察,恰恰忽视了古代系统思维所注重的客观事物所固有的整体性征,而在整体性思维方面出现了倒退。

近代科学的产生和发展基本上是机械论与还原论在各个领域中不断强化中进行的,对于世界所固有的复杂本性,大多数科学家主张采用还原论原则来认识,其核心目标就是追求结果的简单性、确定性。这种方法论原则是通过"简单"来趋进"复杂"的,相信复杂世界是由简单构成的这一信念,则是这种方法论范式的突出特点。这一信念最早可追溯到古希腊的毕达哥拉斯,而且,从近代的伽利略一直到现代的爱因斯坦,均秉持这种信念。正如切克兰德所指出的:"笛卡尔教导西方文明说,对付复杂性的办法是把它细分为组成部分并分别地处理它们。这种训导已为人们完全接受,而且不仅深深地根植于此观念对其至关重要的科学家中,也渗入了任何受过西方风格教育的人的头脑中。然而,系统思想始于批评从未受到过怀疑的笛卡尔主义的预设,即一个组分分开来与作为一个整体的组成部分完全相同。"①

牛顿的经典力学体系是由力学三定律及万有引力定律构成的,力学三定律突出地代表和体现了牛顿的简单性科学思维方法:第一定律:一个物体如果没有受到其他物体的作用时,这个物体就将保持其原有的静止状态或匀速直线运动状态;物体惯性的量度,就是物体的质量。第二定律:物体的加速度和受到的作用力成正比,和物体的质量成反比。第三定律:两

---

① [英]切克兰德:《系统论的思想与实践》,左晓斯、史然译,华夏出版社1990年版,第15页。

个物体间的作用力和反作用力总是同时存在的，它们的大小相等、方向相反。

牛顿曾经在他的《自然哲学的数学原理》中宣称："自然界不做无用之事。只要少做一点就成了，多做了却是无用；因为自然界喜欢简单化，而不爱用什么多余的原因来夸耀自己。""自然界是最简单的。"①牛顿是把简单性作为一种科学信念和指导原则，置于众法则之首提出来的。试图从三大定律出发演绎出自然界的一切运动规律，他所构造的体系的确也是相当简单的。在牛顿看来，一切物体都是由"固实、有质、坚硬、不可贯穿、而可活动""它们坚硬到不能损坏和分割"的单个质点作为其最小单位而形成的。无论是单个物体还是单个质点，在没有外力作用时，都可以处于孤立的静止状态；即使有外力作用时，也只能形成绝对对称的——对应的两两相互作用。为了保证一切质点间的相互作用都只是这种绝对对称的相互作用，因而质点在空间上的分布也只能是一种绝对均匀的分布状态；质点或物体间的相互作用过程在任何空间与任何时间上都是在绝对均匀状态下的绝对对称的相互作用过程，所以质点的状态与运动过程是与空间、时间无关的；空间与时间也因此都是绝对的。这样，宇宙整体上就被看作是孤立的、有限的、均匀的、对称的、无组织的整体。面对"宇宙"的动力来源问题，牛顿也只好用神秘的"第一推动力"来解释了，也正是这种简单性观念使牛顿和拉普拉斯得出了"万能的上帝"的结论。

与牛顿所构建的简单的世界图景相对应，在认识论上，英国学者奥卡姆早在文艺复兴时期就提出了认识逻辑论证的简单性原理："如无必要，勿增实体"，逐步剃掉烦琐的思辨和多余的假设，人们将之称为"奥卡姆剃刀"。这一原理在后来被许多科学家提及，例如莱布尼茨的"不可观测事物的同一性原理"和牛顿提出的一个原则：如果某一原因既真又足以解释自然事物的特性，则我们不应当接受比这更多的原因。从牛顿的万有引力到爱因斯坦的相对论，奥卡姆剃刀以结果为导向，始终追寻高效简洁的方法逐渐成为重要的科学思维理念在科学研究中广泛应用。

---

① ［英］牛顿：《自然哲学的数学原理》，郑太朴译，商务印书馆1957年版，第693页。

二 科学简单性观念的发展

近代自然科学在后续近四百年的发展中大都受到了牛顿简单性观念的影响。在热力学中,人们把由众多分子参与的整体的热运动过程及其结果看作是由众多分子独立作用过程及其结果的简单加合;从而,近代自然科学也出现了由力的独立作用导出的力的合成法则,由波的独立传播导出的波的叠加法则,从而,近代自然科学形成了"整体等于部分之和"的思维方法。

德国物理学家克劳修斯在 1850 年创立热力学第二定律时,也受到单质点科学思维方法的制约。1865 年,他通过提出并引入熵的概念,把热力学第二定律定量化,提出了著名的熵增原理:在一个孤立存在的系统内,实际发生的宏观过程总是使这个系统中表示其整体状态函数的熵值,随着时间的推移而不断增加。克劳修斯量化热力学第二定律的公式中,最初整体状态函数熵是由自身为了维持稳定而不断消耗能量的熵产生和系统边界处能量交换引起的熵流两项因素构成的,即:dS(熵)= diS(熵产生)+ deS(熵流),但是在简单性观念的影响下,他将客观存在着的 deS(熵流)一项作为是对思维的"讨厌的干扰"而忽略不计,将系统视为像牛顿所说的实体一样的孤立存在物;虽然他认为熵增与时间推移相关,是一定的不可逆运动过程,但是,他又认为,既然一切系统都是孤立存在的,随着时间的推移,都只能按照熵增原理而趋向于熵的极大值。由于熵产生过程对应着系统在整体上物质与能量分布的均匀化过程,熵增过程对应着系统内部的无组织化或无序化过程,因而,熵趋于极大值的趋势也就对应着系统内部由有序走向无序,最终由运动走向静止的趋势。当克劳修斯将有条件的热力学第二定律用来无条件地解释宇宙的运动时,必然地得出了宇宙演化发展最终走向"热寂"的结论。

从现代科学出发加以科学评价,牛顿经典力学体系实际上是一种对于宏观低速运动的近似描述。但是由于科学与科学思维方法发展的局限性,牛顿的科学简单性观念在自然科学的发展中,起到了长达三百年左右的主导作用,一直影响到 20 世纪上半叶。从牛顿到爱因斯坦的科学发展过程中,不断有人力图把表现上极为复杂的自然现象归结为几个简单的基本定理。其中,马赫和阿芬那留斯等人都认为科学的任务就在于对经验事实进行最简单、最经济的描述,主张把科学看成一个"用最少的思维、最全面地描述事实"的最小值问题,使系统只可能在允许的情况下选择最直接的路径。①

在爱因斯坦建立于广义相对论基础上的各种物质均匀分布的黎曼宇宙模型中,虽然一定程度超越了以牛顿为代表的机械式的世界图景,但依旧可以清晰地看到牛顿乃至克劳修斯等的科学简单性观念的痕迹。爱因斯坦则把简单性作为原理来代替上帝,提出了一切自然规律的内在一致性和逻辑简单性原理,认为它是一切科学的伟大目标,即要从尽可能少的假设或公理出发,通过逻辑的演绎,概括尽可能多的经验事实;指出所谓的简单性,是指这体系所包含的彼此独立假设或公理最少。正是由于他把这种简单性当作客观世界的现实接受下来,因而把追求简单性作为他一生追求的最高目标,并不惜花费后半生的全部精力去研究统一场论,试图把万有引力与电磁相互作用通过几何化方法统一起来。

不难看出,世界的简单性信念是近代科学研究的重要传统和发展动力之一,简单性观念最终发展成为简单性原则。在科学发展中,科学简单性观念已成为一种合理地构造科学理论体系的一个极有用的方法论原理,并深深地渗透到了其他许多领域乃至人类的整个思维领域。很长一段时期里,多数科学家乃至哲学家甚至认为宇宙乃至其中的万物,无分物理、生物或社会层面,都可以简化为类似钟表的机械,各个组成零件均以精确可测的线性因果律相互作用。如果我们能够完全解析各个零件及其作用,即可指以重建世界乃至其中的万事万物。

比如笛卡尔等人认为动物是机器,以至生物学也同样把生命现象分解为原子实体和局部过程。拉美特利甚至提出了人是机器,与动物相比只不过是"多几个齿轮,再多几条弹簧",人的身体只不过是一架"极其精细、极其巧妙的钟表",人的灵魂不过是肉体这种有机物质的属性而已,是自动机的齿轮传动装置。② 基于这样一种对人的认识,在近代的医学领域,主流医学都是信奉科学简单性观念的,把人的身体看成是一台加足燃料的基因机器,采用的是局部的、孤立的、线性的治疗方法。

在对社会的理解中,托马斯·霍布斯把国家描述成一部机器"利维

---

① 高雁军:《从奥卡姆、牛顿马赫到爱因斯坦——简单性原则的探讨》,《湖北民族学院学报》1994年第2期,第47—49页。

② [德]克劳斯·迈因策尔:《复杂性中的思维》,曾国屏译,中央编译出版社2000年版,第2页。

坦",国家的主权为灵魂,官吏为骨骼,财富为体力,民怨为疾病,内乱为死亡,公民就是机器中的嵌齿轮,等等。正是这样一种对社会理解的简单性观念也深深影响了近代法律体系的建构:"它影响了美国宪法的制造者,使他们建造了一个统治用的机器,它的控制器和平衡轮像一个钟表的零件那样嘀嗒摆动。"①

三 科学简单性观念的思维特征

以科学简单性观念为核心的近代科学思维方法的产生,有其历史的必然性。资本主义社会化大生产的兴起,要求科学技术在各个领域的创立;为此,在科学技术发展的初始阶段,要求分门别类地研究不同物体的属性、关系等方面的细节,要求对事物进行分门别类的考察,并把这些细节从整体联系中分离、抽取出来,这种解剖和分析,是近代自然科学在认识自然界方面获得巨大进展的基本条件。这一时代要求就与牛顿为代表的近代经典科学所崇尚的科学简单性观念与分析还原的科学范式形成了共振,最终把世界看作是简单的机械式的关系形成的无组织的整体,是以牛顿经典力学为代表的传统科学对真实而复杂的客观世界进行简单思维操作的结果,这也恰恰符合了传统科学追求世界简单性的基本精神。

从认识论上总结近代科学的发展,自然哲学家和科学家把世界的运动看作是有条理的、有序的、均匀的因而能够完全准确的得以把握,比如伽利略把自然看作是简单有序的系统,它的每一个过程均为有序的、必然的,这种有序和严格的必然性通过自然界的数学特征得以体现。"自然的真理存在于数学的事实之中,自然中真实的可理解的是那些可测量并且是定量的东西。"② 以此为基础的牛顿经典力学,彻底构建了人们认识万事万物的机械论世界观:在科学认识中追求把多层次、多形式的自然还原为物质实体的集合,把物质实体还原为基本粒子的集合,把各种复杂运动还原为受力学定律支配的机械运动等,任何物体均可忽略其大小、体积、形状、质地而用"质点"表示。世界观和方法论是统一的,有什么样的世界观就有什么样的方法论,建立在上述世界观之上的方法论必然呈现出如

---

① [比]普里戈金、[法]斯唐热:《从混沌到有序》,曾庆宏、沈小峰译,上海译文出版社1987年版,第7页。
② [英]毛·伯特:《近代物理科学的形而上学基础》,徐向东译,四川教育出版社1994年版,第90页。

下特点：既然世界在本质上是简单的，构成世界的本原没有质的差别，也不会随时间而变化，所以，完全可以用解构、分离、重组、定量的方式加以认识。相同的原因导致相同的结果，事物具有可逆性、无序性、可加性、稳定性，万物的运动是均匀的，可积的，而不是失衡的、间断的，微小变化或偶然因素均可忽略不计。以科学简单性观念为根本特征的近代科学思维方法，在对世界的理解中具有下述一些基本特征：

（一）孤立性与静止性

包括人类社会在内的整个物质世界在终极原初意义上是由无数个质点组成，无数个质点简单加和成为无数个物体，无数个物体又简单加和成为整个物质世界，所有的万事万物可以处在不受任何外力作用的孤立状态。虽然物体存在各种形式的运动，但其固有状态往往是孤立、静止的，在不受外部作用的状态下，自然界的物质都可以持续的保持既有的状态不变。单个质点以及由单个质点简单加合成的物体，乃至整个物质世界，可以处在没有任何内部及其与外部之间相互作用的静止状态。这样，万事万物乃至整个物质世界在内在的、本然的状态下是孤立与静止的，相互作用与运动则是外在的。

（二）相互作用的线性特征

在近代自然科学中，一切相互作用都可简化为各种"力"，一切相互作用的效应也可简化为各种"流"（包括热流、电流、扩散流、化学反应率等），而一切力与流的关系又可大致归结为数学上的线性方程（零次幂或一次幂关系）、线性微分方程（其解可以线性叠加）的形式，这就是通常所说的线性相互作用。线性相互作用具有这样一些特征：首先，它是独立的从而仅能在数量上叠加的相互作用，几项同类的相互作用发生在同一个对象上，就相当于每项相互作用独立起作用而把结果叠加起来。其次，它是时空中均匀的相互作用，无论何时何地，这种线性相互作用及其效应总以同一形式表现出来，不具有明显的时空特征。最后，它是两体间对称的相互作用，这种一一对称的两两相互作用，只能形成单调的量变过程和唯一可能的结果。

（三）简单加和性与无组织性

由单个质点简单加合成的物体，不存在内在各要素间在差异的基础上的合作与竞争。也不存在内部各要素在地位与作用上的不同，也就不能形成因地位与作用的差异而显现出的特定秩序，也就无法通过内在自发调整形成具有一定新性质的整体。在经典物理学中，多个策动力的效应可以线性叠加，即其运动方程的解具有可加合性；因而，即使是多个策动力产生的整体效应，也是完全可以还原为它们各自独立运动及其结果的。由单个质点简单加合成的整体，是可以完全还原为单个质点的、不具有整体新的特定性质的无组织整体。这种整体的结构与功能，只能是一种近似的简单的"整体等于部分之和"式的结构与功能，只能是一种无组织化、无序化的或只能趋于无组织化、无序化的结构。

（四）整体平衡性与确定性

单个质点及其简单加和成的物体，在宇宙中是均匀分布的，物质世界全体呈现出整体的平衡态。在整体的平衡态背景条件下，一切质点及物体间的差异及其相互作用过程，都只能随机产生并随时消亡。物质世界万事万物的相互作用与运动在这个意义上只具有随机的意义，对物质世界全体的平衡态无法形成实质影响。宇宙中万事万物的整体运动在这个意义上只存在量变过程，而不可能产生质变过程，新生事物为标志的发展过程在这一世界图景下更无法得到合理的解释，整个物质世界的存在与演化就是简单的、确定的甚至是可以精确计算的。

第二节 科学简单性观念的缺失与科学复杂性观念的兴起

一 传统科学简单性观念的缺失

正如任何真理都包含了不依赖于人们意志为转移的客观内容，都是在一定程度上对客观事物的正确反映一样，牛顿的经典力学以及相应简单性原则也在一定限度内（特别是低速运动状态）揭示了物体的运动规律，为人们认识世界和改造世界奠定了基础，而且我们日常接触到的大量事物和现象也恰恰处于低速状态。可以说，对世界理解的简单性观念是近代科学研究的重要传统和发展动力之一。简单性观念的功绩不能否认，在四百年的时间里极大地推动了科学的发展，使人们对自然界从模糊的定性认识转变为精确的定量分析，人们一直把简单性观念作为主导思想，努力探究的是物质构成的简单性，运动规律的简单性和科学方法的简单性，并且在实践中取得了惊人的成就。20世纪的诺贝尔奖得主，绝大多数就是在这一主导思想下获得科学发现的。在社会科学领域，哈佛大学卡尔·多伊奇等的一项研究报告，列举了从1900年到1965年62项社会科学方面的进展和创造性成就，其中，"定量的问题或发现（或者兼有）占全部重大进展的三分之二，占1930年以来重大进展的六分之五"。① 这个简单性原则至今仍指导科学家们的科学实践，并且常常卓有成效，因此我们不能简单地否定这条原则。从某种程度上讲，没有经典力学就没有近现代科学，也没有现代工业革命，更不会带来生产力的巨大飞跃。

但是，我们也应该认识到，追求简单性只能是人类认识的一个阶段。当简单性原则在研究中也不断获得成功的时候，它的权威性却逐渐受到了怀疑与挑战。一般说来，简单性思维往往与客观性、因果性、必然性、规律性、可逆性、重复性、平衡性、可量化性、线性等密切相关。由此产生出线性因果观和还原论的研究思路。然而，在科学的发展中人们却不得不面对越来越多的与组织性、主观性、偶然性、突变性、不可逆性、单一性、非平衡性、非线性、混沌性、模糊性等密切相关的现象，而且它们对于万事万物的存在和发展起着极为重要的作用。无论是神经信息的产生、保存、传输与破译，微观世界的探索与解读，生命的产生与律动，宇宙的起源与演化，还是系统的组织与建构等，都存在着仅按科学简单性观念与还原论方法无法解释的各种各样的复杂现象。至于在人文社会现象中价值利益的渗透和情感意志的投入所带来的极为复杂多变的情况等，更是无法用简单性观念与还原论方法加以解释。科学简单性观念在面对复杂的现实世界时，逐渐变为人类认识领域的一种幻象。

随着人类认识水平的提高，科学的迅速发展，简单性观念和方法受到了不断的冲击。最早对简单性提出挑战的是来自宇宙演化和生物领域。按照热力学第二定律，整个宇宙将越来越走向无序，据此得出了著名的热寂说。然而，这显然与宇宙的生成演化的实际情况不一致，也与我们的生机勃勃的现实世界相矛盾。达尔文的生物进化论更是揭示出我们的生物世界是从最简单的生命开始逐渐演化，通过物竞天择，走向了一个更加有序、更加高级、更加丰富多样的生物世界。这样，物理世界的简单定律与生物世界的规律与现实就显得格格不入。而用简单性观念与还原论方法所构建的分子生物学等虽然将生命现象深入到了分子、原子、原子核甚至更加微

---

① ［美］贝尔：《当代西方社会科学》，范岱年等译，社会科学文献出版社1988年版，第2页。

观的层次，但对于生机勃勃的生命现象的解释却南辕北辙、渐行渐远。

其实不仅是生物界，自然界经过亿万年的进化发展，也是一个从低级到高级、从简单到复杂的永不停息的过程，人类社会也是一个经历了从低级到高级、从简单到复杂的不断发展序列。显而易见，当今的自然界和人类社会无不具有复杂性，这就决定了人的认识也必须以复杂性为研究对象，这是探索复杂性的本体论依据。从本体论的角度来讲，我们认为复杂性是客观而且普遍存在的，是这个世界的客观本质属性。从认识论的角度来讲，事物既可能是简单的又可能是复杂的，具有相对的意义，从人类的认识史看也是先探索简单性，而后才有可能探索复杂性。但是我们也应该认识到，追求简单性只能是人类认识的一个阶段。万事万物毕竟不都是同质的、均匀的、孤立的，而是相互联系、纷繁复杂的，把所有现象描绘为钟表式的重复循环，抑或是一个轨道的永无发展的静态世界都严重歪曲了客观世界的本来面目。随着人类认识水平的提高，简单性观念和还原论方法受到了不断的冲击，人类认识已经慢慢进入到一个全新的阶段：简单性虽然仍是我们应追求的目标，但已不是唯一的目标，它仅仅是复杂性海洋中的一个个孤岛而已。[1]

二 现代科学复杂性观念的兴起

人类思想领域对复杂性的关注其实由来已久，早期希腊哲学家猜测过混沌到有序的历程；笛卡尔提出过复杂性的涡旋宇宙演化模型；斯宾塞哲学地提出过生命由复杂性增长的结构进化决定的观点；柏格森提出时间的复杂性演化与创造性问题；彭加勒从对三体问题研究得到了非线性结论；等等。但这些仅仅是人类思想史中注意到复杂性现象的那些凤毛麟角的典型。科学上从"三大发现"（生物进化论、能量转化守恒定律、细胞学说）到法约尔关于工厂管理的新思想、怀特海的过程哲学、格式塔心理学，等等，作为传统科学简单性观念和还原方法论的反叛逐渐发展起来。此外，在诸如医学、经济学、历史学等其他许多学科领域内，机械论也碰到了严重的困难，这股潮流最终把复杂性思想推上了科学舞台。

---

[1] 吴彤：《"复杂性"研究的若干哲学问题》，《自然辩证法研究》2000年第1期，第6—10页。

进入 20 世纪，人类随着科学实践活动的广度与深度的巨幅增长，现代社会不得不面临来自各领域"整体"的挑战，整体论与还原论的论争是那个时期重要的哲学论题。到 40 年代前后兴起的老三论（系统论、控制论、信息论）以及运筹学、博弈论、系统工程等面向技术和工程的复杂性问题的组织理论，为复杂性科学的正式问世拉开序幕。

贝塔朗菲于 1937 年在芝加哥一次学术会议上最早提出一般系统论的概念，于 1945 年发表了《关于一般系统论》论文，概括出了系统的一般性特征，如整体性、关联性、动态性及终级性等。1968 年出版的《一般系统论的基础、发展和应用》是贝塔朗菲研究的全面总结，1972 年贝塔朗菲发表了《一般系统论的历史和现状》。一般系统论以系统等抽象概念超越了物理、生物、经济等具体领域特征，开创出在纯粹系统意义上进行研究的新思路。贝塔朗菲曾言，我们"被迫在一切知识领域中运用'整体'或'系统'概念来处理复杂性问题"。[1] 这句话道出了系统论作为一种复杂性研究的时代必然性。当美国圣菲研究所首任所长考温在回顾复杂性科学的发展史之时认为，1928 年贝塔朗菲在维也纳完成他的关于生物有机体的系统描述的毕业论文，由此唤醒了科学对复杂性的现代兴趣。

一般系统论标志着整体论思想由哲学向科学的重要发展，奠定了系统理论的基本理念，但它主要停留在哲学与科学的边缘处。控制论与信息论建立了严格的科学理论，系统工程则在社会实践中得到广泛的应用。控制论与信息论在这一时期发挥着承上启下的作用，承上方面它部分实现了一般系统论的科学理想，启下方面它找到了跨越不同复杂系统的可操作性。由控制论所衍生或催生的一些有关自动机、人工智能、人脑与神经系统、计算机等方面的研究都成为后来复杂性研究的重要先导或影响因素。这些发展使"目的"、"行为"、"控制"等科学之外的概念有了科学的表述和可操作化的技术内涵。

控制论的创立者就是著名的美国数学家维纳，他于 1945 年发表了《控制论——关于在动物和机器中控制和通讯》著作。控制论揭示出包括生物系统和人工系统极为广泛的一大类系统的共性和规律，即不同系统都

---

[1] ［美］贝塔朗菲：《一般系统论——基础发展和应用》，林康义、魏宏森译，清华大学出版社 1987 年版，第 2 页。

可表现为一种不断趋向目标的行为。控制论提出了目的、行为、通信、输入、输出、反馈等基本概念，建立了具有广泛普适意义和可操作性的系统模型，即输入—输出反馈控制模型，取得系统理论的重大突破。

信息论的创立者为维纳的学生申农。1948 年，申农发表了著名的《通讯的数学理论》，次年又发表了《噪声下的通信》。申农首次在理论上阐明了通信的基本问题，提出了通信系统的模型，给出了信息量的数学表达式。信息论也解决了信道容量、信源统计特性、信源编码、信道编码等有关精确地传送通信符号的基本技术问题，提炼出包括信源、信宿、信道等基本概念。信息论还赋予通信这一概念以普适性，认为原则上一切对象之间的相互作用、相互关联都可视作某种形式的通信。事实上，控制在一定程度上就是信息的传递，信息论的发展深化了我们对控制的理解。

系统工程是系统科学思想在工程实践中的一种运用，它于 20 世纪中期开始兴起。美国贝尔电话公司在 20 世纪 40 年代末首先使用了"系统工程"这一名称来称呼设计新系统的科学方法。第二次世界大战后，美国兰德公司倡导采用"系统分析"方法来解决大型社会经济系统中的复杂问题，推进了系统工程的研究。系统分析方法强调要对若干可供选择的系统方案进行详细的分析和比较，通过综合的考虑与计算来确定最优解决路径。系统工程的主要理论基础是运筹学，包括线性规划论、非线性规划论、博弈论、排队论、搜索论、决策论等。

复杂性研究兴起于对系统问题在科学领域的广泛关注，系统科学所强调的整体非加和原则对传统科学的批判是深刻的。在很短的时间内，系统、信息、控制、反馈等这些这一阶段所提出的重要概念席卷了整个科学界，无论是自然科学、社会科学以及思维科学都广泛地引入和使用了这些概念。但是这一阶段仅仅只能看作是揭开了复杂性思想自觉的序幕，在科学与哲学的相关研究中却有着把这一阶段成果绝对化的倾向。确实，这一时期对世界的本体解释给人以耳目一新的感觉，用"系统"、"整体"的概念取代了"物体"的概念，试图用"整体观"去批判近代科学的分析还原的简单化思路。但这会导致另外一种简单化倾向，就是"只见森林，不见树木"，因为"系统"、"整体"一开始就内在一种矛盾，因为任一系统整体同时又是它所属更大系统整体的一部分。所以，"无论是整体派还是简化派，二者的解释都是对统一的复杂性的简化。它们一个把整体简约为孤立部分的属性；另一个则把部分的属性简约成同样孤立的整体。这两种互不相容的解释属于同一范式"。[1] 在这里我们必须注意整体与部分的内在辩证统一的关系，而不能用其中之一否定另外一个或把其中一个简化为对方。在这个意义上"老三论"不是发现了"整体"，而是发现了"整体的重要性"，而由于它的存在，世界一下变得复杂起来。所以系统科学的创立并不是解决了复杂性问题，而更多的是发现了复杂性问题，其自身如果抱着把问题一揽子解决的简单性思想原则，那么自身也必将会回到追求简单性的老路上去。

第三节　现代科学复杂性观念的发展与完善

如果说贝塔朗菲、维纳、申农等人创立的一般系统论、控制论、信息论等理论是复杂性思维发展的20世纪先驱，宣告人类认识进入到了一个探索复杂性的历史时期。最近30多年以来，世界范围的探索复杂性科学才蓬勃兴起，系统科学在发展中也经历了从简单到复杂的演进历程，在一系列新成就的基础上形成的复杂性科学，正是对传统经典科学的一种具有革命性的思维方式转换。它标志着人类科学研究又进入一个新的历史时期，科学发展正经历着一场历史性转变。

一　现代科学对复杂性的自组织主义研究阶段

在把系统、信息、控制这些概念引入各个学科之后，随着对各个领域共有的系统现象进一步深入研究的基础上，以"自组织理论"为核心的系统科学在20世纪60年代以后也蓬勃发展起来，这是系统科学深入发展的必然结果，也是对世界的复杂性不断自觉与探索的一个新的阶段。陆续出现的新三论（耗散结构理论、协同学、突变论）和超循环理论构成的自组织理论，为系统科学迈向复杂性科学道路奠定了基础。这一过程中涌现出的涨落、分叉、突变、序参量、超循环等动态性的科学概念是对传统科学静态性概念的全新超越，同时也是首次在科学中引入了随机性、不对称性、不可逆性认识机制。这种科学思维的变革在于系统理论关心的焦点

---

[1] ［法］埃德加·莫兰：《方法：天然之天性》，吴泓缈、冯学俊译，北京大学出版社2002年版，第120页。

从可逆的、确定的、累加的存在走向了有序的、前进的、突变的演化。在这一阶段，突出了动态分析系统自身演化，主要研究系统的产生条件、动力机制、演化途径等基本问题。

早在1947年美国控制论专家阿什比就描述了神经系统的自组织特性，此后20年系统动力学派的重要人物福斯特与其合作者一直致力于自组织系统的研究，这些研究在一定程度上催生了其后的自组织研究。[①]

1969年，比利时化学家普里戈金从研究远离平衡态的热力学出发，提出"耗散结构理论"，开创了自组织理论的先河，通过发现开放系统对初始条件敏感性，揭示了远离平衡态开放系统的不可逆过程和演化机制。这一成就使他在1977年获诺贝尔化学奖。

同样是在1969年，德国科学家哈肯由激光中的发现创立"协同学"，研究了系统如何经过自组织从无序转变为有序的非线性机制。哈肯从激光现象中得到启发开始研究远离平衡态的物理变相问题。发现任何系统同时存在两种运动倾向，一种是无规则运动，它通常导致系统走上无序的道路；一种是由于子系统之间的关联引起的协调运动，它导致宏观有序，不同的协同运动导致不同的宏观结构。从而为揭示系统相变和演化的内在机制作出了贡献。

德国诺贝尔化学奖得主艾根与合作者依据他们对分子进化以及生命进化与起源的研究，于1979年发表《超循环——自然界的一个自组织原理》，研究生命如何从物理和化学的层次突现出来的问题时提出了超循环理论。艾根认为，超循环理论可以作为生物大分子进化的一般模式，解释由化学过程向生命过程转变的种种突变现象。显然，艾根为生命的自组织现象提出了独到的见解，使超循环理论成为现代系统科学和非线性科学的重要组成部分。超循环论建立了生命现象的数学模型，复现了生命演化的过程特征。

在数学领域，法国数学家托姆于1972年以纯数学的形式发表了《结构稳定性与形态发生学》，创立了突变理论。托姆是在用数学方法研究生物学问题时，发现微分拓扑学领域关于奇点的研究成果与生物形态分类学有密切的关系，从这个角度切入发展出突变理论。传统的数学分

[①] 朱志昌：《当代西方系统运动》，载许国志《系统科学与工程研究》，上海科技教育出版社2000年版，第592、611页。

析以及用微分方程表述的理论物理学，都处理的是连续和光滑的情况，对不连续和突变现象的研究不在传统数学的视野。托姆突变论关注的是质变的关节点，即奇点、临界点、分岔点问题，通过构建数学模型来分析突变的类型，探索影响突变的因素，如控制因子和反应因子，以提出揭示系统突变的内在规律的数学表达和描述方式。由于许多研究领域都存在着突变现象，不论在物理学、生物学领域、经济学、社会学领域，因此，人们都认真探索用突变论所创立的数学模型和工具来研究突变现象。

自组织理论的相关成果告诉我们，自组织性是一切系统的普遍属性，物质世界中的任何系统都处于一定自组织的演化过程中，无论是系统的结构与功能还是系统本身，都是系统所固有的自组织性在一定条件下、一定阶段上的具体表现。任何一个系统都是以其自组织性为其产生、存在、演化和发展的条件和背景的，这也同时回答世界万事万物的系统整体特征如何而来的问题，其理论落脚点虽然仍是探讨系统有序结构的生成，回答世界的秩序如何而来，但其理论成果中已经不可避免地内含了复杂性意蕴。通过自组织理论我们看到了表现世界简单性的秩序，无论是空间上的还是时间上的，都并非世界本身所固有的，而是在复杂的相互作用过程中通过自组织生成的。世界并非是沿着因果决定论的模式从一种有序走向另一种有序，而是可以从无序中生成有序，从有序程度较低的状态通过"自己运动"走向有序程度较高的状态。这对本体意义上的简单性原则无疑是一次巨大的冲击。但自组织理论在世界观意义上同早期的系统论一样仍是不完备的，因为任一新结构的生成过程同时也意味着另一结构的瓦解，事物在演化中也不可能无止境的走向更高的有序状态，如果片面地强调也会回到追求简单性的道路上。但这无疑是对简单性批判的深入，同时是对复杂性自觉的坚实一步。

二 现代科学对复杂性的非线性主义研究阶段

系统自组织理论在研究进展中不可回避地遇到了非线性问题，由于非线性问题在系统演化中的核心地位，几乎与"新三论"同时又出现了"又三论"：混沌理论、分形理论、孤立子理论20世纪70年代发展成为非线性科学理论群，这为复杂性科学整体进展的又一重要阶段。这一阶段最能够体现其理论成果的应是混沌理论和分形学说。"至于分形和混沌理论，我认为它们是从时序与空间序的角度研究了自组织的复杂性和图景问题。"[1] 非线性科学运用了吸引子、离散、自相似、分数维、孤子等概念，揭示了空间意义上非决定论式作用关系，消融了决定论和概率论的对立；揭示了空间意义上整体和部分的跨层次的作用关系，消解了宏观和微观的分野。

1963年美国气象学家洛伦兹在用计算机模拟大气变化的过程中，一个微小的误差导致了两条分道扬镳的天气模拟曲线后，提出了著名的"蝴蝶效应"，即一只蝴蝶在巴西扇翅膀会引起得克萨斯州的龙卷风的命题；他发现天气变化是一个庞大而又复杂的非线性动力学系统，用传统的线性动力学模型无法描述那些非周期性的和对初始条件的敏感依赖性问题，并提出了第一个关于大气运动湍流出现的复杂性数学描述。混沌学理论中，揭示混沌现象的几个基本特征，如系统内在的随机性、初始条件的敏感性、奇异吸引因子的非线性相互作用以及混沌是新事物、新结构、新功能的创生之源，等等。随后由于计算机的介入以及文化学者的推动，20世纪70—80年代中期在众多领域激发起研究混沌的热潮。司马贺认为，混沌研究是复杂性研究的一种重要概念框架和数学工具，混沌系统在很多科学领域都具有重要的现实意义。[2]

1975年英籍法国数学家曼德勃罗出版了《分形——形、机遇和维数》，提出"分形"一词，创立了分形几何，其1982年出版的《大自然的分形几何》一书进一步推动了分形思想的研究热潮。分形几何为研究自然界中的复杂形状和结构提供了数学工具，因而理论上可广泛应用在天文、地学、物理、化学、生物、材料乃至语言学、经济学等众多领域。美国物理学家惠勒曾说："明天谁不熟悉分形，谁就不能被认为是科学上的文化人。"[3] 分形是指其组成部分以某种方式与整体相似的形，指一类无规则、混乱而复杂的、局部与整体有相似性的体系，研究具有自相似的无序系统。

混沌与分形具有内在一致性。分形是混沌的几何结构或普适形态，混沌则是分形形成和演化的动力学。分形是复杂巨系统赖以生成和维持的组

---

[1] 吴彤：《自组织方法论研究》，清华大学出版社2001年版，第20页。
[2] ［美］司马贺：《人工科学——复杂性面面观》，武夷山译，上海科技教育出版社2004年版，第166页。
[3] 汪富泉、李后强：《分形——大自然的艺术构造》，山东教育出版社1996年版，第2页。

织原则或机制。分形几何是探索复杂性的重要工具,与动力系统的混沌理论交叉结合,相辅相成,它承认世界的局部可能在一定条件下、过程中,在某一方面(形态、结构、信息、功能、时间、能量等)表现出与整体的相似性,它承认空间维数的变化既可以是离散的也可以是连续的,拓展了人们的视野。

混沌理论和分形几何学有着承前启后的作用,它连接了复杂系统理论的系统自组织性研究阶段和系统不确定性研究阶段,所以有的学者把它们看作是自组织理论的一部分。而本书认为,如果把有序的思考也看作是简单性的一种,那么复杂系统理论的前两个阶段可以看作是科学研究从简单性追求向复杂性探索的过渡,在世界图景的建构中仍然有着较强的简单性特征的,而混沌理论和分形几何学的思想更多地体现出对世界复杂性的一种新探索,从而使系统理论研究真正进入到复杂性阶段。在此之后复杂性研究的热潮遍及全球,研究的学者也涉及各个领域,从哲学、生物学到管理学、物理学、天文学、社会学,等等。

三 现代科学对复杂性的不确定性研究阶段

自组织系统理论描绘了一幅新结构不断取代旧结构的系统有序演化图景,这就很自然地提出了一个问题:有序演化模式能否一直进行下去?由于非线性科学的深入,偶然、随机、无序、不可预测等难以简单处理的复杂性问题全部进入了科学的视野,复杂性科学在20世纪80年代的新进展是对自组织临界性的发现。1987年丹麦科学家帕·巴克用计算机技术真实模拟了沙堆的自然堆积与崩塌过程,科学的揭示出了自组织临界性。巴克指出,自组织临界性广泛存在于地壳变化、火山爆发、太阳耀斑、生态进化、股票市场、金融危机、人类大脑等众多领域,正如巴克所说,"巨大的灾难性的事件和每天都发生的微小事件都遵从同样的动力学……自组织临界性可以看作是灾难主义的理论判据"。[1] 自组织临界性的发现为科学复杂性探索开辟了更加广阔的领域,复杂性科学自然而然地进入到一个全新的阶段,这一阶段主要研究系统存在与演化过程中的不确定性、无序等基本问题。

---

[1] [丹麦]帕·巴克:《大自然如何工作》,李炜等译,华中师范大学出版社2001年版,第33页。

到了20世纪80年代，随着计算机技术的成熟，使得复杂性研究与之前研究有了较大区别，计算机仿真与建模成为研究的重要方法。这种新方法的应用大大弥补了以往复杂性理论难于检验的弱点。在这一背景下，由不同国别的众多科学家在不同领域分别展开探索，掀起全面研究复杂性的热潮，具有代表性的研究主要集中在欧洲、美国与中国这三个地区。欧洲方面，复杂性科学的首席思想家普利高津提出过"探索复杂性"的口号及提出"涨落导致有序"的原理；法国当代复杂性思想大师埃德加·莫兰提出"复杂性研究"的课题及"由噪声产生有序"的原理。美国方面，1984年成立的美国圣塔菲研究所，在三位诺贝尔奖获得者支持下汇聚了各学科一流的研究人员，研究内容包罗万象，"所涉及的主要内容有：复杂适应系统、非适应系统、标度、自相似、复杂性的度量"[①]，集中研究复杂系统并逐渐成为当代复杂性研究方面的世界研究中心。中国方面是以钱学森为代表提出的开放的复杂巨系统理论。

欧洲方面，复杂性研究在德、比、荷、奥、英、法、丹等国都有引人注目的成果。其中贡献最大的当推以普利高津为首的布鲁塞尔学派，主要是：较早论证了复杂性科学的概念和提出"探索复杂性"的响亮口号，开展远离平衡态研究，分析界定复杂性概念；提出复杂性有不同等级的思想，特别考察了"最低复杂性"提出放弃世界简单确定性的信念，以便锻造复杂性研究的方法论；关于复杂性的哲学思考，如复杂性的客观性、简单性与复杂性的辩证关系等。

其次是哈肯学派，就简单巨系统问题很好地论证了客观世界的复杂性是通过自组织从简单性中逐步演化出来的，自组织是刻画复杂性的科学概念。协同学解决问题基于数学模型，主要是常微分方程。只要能有效确定序参量，且个数很少（一个或几个），能够建立序参量方程，系统的自组织即可用数学方法精确刻画。但这一方法如果宏观序参量过多，或无法建立有效的序参量方程，协同学也只能提供定性分析。

此外对于复杂性问题的阐述更多的是法国的埃德加·莫兰，他是法国当代著名的哲学家、社会学家、人类学家和政治评论家。埃德加·莫兰"复杂思想"认为世界事物是统一性和多样性的融合、有序性和无序

---

① 金吾伦、郭元林：《复杂性科学及其演变》，《复杂系统与复杂性科学》2004年第1期，第1—5页。

性的交混、个体和环境的相互渗透，建议用"宏大概念"、策略性眼光和元系统观点来认识对象。莫兰期望简单的、静止的、封闭的理性主义能够被一种复杂的、动态的、开放的理性主义所代替。针对西方文化中占主导地位的重分析的思维传统，他提出"复杂思维"的新范式，以期弥补各学科相互隔离、知识日益破碎化的弊端。他的复杂性研究把物理、事理、人理结合起来，他的思想对于解决复杂的实际社会问题具有指导意义。

纵观欧洲的相关研究，其复杂性研究有以下两个特点：首先是在基础科学层次上探索复杂性，除莫兰外都是理论自然科学家，他们的复杂性研究都建立在物理学、化学和生物学现代成果之上，一定程度上受到发端于欧洲的传统科学的简单性观念影响，追求精确数学模型，注重揭示复杂性形成和演变的内在机制，强调自组织产生复杂性；其次是重视从哲学高度审视复杂性，提出大量深刻的哲学思想。

美国方面，按照美国当代著名系统科学家、结构基础学派代表人物沃菲尔德的概括，美国的复杂性研究包括五个主要流派，即系统动力学、混沌理论、复杂适应系统理论、结构基础学派和暧昧学派。学界普遍认为他的概括并不完全，因为分形学说、札德的模糊理论、司马贺关于人工系统复杂性探索都是复杂性研究的重要进路，却被沃菲尔德所忽视。在这些研究中，影响较大的应属圣塔菲研究所对于复杂性的相关探索。

1984年，以跨学科方式运作的美国的圣塔菲研究所创立，集合了众多世界级科学家致力于复杂性探索，由一帮来自不同学科的物理学家、生物学家、经济学家等为了探索复杂性的共同志向走到了一起，成了世界复杂性科学的专门机构和前沿阵地。圣菲研究所的特点是对世界各国开放，成员流动，众多世界级的科学家参与，开展规模空前的跨学科、跨文化综合研究，影响巨大，被称为当代世界复杂性科学的中枢。他们对复杂性的研究不再是分门别类地进行，而是打破了以前的学科界限，企图建立统一的复杂性科学纲领。因此，圣菲研究所的成立，是复杂性科学进入新阶段的标志，也是复杂性范式初步形成的标志。

成立以来，圣塔菲研究所在复杂性研究方面取得了很多有价值的成果，把复杂性探索视为一种"新科学"。这一新科学将突破传统科学的还原论局限，进军众多复杂性领域，解决经济、生态、免疫系统、胚胎、神经系统中诸如贸易不平衡、可持续发展、遗传病、计算机病毒等"一切常规学科范畴无法解答的问题"。[①]

圣塔菲研究所的最具代表性的成就是风靡全球的复杂自适性系统理论。为了解决传统方法难以处理的优化计算问题，20世纪60年代霍兰仿照生物自然选择和优胜劣汰的进化规律，创立了遗传算法。1993年，霍兰在遗传算法工作的基础上创立了著名的CAS理论。他先后出版了《隐秩序：适应性造就复杂性》《涌现——从混沌到有序》两部著作。另一著名的成就来自被称为"人工生命之父"的朗顿，他创立了人工生命的研究，对元胞自动机的研究影响巨大，提出"混沌边缘"的口号。此外，帕·巴克通过沙堆模型对自组织临界性的研究，经济学家阿瑟对报酬递增率、路径锁定和不可预测性的研究，也是圣菲研究所的代表性成果，并产生了巨大的影响。圣菲研究所一开始就树立了促进知识统一和消除科学与人文之间的对立，全面进行复杂性探索的宗旨，研究者们虽然有不同的研究方向，但他们的研究对象方法和工具是一致的，即研究对象是复杂系统，研究方法多采用隐喻、类比、模型、模拟等方法，这些鲜明特点是以前复杂性探索时所不具备的。

除圣菲研究所外，美国乔治·梅森大学成立了集成科学现代研究所，通常称为结构基础学派，以沃菲尔德为代表，围绕管理问题研究复杂性。他们以西方（特别是皮尔士）哲学为指导，通过总结管理经验，提出交互式管理的新概念。

在圣菲研究所成立以前，复杂性科学没有一个真正以探索复杂性为共同目标的研究机构。那些探索复杂性的人们分布在不同的学科领域，基本上属于业余爱好，也没有自己的刊物，有关复杂性或系统研究的论文都是偶然地发表在各种其他专业刊物上，例如洛伦兹有关混沌的重要论文就发表在气象杂志里。宣告混沌研究诞生的李·约克的著名论文《周期三意味着混沌》也是发表在数学杂志里。圣菲研究所的出现结束了这种历史，基本上每年出版复杂性科学的年报这一连续出版物，《复杂性》，随后又有《混沌》、《生态复杂性》、《经济与复杂性》、《涌现》、《复杂系统前沿》等探索复杂性的传统或电子杂志先后创办，有关复杂性的专著更是

[①] [美]米歇尔·沃尔德罗普：《复杂》，陈玲译，生活·读书·新知三联书店1997年版，第1页。

雨后春笋般出版，形成了一股复杂性的出版热。大名鼎鼎的美国《科学》杂志也推波助澜，1999年几乎成为关注复杂性科学的专辑，除陆续发表复杂性的文章外，还于四月份出版复杂性专辑：《复杂系统》，一次性发表8篇复杂性方面的文章，精心组织一批正在主流科学主战场物理、化学、生物、经济、生态、地理环境、气象、神经科学等前沿工作的著名学者探讨各自领域的复杂性，充分地表明到世纪之交主流科学界对复杂性科学的明确关注和认可。

中国学界复杂性研究的队伍庞杂，凡国外复杂性研究的重要流派，中国都有人跟踪。20世纪90年代中期以前大多追随欧洲学派，特别是普利高津和哈肯。20世纪90年代中期以来，大多跟踪圣塔菲。世纪之交以来，一批人致力于复杂网络理论研究。这样的复杂性研究无疑是必要的，但形不成自己的学派。所谓复杂性研究的中国学派，核心是钱学森领军的研究集体及其外围追随者。在这个意义上，钱学森是中国复杂性研究的开创者，最先注意到国际上涌动的复杂性研究潮流，1987年转向复杂性研究，提出独到的概念和理论框架。钱学森早在20世纪80年代中期他就洞察到这个科学新方向的重要性，通过系统学讨论班聚集起一批力量，以开放的复杂巨系统理论为学术旗帜开国内复杂性研究之先河。钱学森是从两个方面走向复杂性研究的，一是解决国家重大实际问题，如军队建设、国家体制改革中的重大经济决策问题等；二是建立基础科学层次系统理论即系统学的工作。其概念形成经历了三部曲：巨系统（1980年）——复杂巨系统（1987年）——开放的复杂巨系统（1989年）。

钱学森的复杂性研究的贡献主要是提出复杂性研究的独特思路和方法论，可以分为两个层次。一是从方法论层次划分简单性与复杂性，强调解决复杂性问题必须利用整个现代科学技术体系的知识，对各种理论知识综合集成，对科学知识与非科学知识（专家经验、不成文的感受等）综合集成，对逻辑思维与非逻辑思维、形象思维综合集成，对机器"智能"和人的智能综合集成，对定性材料和定量数据综合集成。总之是综合的综合，集成的集成，集大成。这是系统方法最概括的表述。二是具体方法层次，也就是复杂巨系统工程，建立综合集成研讨厅体系，用于复杂巨系统的预测和决策，有很强的可操作性。

复杂性的科学研究的这一阶段，科学开始直面被传统科学看作敌人的偶然性、随机性、不确定性、无序性，事实上关注的核心问题就是如何把有序与无序、确定性与不确定性、规律性与随机性这样看似矛盾的概念联结起来。在通常的理解中，复杂性在本体意义上往往和彻底的混乱无序联系起来，在认识论上无疑就走上了不可知论的道路，这其实是走上了另外一种简单主义，显然不是科学进行复杂性探索的目的。面对世界的无序、随机、偶然性等不确定性因素，复杂性科学不是像简单性科学那样选择了回避，而是试图在不确定性中看到确定性，在确定性中看到不确定性，并寻找到二者的内在统一关系，这也许才是当代复杂性科学研究的主旨所在。

第二章　现代科学复杂性观念的思想特征

通过对科学领域复杂性探索的历史性考察，我们可以清晰地感受到：我们的科学乃至人类的认识正在经历一个由存在到演化、由绝对到相对、由解决单一层次问题到面临跨层次问题挑战的时代。在这样一个传统科学意义上的确定性终结、由一元性向多元性转变的时代里，我们必须重新梳理我们的认知方式与思维方式，确立一种复杂性的思维方式，学会在关系与演化过程中把握存在、在不确定性中理解确定性、在暂时性中寻求永恒。

第一节　对现代科学复杂性观念理解的复杂性

现代科学复杂性观念从传统科学简单性观念中脱胎而来，经历了近一百年的孜孜探索，迄今为止虽然影响广泛，但仍没有真正改变科学简单性观念在科学领域的主导性地位，甚至很多学者认为复杂性科学才刚刚起步，以至于我们试图对复杂性科学进行思想概括的时候都有些举步维艰。这或许恰好说明，科学复杂性观念本身就具有高度的复杂性。

一　对复杂性理解的语义溯源

复杂性最早是由形容词"复杂"这个日常用语演变而来，最终在科学领域中被使用。在现代汉语词典中我们可以找到"复杂"这个形容词。在汉语中，"复杂"是一个复合词，由"复"和"杂"两个字组成。"复"字本义为往返、返回。[1]《说文解字》："复，行故道也。"由此引申为繁复、重复。其实，在这种往复、重复中，也就蕴含了某种规律性的东

---

[1] 谢光辉：《汉字字源字典》，北京大学出版社2000年版，第312页。

西。"杂",古体字写作"雜"、"襍",由衣、集会意,表示各种衣服聚集混乱不一的意思,其本义即指混合,掺糅、聚集、错杂等义。① 《说文解字》:"杂,五彩相会。从衣,集声。"如今的杂字,从九,从木,成了多种树木相混合了。但无论如何,"杂"字都有多个东西混合在一起的意思。"复"和"杂"从什么时候起组合成复合字?笔者还没有进行详细的考证。《辞海》对"复杂"的解释是:"(1)事物的种类、头绪等多而杂乱,问题复杂;(2)在系统论中,同'简单'相对,表征事物或系统的组织水平的范畴。指事物或系统的多因素性、多层次性,多变性以及相互作用所形成的整体行为和演化。一般认为,非线性,不确定性,不稳定性等是复杂性的根源。"总之,在汉语中,从辞源上来说,"复"表示反复且多样,因而有规律可循,而"杂"又表示多且乱,杂乱无序,因而无章可循。"复杂"将无序和有序结合起来,介于有序和无序之间,因此才显得"复杂",这与当代的复杂性理论是很契合的。

在英语中,"复杂性"对应于名词 complexity;"复杂"对应于形容词 complex。在《牛津高级英汉双解词典》中,对形容词 complex 解释如下:(1)由密切联系的部分组成的;联合的;复合的。(2)(因由很多部分)难于理解或解释的。而在该词典中,对 complexity 的解释是:错综复杂的状态;复杂的事物。"complex"来源于拉丁语 complexus, complexus 又从拉丁语词 complecti 转化而来。complelus 为名词或形容词,complecti 为动词,它的意思就是拥抱、怀抱、围绕、编织。Complecti 由拉丁语动词 plectere 加前缀 com 组合而成,com 的意思是合在一起。在印欧语系中,词根 plek 来源于拉丁语动词 plicare,意思是折叠,缠绕(to fold),其过去分词为 plelus,意思是编成辫子状或编成麻花状(braided,entwined)。由此就导出了 complexus,字面上理解就是编织在一起。由上面的辞源分析可知,complex 的最早的意思就是编辫子、缠绕、编织,后来它的意思转化为把许多东西结合到一起。

总观以上汉语和英语、拉丁语的解释,"复杂"的词义内容包括两个方面:本体论方面,它指事物的组成多且杂;认识论方面,它指难于理解和解释,不容易处理,不清楚。"复杂性"就是指"复杂"的性质或状态。

---

① 谢光辉:《汉字字源字典》,北京大学出版社 2000 年版,第 302 页。

日常生活中人们一直广泛地使用复杂、复杂性、复杂系统等词语，人们总是通过比较来判断事物是简单的还是复杂的，但复杂事物与简单事物究竟有什么本质上的区别却并不清楚。对同一事物，有的人觉得复杂，另一些人则会觉得简单，复杂性的感受因人而异。同一事物，从不同的层次和角度看，复杂性也不一样。

二 现代科学对复杂性理解的历史逻辑

如前文所述，科学的复杂性探索是从贝塔朗菲开始的，他虽然认识到系统复杂性的问题，但他并没有直接提出过复杂性的概念。信息论创始人之一维纳在《科学与复杂性》一文中把科学对象分为三类：简单性、无组织的复杂性和有组织的复杂性，并正式提出复杂性和复杂性科学的概念，但他也没有真正定义过复杂性。普利高津是一位真正比较提出"探索复杂性"，他把复杂性等同于自组织，把复杂性的基本要素等同于自组织的要素，《探索复杂性》全书所研究的都是自组织现象。[1]

随着复杂性这一科学概念的提出，20世纪60年代逐渐发展出计算复杂性理论。计算复杂性的含义是指解决一个问题所耗费的计算资源的数量，其中计算资源主要包括空间和时间。一般地说，时间上的计算复杂性即一个计算机描述一个系统（或解一个问题）所需要的时间；空间上的计算复杂性即描述一个系统所需要的计算机存储量。[2] 计算复杂性的基本观点是，我们可以把解决问题的时间、空间耗费的代价来作为该问题的复杂性的测度，并据此判断该问题是否属于难解的复杂性问题，在认识论意义上可视为主体有效解决对象的认识难度所付出的代价。

20世纪60年代中期，数学家柴汀提出描述复杂性的概念。描述复杂性起源于概率论、信息论以及关于随机性的哲学思考，并随着算法理论的发展而走向成熟。[3] 在描述复杂性中，越随机性的东西越复杂。由于描述复杂性依赖于描述语言、背景知识和粗粒化程度，具有一定的主观性。为了克服这种主观性，美国科学家盖尔曼提出了原始复杂性的概念。他把原始复杂性定义为用双方事先共享的语言、知识及理解，将一个已知粗粒化

---

[1] ［比］尼科里斯·普利高津：《探索复杂性》，罗久里等译，四川教育出版社1986年版。
[2] 堵丁柱、葛可一、王杰：《计算复杂性导论》，高等教育出版社2002年版，第67页。
[3] ［荷］威塔涅：《描述复杂性》，李明译，科学出版社1998年版，第32—34页。

程度的系统描述传给远处某人时，所用最短信息的长度。① 在原始复杂性中，双方拥有共同的语言、知识及理解，避免了描述复杂性的任意性，具有了一定的主体间性。

德国学者克拉默利用系统来定义复杂性。他认为："复杂性可以定义为系统表明自身方式数目的对数，或是系统可能状态数目的对数：K = logN，式中K是复杂性，N是不同的可能状态数。"② 他还以算法复杂性为基础定义了亚临界复杂性、临界复杂性和根本复杂性。所谓亚临界复杂性是指系统表面复杂但其实很简单，或许是算术性的。所谓临界复杂性是指在复杂性的特定阶段——在它的临界值上——开始出现某些结构。最简单的情况是对流和对流图案形式。所谓根本复杂性是指"只要系统有着不确定性解或混沌解就是根本复杂的"。③ 根本复杂性即那些表现得完全随机性、描述结果与被描述对象可以相提并论，完全无法获得规律性认识，简单地说，无法辨识即根本复杂性。所以，根本复杂性就等于完全随机性。

算法复杂性和根本复杂性都以随机性来测度复杂性，认为越随机的东西就越复杂。这样就会得出结论说，猴子在计算机键盘上随便敲出的字符串要比莎士比亚的伟大作品具有更大的复杂性。为此，美国学者盖尔曼提出了有效复杂性来克服这些缺陷。所谓"有效复杂性，大致可以用对该系统或数串的规律性的简要描述长度来表示"。④ 假定所描述的系统根本没有规律性，虽然在具有给定长度的比特串中，随机比特串的AIC（算法信息量）最大，但是其有效复杂性却为零。⑤ 另一个极端情形是，比特串完全规则，比如全由1组成，其有效复杂性也非常接近于零。因此，盖尔曼提出，系统既不能太有序，也不能太无序，有效复杂性处在完全有序和完全无序之间的中间地带。

美国气象学家洛伦兹被人称为混沌之父，他认为："实质上，复杂性常常用来指对初始条件的敏感依赖性以及与这种敏感依赖性相联系的每一

---

① ［美］盖尔曼：《夸克与美洲豹》，杨建邺等译，湖南科技出版社1991年版，第34页。
② ［德］克拉默：《混沌与秩序》，柯志阳等译，上海科技教育出版社2000年版，第285页。
③ 同上书，第290页。
④ ［美］盖尔曼：《夸克与美洲豹》，杨建邺等译，湖南科技出版社1991年版，第34页。
⑤ 同上书，第58页。

件事。"① 在他看来，混沌与复杂性的区别是：混沌涉及时间上的不规则性，而复杂性则意味着空间上的不规则性。这就是说，他把复杂性等同于空间上的不规则性。

司马贺则提出了分层复杂性的概念。② 所谓分层复杂性就是指复杂系统的层次结构，复杂系统由子系统构成，这些子系统又有它们的子系统，如此一层一层地组成复杂系统，形成层次结构。他的分层复杂性以复杂系统为基础，并认为层次系统的进化速度比规模相当的非层次系统快得多。

美国圣菲研究所的"人工生命之父"朗顿则把复杂性理解为混沌边缘，他在元胞自动机中提出这样一个假说：对于元胞自动机来说，能完成复杂计算的规则，最有可能在有序和混沌状态之间转变的相变阶段（即混沌边缘）被发现。后来，由于《复杂性：诞生于秩序和混沌边缘的科学》和《复杂性：混沌边缘的生命》两本畅销书都使用了这个词，因此混沌边缘成为复杂性定义的时髦词汇。混沌边缘的一般意义为："在高度有序和稳定的系统（比如晶体）内部不可能诞生新生事物，另一方面，完全混沌的或非周期的系统，比如处于湍乱状态的流体或受热气体，则将趋于更加无形。真实的复杂事物——变形虫、契约贸易者以及其它一些类似的东西，则恰好处于严格的有序和无序之间。"③

巴克等人则把复杂性理解为自组织临界性。所谓自组织临界性指的是一类开放的、动力学的、远离平衡态的、由多个单元组成的方向系统能够通过一个漫长的自组织过程演化到一个临界态，处于临界态的一个微小的局部扰动可能会通过类似"多米诺效应"的机制被放大，其效应可能会延伸到整个系统，形成一个大的雪崩。临界态的特征为，处于临界态的系统中会出现各种大小的"雪崩"事件，并且"雪崩"的大小（时间尺度和空间尺度）均服从"幂次"分布。④

霍兰则把复杂性看作是一种"隐秩序"，一种系统的"涌现性"，认为是适应性造就了复杂性，并把复杂系统称为复杂适应系统。所以在霍兰

---

① ［美］洛伦兹：《混沌的本质》，刘式达等译，气象出版社1987年版，第156页。
② ［美］司马贺：《人工科学》，武夷山译，上海科技教育出版社2004年版，第171页。
③ ［美］霍根：《科学的终结》，孙雍君等译，远方出版社1997年版，第292页。
④ ［美］巴克：《大自然如何工作》，华中师范大学出版社2001年版，第32页。

看来复杂性其实就是系统的一种涌现。①

法国的莫兰则认为"复杂性是辩证法的同一"。他说:"今后科学思想在所有的部门要考虑有序和无序、偶然性和必然性之间的联合,或者用我的话来说是其间的重要性逻辑。这里值得注意的是这个联合、这个两重性逻辑构成了复杂性本身,complexity(复杂性)是交织在一起的东西。我们的现象宇宙是由有序、无序和组织不可分割地交织构成的。这些概念同时是互补的和(当涉及有序和无序时)对立的,甚至是矛盾的。这向我们表明复杂性是这样一个逻辑概念,它把一和多统一起来形成 complexity(复杂性)的 unitas mulitplex(多样性统一),把互补性和对立性统一起来形成两重性的逻辑统一,或者如某些人喜欢说的辩证法的统一。达到复杂性的思维从而意味着达到思想上的用双目视物而放弃只用独眼的思想方法。"② 这样界定的复杂性概念,与前面的混沌边缘、有效复杂性有点类似,但也存在较大的差别。混沌边缘、有效复杂性强调复杂性只能出现在有序和无序之间,但莫兰受辩证法的影响认为复杂性是有序和无序(或确定性和不确定性)的对立统一。

三 现代科学对复杂性理解的复杂现状

通过现代科学对复杂性理解的历史逻辑来看,复杂性科学无疑是研究复杂性,然而对复杂性究竟是什么这一根本的问题,其回答却是见仁见智,纷争异呈,以至于这个问题常常困扰着研究者。正因如此,有些人认为复杂性科学由"复杂性"走向了"困惑性"。据美国记者约翰·霍根在其著作《科学的终结》中所讲,麻省理工学院的物理学家塞思·劳埃德通过电子邮件向他提供了一份复杂性定义的清单,经统计,有45种之多(后面括号中的人名是定义的提出者):③

1. 信息(Shannon);2. 熵(Gibbs;Boltzmann);3. 算法复杂性;4. 算法信息含量(Chaitin;Solomonoff;Kolmogorov);5. 费希尔信息;6. 熵(Renyi);7 自描述代码长度(Huffman Shannon-Fanna);8. 矫错

---

① [美] 霍兰:《涌现——从混沌到有序》,陈禹等译,上海科学技术出版社2001年版,第49页。

② [法] 埃德加·莫兰:《复杂思想:自觉的科学》,陈一壮译,北京大学出版社2001年版,第170—171页。

③ [美] 约翰·霍根:《科学的终结》,孙雍君等译,远方出版社1997年版,第329页。

代码长度（Hamming）；9. Chenoff 信息；10. 最小描述长度（Rissanen）；11. 参数个数或自由度或维数；12. 复杂性（Lempel-Zip）；13. 共有信息或通道容量；14. 演算共有信息；15. 相关性；16. 储存信息（Shaw）；17. 条件信息；18. 条件演算信息含量；19. 计算熵；20. 分维数；21. 自相似；22. 随机复杂性（Rissanen）；23. 混和（Koppel, Atlan）；24. 拓扑机器容量（Crutchfield）；25. 有效或理想的复杂性（Gell-Mann）；26 分层复杂性（Simon）；27. 树形多样性（Huberman, Hogg）；28. 同源复杂性（Teich，Mahler）；29. 时间计算复杂性；30. 空间计算复杂性；31. 基于信息的复杂性（Traub）；32. 逻辑深度（Bennett）；33. 热力学深度（Lloyd，Panels）；34. 规则复杂性（在 Chomsky 层中位置）；35. 信息（Kullbach-Liebler）；36. 区别性（Wooters，Caves，Fisher）；37. 费希尔距离；38. 分辨力（Zee）；39. 信息距离（Shannon）；40. 演算信息距离（Zurek）；41. 距离（Hamming）；42. 长幅序；43. 自组织；44. 复杂适应系统；45. 混沌边缘。

著名的 Science 杂志 1999 年 4 月 2 日的"复杂性研究"专刊发表了 8 篇复杂性的文章，但因为没有统一的复杂性的定义，专题采用了"复杂系统"的名称，而究竟什么是复杂性则由作者在自己的领域去定义。[①] 美国的 Emergence 杂志 2001 年第 3 卷第 1 期专门探讨了"什么是复杂性科学"的问题。该期杂志共发表了 9 篇论文和 1 篇编者导言，从多个方面解读复杂性科学是什么的问题。[②] 结果也是没有一个共同的复杂性定义，而是由作者从知识、科学、哲学、自然史、组织管理和组织叙事研究中自己去体会复杂性的含义。由此看来，复杂性科学研究的领域实在是太广泛了，放眼当代科学，几乎每个学科领域都有自己的复杂性科学，每个研究者对复杂性都有自己的见解，就像维纳在控制论创立之时所描述的一样，"这些专门化的领域在不断增长，并且侵入新的疆土。结果就像美国移民者——英国人、墨西哥人和俄罗斯人同时侵入俄勒冈州所造成的情形一样——大家都来探险、命名和立法，弄得乱七八糟、纠缠不清。"[③]

复杂性究竟有什么特点？或者说复杂性有哪些基本特征呢？国内一些

[①] http://www.sciencemag.org/. Science, 1999 April, 2.

[②] Michael R. *Lissacked.*, Emergence, Vol. 3, No. 1, 2001.

[③] ［美］维纳：《控制论》，郝季仁译，科学出版社 1962 年版，第 2 页。

复杂性研究专家、学者对此进行了探讨和总结。方锦清认为复杂性具有十大特征：非线性和非平衡、多样性、多层性或多重性、多变性、整体性、统计性、自相似性、非对称性—对称性破缺、不可逆性、自组织与临界性。张焘认为复杂性可以归纳为：系统的多层次性、多因素性（因素也是系统）、多变性、各因素或子系统之间的及系统与环境间的相互作用、随之而有的整体行为和演化，一般认为，非线性、不稳定性、不确定性是复杂性之根源，那么，如果时空结构是多层次的，组成是多因素或多子系统的，系统是开放性的，相互作用和过程以及整体的功能与行为是多样的、不稳定的、变化的，整体的不可逆演化过程，就更复杂了。虽然复杂性应是复杂性科学的首要概念，需要给出它的科学定义，但是复杂性建立在多样性、差异性之上，应当承认不同意义上的复杂性，承认不同层次有不同的复杂性，允许使用不同的复杂性定义。考虑到复杂性是现代科学中最复杂的概念之一，"应当容忍和接受不同意义下的复杂性，允许不同学科有不同的定义。多样性、差异性是复杂性固有的内涵，只接受一种意义下的复杂性，就否定了复杂性本身"。[①]

综上所述，科学迄今仍无法给"复杂性"以明确的定义。科学和哲学的研究者都在不同的领域、从不同的角度议论复杂性。作为一种难以被科学和哲学严格界定的概念，"复杂性"虽然在语义上没有获得各学科都能够普遍接受的通论，但事实上在我们这个"复杂性时代"（莫兰语），人们时时处处都遭遇着复杂性。无数的交织在一起的因素构成这个世界。至于何谓复杂性，尽管众说纷纭、莫衷一是，但是并不影响人们从不同的视角去探索这一耐人寻味，可以把不同的学科领域聚合起来的宏大的时代课题。当然需要说明的是，在现实的社会系统中，人类的理性、感情、意志、偏好等，必然带来至少现在的科学还无法描述的行为特征，也是复杂性的重要根源。

第二节 现代科学复杂性观念的思维特征

现代科学对复杂性的探索开启了人类认识世界的新方向，提出了一种全新的思维范式。思维范式是一定历史时期科学活动和科学理论的思维基

[①] 苗东升：《论复杂性》，《自然辩证法通讯》2000 年第 6 期，第 87—92 页。

础和逻辑前提，对一定历史时期的科学活动起引导和规范作用，包括为科学研究活动提供一套科学信念、理论模式和操作方法等，更重要的是经过科学的广泛应用后，会迅速扩展到人类思维领域成为一种时代性的思维方式，可以影响一定时期人们思考、分析问题的思维习惯、思维倾向与思维运作的"逻辑"等方面。通过对复杂性科学综合考察，我们可以从以下四个方面对其思维方式的基本特征进行概括。

一 系统整体性思维

复杂性科学产生前的四百年来的科学研究，一直恪守着研究整体必先研究局部，从而使研究的对象简化为实物个体。研究对象基本定位在各个不同层次的客观物质的性质和状态。比如宏观上研究受力物体，研究两个物体构成的简单系统，微观热力学研究的一个单位量的物体。这种探索已达到了某种相对的极限，微观已触到了"夸克"与"弦"的层次，宇观已探到了总星系。"20世纪的科学如物理学等的研究已非常深入，建立了许多精确的数学模型，可以推演、论证、分析、定量计算等。"[1] 长期以来，传统科学一直认为，认识了部分的性质，总合起来就能得到整体的性质，基本上采取了单纯分析的方法，相信一切问题最终都可以还原到某一物质层次加以说明。这就是传统科学引以为傲的分析还原的思维方式，即把自然现象还原为机械运动，进而分解为基本的零部件来认识其构成和功能。但还原的每一步，实际上都是对整体、对过程、对复杂性的一种抽象和切割，都丧失着原有的部分关系和属性。正因为这样，传统科学对于生物、生态、环境、经济、社会、工程等复杂系统就显得力不从心了。还原论的思维方式缺陷的实质在于它通过设定基元的孤立或独立不变性而忽略了实在的关系特征和整体性。"直到如今，当科学在研究不断变得更为复杂的过程和系统时，我们才认识到纯粹分析方法的局限性。"[2] 例如，宏观视野中，社会不能简单还原为一个人去解释，人不能简单还原为细胞去解释。微观视野中，氯化钠分子具有氯离子和钠离子所没有的功能，同样细胞群落具有细胞个体没有的功能。这些系统不能建立简单的定量模型去

---

[1] 张嗣瀛：《复杂性科学，整体规律与定性研究》，《复杂系统与复杂性科学》2005年第1期，第71—83页。

[2] ［德］哈肯：《协同学——自然界成功的奥秘》，戴钟鸣译，上海科学普及出版社1988年版，序言。

描述，因此要另辟蹊径，对这类相互关系的整体，实现研究对象的转型，探索整体的规律。

人类的认识史也是人类认识方法发展的历史，复杂性科学方法就是从还原性方法转向整体性方法。在世界本原是简单的观念和奥卡姆剃刀的思维原则的指引下，还原性方法自 16 世纪起成为主要工具。把简单性作为最高原则、分析还原作为最基本方法改变了人们的视野，拉开了近代科学的序幕。自 19 世纪的自然科学三个重大发现，自然科学向整体性科学进军。在自然科学在宏观、微观领域开始超越牛顿时代的质点和二体问题，进入整体化发展的时代，成为"关于过程、关于这些事物的发生和发展以及关于联系——把这些自然过程结合为一个大的整体——的科学"[1]。量子力学揭示了世界是一个不能最终分解为集合的整体。爱因斯坦的广义相对论统一了惯性和引力，他晚年的精力全部投入到试图把万有引力、电磁力、弱相互作用和强相互作用等四种力统一起来从而构成一个系统总体性的"统一场论"。

复杂性寓于整体中，整体性表现为复杂性。还原性思维模式暴露出来的局限性，要求我们建立起相应的整体方法论。整体性要求用复杂系统观点去看世界，研究系统的性质、结构和关系，从事物的普遍联系来认识事物，探索"关系产生性质"或"整体不等于部分之和"。用整体观点去看世界，要求建立起相应的整体方法论。

系统方法就是在这样的背景下逐步成熟起来的，它直接把研究对象定位为整体，通过研究整体的性质和结构，获取对整体的认识的方法。贝塔朗菲创立的一般系统论认为，系统的性质功能和运动规律只有从整体上方能显示出来。因为，系统的整体呈现了各个组成要素所没有的新特征，"复杂现象大于因果链的孤立属性的简单总和。解释这些现象不仅要通过它们的组成部分，而且要估计到它们之间的联系的总和。有联系的事物的总和，可以看成具有特殊的整体水平的功能和属性的系统"[2]。当然，对事物的整体的认识，本身就包含着对构成这一事物的部分的认识。但值得注意的是，那种仅仅强调从整体上把握现象和过程而忽视对部分进行认识的纯粹整体主义的方式也是有缺陷的。宇宙全息论认为，部分存在于整体中，而且整

---

[1] 《马克思恩格斯选集》（第 4 卷），人民出版社 1995 年版，第 245 页。
[2] 魏宏森：《系统科学方法论导论》，人民出版社 1985 年版，第 24 页。

体也存在于部分中，不认识部分就不能理解整体；同样，不认识整体也不能理解部分。分形学也揭示，自然界的许多复杂的物理现象都具有分形结构，也就是说，分形体的整体与部分具有某种自相似性。因而人们在从整体中来认识事物的部分的同时，也可以通过部分来认识事物的整体。此外，由于任何一个系统总体又是更大系统的一个部分，由于不同系统的有机结合方式和特点的不同，从而出现了不同质的系统总体形式和多层次性。因此，在强调和认识整体的整体性的同时，也不能忽略部分中也有整体性。

系统方式在思维领域就构成了系统整体性思维。系统整体性思维就是应用系统科学的成果与复杂性理论，深入认识复杂问题的本质和整体规律性。"整体性思维就是从整体出发，对系统、要素、结构、层次（部分）、功能、组织、信息、联系方式、外部环境等进行全面总体思维，从它们的关系中揭示和把握系统的整体特征和总体规律。"① "它以系统整体性原理为指导，从整体上来把握事物，打破事物之间的各种人为的界限，进行泛化思维，将各种事物有机联系起来，全方位、大尺度地看待和解决问题的一种思维方式。"② 系统科学是科学工程实践的结晶，具有科学思维的基本条件，提供了广泛处理复杂性问题的可能性。而系统整体思维方式以系统科学为依据，综合了思维的各种观念，将各学科知识与实践经验整合于思维的知识结构中，使理性化程度大大提高。整体性思维是系统思维方式的核心内容，它决定着系统思维方式的其他内容和原则。

系统整体性思维突破了传统分析、实体思维的局限，摆脱了那种局部决定整体及线性决定论的束缚，使人们思考问题的角度和把握事物的方法发生了重大变化，是人类思维方式的一次重大进步。拉兹洛说："复杂现象'大于'因果链的孤立属性的简单总和，或者说：'大于'单独加以研究的因果链组成部分的属性的简单总和……这种整体观点在生物学中是卓有成效的……因此，越来越多的研究者开始把整体性原则当作方法论。"③ 系统整体性思维作为一种新型的思维方法是人们反应、认识客观对象的新

---

① 刘锋：《系统思维方式论纲》，《上海交通大学学报》（社会科学版）2001年第4期，第12—16页。
② 苗东升：《论系统思维（二）：从整体上认识和解决问题》，《系统辩证法学报》2004年第4期，第1—6页。
③ ［美］拉兹洛：《略评现代系统研究学派》，载波兰《科学问题》（季刊）1972年第8卷第2期。

模式，其基本点即是对事物及其关系从总体上进行把握，通过对系统、要素、结构、功能、外部环境等的全面思维，揭示系统的特征及总体规律。整体性思维的最根本特征是非加和性，系统之所以成其为系统，就在于系统具有同它的构成要素迥然不同的功能。

在系统观念指导下，我们必须根据整体来理解部分，但也必须把部分设想为一定的独立体，因为相对整体而言，部分也有它不可删减的特性；同时，我们还不能忽视部分在系统中潜在的、被抑制的属性，只有这样，可以更好地理解部分，更重要的可以理解系统整体对其的抑制、改造和约束作用。系统科学的创立及其基础理论的初步研究，虽然关注的是人类认识的一个老问题即整体性的问题，但系统科学从科学在不同领域上对其进行了深入的阐发，甚至于使之具有了世界观的意义。在这个意义上系统科学不是发现了"整体"，而是发现了"整体的重要性"，而由于它的存在，世界一下变得复杂起来。所以系统整体主义范式并不是解决了复杂性问题，而更多的是发现了复杂性问题，其自身如果抱着把问题一揽子解决的简单性思想，那么自身也必将回到追求简单性的老路上去。

二 全息建构的非线性思维

系统观念呈现给我们的是一个普遍的整体联系的世界图景，但系统观念只是揭开了世界复杂性研究的序幕，当代科学对复杂性的认识和处理主要是从非线性入手的。

周光召在《迈向科学大发展的新世纪》一文中指出："非线性科学是关于体系总体本质的一门新学科，它更着重于总体、过程和演化。因此，透过这扇窗户，看到的将与牛顿、爱因斯坦创建的决定性的、简单和谐的模式不同，而是一个演化的、开放的、复杂的世界，这是一幅更接近真实的世界图景。"[1] 这幅图景也使我们的思维发生着一场非线性的变革。

非线性是相对线性而言的，它们原本是一对数学概念。所谓线性是指两个变量之间所存在的正比例关系，在直角坐标系中呈直线；而非线性是指两个变量之间没有正比例那样的直线关系。在物理学中，把由线性函数描述的系统称作线性系统，把由非线性函数描述的系统称作非线性系统。

---

[1] 田宝国、谷可、姜璐：《从线性到非线性——科学发展的历程》，《系统辩证学学报》2001年3期，第62—67页。

对于线性系统,由于其内部相互作用为线性,所以系统的整体性质就是各子系统孤立存在时性质的简单叠加,即整体等于部分之和。线性相互作用事实上仅仅存在于理论的抽象之中。在现实世界中,线性相互作用只是一种特例,满足单因素变化和结果成比例特性,多因素变化之和等于结果的可叠加的特性。牛顿力学以其严格的方法、严密的数学工具、精确的计算结果,征服了科学界,被誉为线性科学的基础与典范。这种线性范式或对线性相互作用的理解模式,主要是指两个具体事物之间直接的、即时的相互作用,而这种理解的缺陷就是把问题简单化了,没有看到相互作用的复杂性。黑格尔就曾深刻地指出,用这种线性相互作用的观念来理解,就必然导致对不同事物的"独立自在性"和"僵硬外在性"的理解,就必然导致用"僵死的机械的集合体"[①]的观点来看待事物作为一个整体与其内各部分的关系。

而非线性系统往往也是由大量子系统组成的,但由于子系统之间的相互作用为非线性,系统不再满足叠加原理,系统整体表现出来的现象也不再是个体行为的简单叠加,而是一种单个个体不具有的行为。从子系统层次到系统层次,不仅有量的积累,更主要的是发生了质的飞跃。这种系统在低层次构成高层次时,所表现出来的低层次上没有的性质叫作"涌现性"。因此,多样性造就了非线性,非线性造就了复杂性。成思危在对造就复杂性的分析中指出"复杂系统的复杂性体现在两个方面:一方面,内部的复杂性:复杂系统内部关系复杂(人际关系、物际关系、事迹关系),结构复杂(多通道、多回路、多层次),状态复杂(多变量、多目标、多参数),特性复杂(非线性、非平稳性、非确定性);另一方面,外部复杂性:复杂系统外部环境复杂(社会环境、经济环境、生态环境),影响因素(多输出、多输入、多干扰),条件复杂(物质条件、能量条件、信息条件),行为复杂(个体行为、群体行为)"[②]。可见,在非线性系统中,系统与要素之间、母系统与子系统之间,系统与环境之间存在千丝万缕、错综复杂的关联,在动态变化过程中各组成部分相互交叉、缠绕、渗透、融合和贯通。因此,非线性是这些非线性系统本身所固有的属性是产生复杂性的必要条件。

[①] [德] 黑格尔:《逻辑学》(下卷),贺麟译,商务印书馆1976年版,第164页。
[②] 成思危:《复杂性科学探索》,民主与建设出版社1999年版,第5页。

非线性联系主要包含以下几个方面：任何事物都不可能只与外部另一事物作简单的两体相互作用，而往往是多体协同作用；事物与事物之间的相互作用并不都是直接的，而往往是间接的，甚至需要多级中介来完成；事物与事物之间的相互作用并不都是即时发生的，而往往是跨越时间限制的。正是在这个意义上，普遍联系才有了超越时空的意义，不仅使现有的万事万物交织在一起相互作用，而且使得历史、现实、未来的众多事物也交织在一起。

普遍相互作用的复杂性，丰富多彩的物质运动过程、复杂多样的物质组织方式、变化多端的物质演化途径，是线性相互作用的单调量变过程所不能说明的。现代复杂系统理论的众多研究成果，证实了物质世界中不同层次上各类系统内部及其与外部环境之间的一切真实的相互作用都是一定的非线性相互作用，物质世界的一切运动过程、组织方式以及演化途径形成的现实性以至现实可能性，也均是在非线性机制作用下形成的结果。非线性相互作用具有与线性相互作用根本不同的下述特点：它是不独立的从而可以相干的相互作用。对象之间存在着的相互作用不再只是简单地从数量上叠加，而将相互制约、耦合成为全新的整体效应。系统中之所以能有新质产生，原因就在于子系统之间具有相干性。整体之所以不等同于部分之和，原因也在于这种相干性。通常用以论述系统整体性的所有论据，实质上都是相干性的表现。

为了更加清楚地理解相干性，我们需要引入"中介"的概念，而这个中介其实也并不神秘。因为首先在空间意义上现实中相互作用大多具有间接性的特点，在这个意义上任何一个事物的各种变化虽然受到的是直接作用物的作用，但直接作用物又会受到其他作用物的作用，而且这些又呈现为普遍交织的特点，这使得这些直接作用物在这里就充当了中介。其次在时间意义上任一事物都不仅是现有状态，既是过去状态的一个演化结果，又是未来状态的一个开始，那么现有事物就充当了其过去和未来的中介。另外事物之间在空间意义上和时间意义上的相互作用又是交织在一起的。这样，任一事物既是作用物和被作用物，同时还必须承担中介物的角色，万事万物也因此或紧密或疏松地彼此相互作用着，表现出复杂的非线性关系。

在现实中，事物之间存在着各种各样的差异，"因为只要我们离开存在是所有这些事物的共同点这一简单的基本事实，哪怕离开一毫米，这些事物的差别就开始出现在我们眼前"①。任一事物都在差异的基础上通过复杂的内部和外部的相互作用将自己的某些特征带给其他事物，这同时也是不断形成中介物的过程。被作用之物作为中介物往往也有着自身独立的结构、状态和性质；但是，作为被作用物，它总会与作用物存在不可分割的关系。在这个意义上，它又不是一个纯粹的独立之物，而是作用物的相关之物，携带了作用物的一定特征，二者在一些基本特性上有着较强的相关性。任何事物都通过这种方式在其作用之物上显示着自身，而且要注意的是，这个过程不可能只是单向的，而是相互的，即被作用物同时也将自身的某些特性反馈给作用物，也就是说它们之间是互为中介的。在复杂的相互作用过程中，任一事物都会通过各种方式把自己的特征传递给周围的事物，又经过中介的作用间接传递给没有与它产生直接作用的其他事物，随着这种形成中介物过程的发生，通过中介物的传递和交换，在本来不相关的事物之间建立了某种方式的相互作用，在这种相互作用中参与作用过程的事物都会发生某些变化，这使得事物之间的相互作用呈现为以中介为纽带的长程的、间接的方式，或者说超越时空的非线性方式。

由于现实中万事万物皆处于普遍的相互作用之中，所以任何事物都必须同时扮演三个角色：作用物、被作用物、中介。在现实的相互作用过程中，这三个角色是同时进行的，事实上就是同一个过程。这从现代信息论的角度来描述就是：异化信息的信源、同化信息的信宿、以自身变化的"痕迹"来保留信息的载体。这样我们在描述非线性相互作用时就自然引入了信息的概念。引入信息的意义在于我们就此可以克服仅仅从实在意义上去描述相互作用，因为这无法清楚地揭示相互作用的长程相关特征与超越时空的特征。根据信息哲学的创始人邬焜教授的理解，这种以实在世界为载体，虽作为实在世界的自身显示但又不可简单还原至实在世界的存在形式即间接存在就是信息。② 通过无法直接感知的信息的同化和异化作用，任一具有可感知性的实在物体却发生着不断地变化，而这种变化又进一步通过信息传递影响该物的内部及其外部环境，造成了相互作用过程的相关各种因素的协同作用，在信息的作用下进行着整体建构，使相互联系着的众多事物呈现出一定的整体特征。这种整体特征因为相互联系着的所

---

① 《马克思恩格斯选集》（第3卷），人民出版社1995年版，第383页。
② 邬焜：《信息哲学——理论、体系、方法》，商务印书馆2005年版，第205页。

有参与者往往不是两个而是多个，而且不仅仅是直接联系着的而更多的是通过信息间接联系着的，这使得相互联系往往具有了超越时空的特点。参与相互作用的事物之间必然引起彼此的某种"痕迹"的变化，通过这种变化，一方面，使彼此产生了某种相互规定的关系；另一方面，又通过"痕迹"的形式使得所有事物都不再仅仅具有当下存在的意义，而是与自身的历史与未来建立了某种相关关系。任一事物既是作为实在物体的自身，又是作为显示着他物同时在一定范围被他物所改变的信息体，这也意味着任一事物通过空间维度的变化展现着时间维度的变化，同时，也通过时间维度的变化展现着空间维度的变化。在这里，时间与空间实现了统一，也就意味着事物之对自身历史、现状、未来的全息性就是这样在这种复杂的相互作用中建构起来了，万事万物的普遍的非线性联系就具有了全息建构的特点。

三 自组织演化的过程性思维

"自然"在古希腊人那里原本是生长着变化着的东西。然而，随着近代自然科学的崛起，牛顿力学将所处理的对象，变成一个无数质点的总和，其间缺乏真正的连续性、动态性，它在哲学上的表达即为时间的外在性、间断性，从而将真正的时间排除在科学的视野之外。"在希腊哲学家看来，世界在本质上是某种从混沌中产生出来的东西，是某种发展起来的东西、某种生成着的东西。在我们所探讨的这个时期的自然研究家看来，它却是某种僵化的东西、某种不变的东西"①。近代科学思维方式的重要特征是机械决定论式的。其根本原则是对世界进行简单性解释，为了实现这个目的就必须把动态的现象进行静态处理，把内在统一的复杂现象进行分割处理，从而在世界演化问题上采取了因果决定论的解释模式。

运动和发展问题是对世界复杂性认识的不可或缺的一环。现代科学革命的展开过程正是如此，在把系统、信息、控制这些概念引入各个学科之后，随着对各个领域共有的系统现象进一步深入研究的基础上，以"自组织理论"为核心的新的复杂性理论在20世纪70年代以后也蓬勃发展起来，系统自组织理论正是在因果决定论进行批判的基础上展开了对世界演化的重新解释。普利高津在研究系统的进化与退化、有序与无序、平衡与

---

① 《马克思恩格斯选集》（第4卷），人民出版社1995年版，第265页。

非平衡、可逆与不可逆的现象后认为，远离平衡态的耗散结构系统是通过与外界进行物质、能量和信息的交换而维持系统自身结构的，由于开放系统内部的非线性相互作用，通过涨落有可能发生突变，进而使系统从无序走向有序。艾根发现在化学进化之后，存在一个生物大分子的自组织进化，在这个进化过程中，原始的蛋白质和核酸之间的相互作用形成了某种超循环组织，这种超循环组织能够稳定地、协同整合地朝着自我优化的方向进化；超循环是以传统的化学催化循环为基础的，它使生物大分子具备自我复制能力和自我选择能力。托姆创立了突变理论，实现了在科学上用数学方法描述和刻画哲学上"量变引起质变"这种变化机制。总结自组织理论的成果，清华大学吴彤教授认为："耗散结构理论是解决自组织出现的条件环境问题的，协同学基本上是解决自组织的动力学问题的，突变论则从数学抽象的角度研究了自组织的途径问题，超循环论解决了自组织的结合形式问题。"①

传统科学的静态性的思维观念是建立在主客二分的认识模式上，把事物发展的一个阶段、一个环节从其整体进程中剥离出来进行研究和描述，割裂事物时间维度上的联系，仅仅揭示了事物静态的性质，忽视了事物动态演化中展现出的性质。从系统自组织理论的相关成果观点看，系统均是由多个元素在一定的外界条件作用下相互协调作用所组成的一定有组织的整体。只有能够通过大量地与其外界环境进行物质、能量与信息交换的系统，才有可能获取到自我发展所需的足够的"负熵流"所标志的有利因素，才能通过自身的不断调整、不断完善，来适应其相关环境的不断变化。在寻求与其相关环境间逐步建立起一定的互补互助、互利互惠的协调合作关系的过程中，也同时使自身成为能够通过不断自我完善得以持续发展的自组织系统。

一般来讲，在非平衡态背景条件下，在非线性相互作用中，不同的系统、元素相互合作与竞争。这样，系统内、外部均有多个元素在一定关系条件下参与着系统的形成、演化与发展过程，会构成并处于系统演化与发展的不同层次，在整体效应中组成系统内在的结构与功能。系统在多个元素、多个层次上的各种涨落作用下，本身就具有整体的一定能动作用，既不可能处于没有任何相互作用的静止状态，也不可能在所谓的没有外力作

---

① 吴彤：《自组织方法论研究》，清华大学出版社2001年版，第20页。

用时处于直线匀速运动过程中,更不可能其一切变化都只是消极被动地依靠外力的推动。系统内部及其与外部环境之间的物质、能量与信息的不断相互作用不但构成了系统整体演化的内在动力,而且也使一切系统能动地参与到相关环境整体的演化过程中。

可见,世界并不是"存在"的,而且发生和演化着,换言之,世界并不是一种静止的稳定态,而是一种不断发生和演化的动态过程。事物总是从一种状态变化到另一种状态,其中稳定与平衡是运动的一种趋势,而波动、不平衡、矛盾才是运动的常态,系统在矛盾运动中表现出十分复杂的现象。动态演化态势的形成和发展与复杂系统运行有着内在的必然联系。复杂系统是动态的,处于不断的演化过程中,随着时间的推移,其结构、功能、行为不断变化。复杂系统处于开放环境之中,是自身不断演化的生命体。有别于孤立封闭的系统,复杂系统在外界环境变化下,内部有机关联的各要素之间相互协调,自动地发展和改变并不断地演化和进行自我调整。系统的要素按照相关性、协同性而形成的一个过程,这个过程是从无序走向有序的过程。动态性思维观念则是建立在天人合一的认识模式上,认为系统与环境是相联系的,外界与系统交换物质、信息、能量、系统的内部秩序和稳定需要外界提供序参量(负熵),并且无论是热寂还是进化都是向前演化,都具有产生、发展、灭亡的过程。

在物质世界不同层次上各类系统的相互合作与竞争过程中,总是自组织能力较强的系统往往战胜自组织能力较弱的系统,从而形成不同发展领域与不同发展阶段上的诸多具有较强的生命力、远大的前途、能够更加适应当前和未来环境条件变化的"新生事物"。例如在从森林古猿、腊玛古猿、南方古猿到猿人与智人的从猿到人的进化过程中,每次进化都出现了若干个选择分支,但只有最适合环境变化、自我调整与自我完善能力最强的分支最终被环境一次次地"接受"和稳定下来,最终产生了人类。再如,地表系统通过从岩石圈、水圈与大气圈的基础上发展出土壤圈、生物圈与社会圈,其结构与功能也在不断提高着储存与转化太阳辐射的能量的能力,提高着自组织演化的能力。物质世界不但是有组织的,而且是自组织的,是普遍具有自同构、自复制、自催化与自反馈等自组织基本特征的。同时,通过系统自组织思维的建立,彻底否定了牛顿单质点科学的"他组织"的"第一推动力"的思维。系统自组织理论在思维方法上,以对于物质世界复杂演化的内在机制研究为其基础,而更多地关注的是物质世界的发展趋势及其主导因素。

系统自组织理论事实上在哲学上也有着呼应。柏格森将创造性、新奇性带入了现代科学的思维中，极大地冲击了近代机械的思维模式。柏格森指出，西方民族自古希腊以来思维的特点是，将连续的运动轨迹分割为不连续的、静止的质点，这表明他们不习惯于处理动态、连续的现象。而柏格森的"绵延"概念则代表了一种动态的、持续不断的存在；同时，这种绵延状态还代表了一种不可预测、不可重复性，意味着新形式的源源不断地出现。在柏格森看来，在牛顿—拉普拉斯决定论模式中，缺乏对进化过程中体现出来的新奇性、创造性等现象的重视，把进化等同于像物理、化学现象一样只在预定的轨道上进行进化的过程。于是，柏格森把"生命冲动"视为万物的本质，认为这种"原初推动力"是生物和非生物的共同根基，生命进步的真正原因在于生命的原始冲动，生命冲动是宇宙意志，是世界起始阶段就已存在的一种"力"，一种生成之流。另外，怀特海的过程哲学也认为，不要把这个世界看成是单个物体的集合，而要看成是一个复杂的动态过程；世界并不是由物质实体构成的，而是由性质和关系组成的有机体构成的；有机体具有内在的联系和结构，具有生命与活动能力，并处于不断的演化和创造中，这种演化和创造就表现为过程。怀特海强调，有机体绝非是一种质料，而是一种活动的结构，一切有机体均处于演化过程之中。一方面，机体要适应一定的环境；另一方面，机体具有内在的力量，即它可以创生自己的环境。机体创生环境的过程，也是自身变化的过程，此过程表现为一物向他物的转化。因而，自然的特征就是变化、或然性和新奇性，永远没有完成，永远处在产生之中。

根据系统自组织理论的相关成果，由于普遍的、不断的全息建构的非线性相互作用，从而导致各个层级的系统都通过不断的自组织生成新的稳定有序结构，并从低级有序结构到高级有序结构不断演化，并在此基础上在更高层次不断生成着新的组织模式以实现更高层次上的多样性统一。在这个意义上，表现世界简单性的秩序，无论是空间上的还是时间上的，都并非世界本身所固有的，而是在复杂的相互作用过程中通过自组织生成的。世界并非是沿着因果决定论的模式从一种有序走向另一种有序，而是可以从无序中生成有序，从有序程度较低的状态通过"自己运动"走向有序程度较高的状态，在现实中就表现为新事物的不断生成与演化，从而不断使世界更加丰富多彩。这本体意义上的简单性原则无疑是一次巨大的冲击。但自组织理论在世界观意义上同早期的系统论一样仍不是完备的,因为任一新结构的生成过程同时也意味着另一结构的瓦解,事物在演化中也不可能无止境地走向更高的有序状态,如果片面地强调也会回到追求的简单性的道路上。但这无疑是对简单性批判的深入,同时是对复杂性自觉的坚实一步。

四 演化过程中确定性与不确定性相统一的思维

对世界是确定的还是不确定的这一问题的回答,人类思想史一直有着不同的声音。一种认为世界是确定的,其含义主要包括有序性、统一性、必然性、精确性、稳定性和可预见性等,在此基础上形成了一种追求秩序、必然、统一等的思维,可称之为"确定性思维"。另一种则认为世界是不确定的,其含义主要包括无序性、差异性、随机性、模糊性、不稳定性和不可预见性等。在此基础上形成了一种强调差异、矛盾、无序等的思维,可称之为"不确定性思维"。

古希腊哲学家伊壁鸠鲁第一个表述了这个"根本性"的二难推理,他说:"把一些事物归为必然,一些事物归因于机遇,一些事物归因于我们自己,因为必然取消了责任,机遇是不经常的,而我们的行动是自由的。"① 这被后人称为"伊壁鸠鲁的二难推理"。20世纪初,波普尔在他所著的《开放的宇宙——关于非决定论的论争》一书中写道:"常识倾向于认为每一事件总是由在先的某些事件所引起,所以每个事件是可以解释或预言的……另一方面……常识又赋予成熟而又心智健全的人……在两种可能的行为之间自由选择的能力。"② 这被后来的詹姆斯称为"决定论的二难推理"。这种二难推理现在仍困扰着人们的思想。

这两种声音在科学史上也有着非常清晰的体现。从牛顿到拉普拉斯再到爱因斯坦,描绘的都是一幅完全确定的世界图景。20世纪以前确定性的世界图景统治着整个思想界,确定性的世界描述在哲学上被称为决定论,认为每个事件的发生,包括人类的认知或行动,都或多或少地受到先发事件所决定,没有什么令人匪夷所思的现象、神圣的奇迹、或是全然随机事件会发生。牛顿在1687年发表了包含其万有引力理论的《自然哲学的数学原理》,牛顿理论的成功应用使人们确认世界是确定的,并作为科

---

① 冒丛虎等:《欧洲哲学史》,南开大学出版社1985年版,第171页。
② [比]普利高津:《确定性的终结》,湛敏译,上海科技教育出版社1999年版,第1页。

学信念在科学领域广泛推广并演化成为科学领域"新的上帝"。拉普拉斯就曾说：如果准确的获得了宇宙的完整信息能够决定它在未来和过去任意时刻的状态。这意味着我们的宇宙是一个严格按照一个既定轨迹发展的系统，它的过去和未来我们都可以准确通过某种数学表述计算出来。拉普拉斯的主要注意力集中在天体力学的研究上面，尤其是太阳系天体运动，以及太阳系的普遍稳定性问题。他把牛顿的万有引力定律应用到整个太阳系。拉普拉斯对牛顿力学的成功应用是其决定论思想形成的根源，在他之后的大多近代科学家都受到了这一思想的影响，所以科学界也将这种决定论思想称为拉普拉斯信条。

  进入20世纪，虽然确定性的世界观在科学界仍然大行其道，但不同的声音已经在科学界显现出来，1927年海森堡提出了不确定性原理，他指出："我们所观察的不是自然本身，而是暴露到我们追问方法面前的自然。通过这种方式，量子力学使我们想起了古老的智慧：在戏剧中，我们既是演员又是观众。"[1] 作为海森堡"不确定性原理"一种推广的玻尔互补原理，进一步冲击了传统的确定性世界观。玻尔曾说过："不确定性和模糊性是量子世界所固有的，而不仅是我们对于它的不完全感知的结果。"[2] 根据玻尔的互补性原理，我们能测量坐标或变量，但不能同时测量这两者，没有一种理论语言能把一个系统的物理内容表达无遗。普利高津曾说："要从互补性原理学到的真正教训，一种也许能够转移到其他知识领域的教训，在于强调现实的丰富性，它超过了任何单一的语言，任何单一的逻辑结构。每一种语言所能表达的只是实在的一部分。"[3]

  随着现代科学研究领域的不断拓展，越来越多的不确定现象不断冲击着传统科学决定论思维。人们逐渐认识到，世界的绝对确定"是人们的一种错觉"（普利高津语），不确定性是世界不可或缺的本真状态。现代科学特别是20世纪一系列新理论、新发现的提出，对人类原有的认识、思维、文化产生了巨大的冲击。展现在人们眼前的不再是牛顿所说的"钟表模式"的绝对确定的世界，世界的另一面——不确定性方面日益显现出来。正如福特所说："相对论消除了关于绝对空间和时间的幻想；量

---

[1] ［德］海森堡：《物理学与哲学》，范岱年译，商务印书馆1981年版，第24页。
[2] ［英］戴维斯：《原子中的幽灵》，易心如译，湖南科学技术出版社1998年版，第11页。
[3] ［比］普里戈金、［法］斯唐热：《从混沌到有序》，曾庆宏、沈小峰译，上海译文出版社1987年版，第275页。

子力学则消除了关于可控测量过程的牛顿式的梦；而混沌则消除了拉普拉斯关于确定式可预测的幻想。"①

1972年洛伦兹提出了混沌理论，他意识到长期天气预报的不可能性，总结经验提出"蝴蝶效应"；随后又有人提出对初始条件的敏感性，洛伦兹奇怪吸引子等，对传统科学描绘的确定性世界提出挑战。在混沌理论的要求下要获得宇宙的精确描述必须无限精确地知道宇宙的状态，否则只要有极小的误差都可能导致宇宙向完全不同的方向发展，而海森堡测不准原理又限制了我们对宇宙的精确的测量，因此宇宙的发展方向是无法确定和预测的。混沌学的创立改变了两千多年来西方以及整个人类形成的世界是有序的、可预见的确定性世界观和方法论，正如郝柏林院士所断定的，混沌学"正在促使整个现代知识体系成为新科学"②。此外，由马尔萨斯函数修改而来的逻辑斯蒂差分方程也告诉我们长期行为的不确定性，即$X_n = rx(1-x)$，其中r为可高可低的增长率，随着x的变化，函数出现不确定性即混沌区域。随着人们对混沌研究的深入，人们逐渐认识到混沌无处不在，无处不有。诺贝尔奖获得者，日本著名理论物理学家汤川秀树甚至提出物质最基本的东西不是粒子，而是混沌即无序，这种混沌没有固定的形式，即具有分化出一切基本粒子的可能性。

数学一直被认为是确定性和精确性的典范，但现代数学的绝对确定性正逐渐丧失。1965年查德提出模糊数学，从模糊性来研究数学，并在实践中取得巨大成功。1967年，曼德勃鲁特提出"英国海岸线有多长"的问题，但回答却是"不确定的"，由此曼氏开创了分形数学，随后分形广泛应用于其他科学。概率理论长期被当作"无知"的理论，但随着现代数学的发展，人们逐渐认识到我们生活在一个概率的世界中，不确定性、多元性、差异性是数学的另一本质。

总之，现代科学的一系列新发现、新理论，都在不同程度地冲击着传统的绝对确定性的观念。但是，我们要注意的是对不确定性的强调并不是彻底地否定世界存在稳定性、规律性、确定性的一面。那么就会走向人类认识的另一种极端，世界就会被理解为彻底的无序、混乱、随机与不可预知，科学乃至整个人类的认识都失去了任何意义。法国复杂性思想大师莫

---

① 王东生、曹磊：《混沌：分形及其应用》，中国科学技术大学出版社1995年版，第4页。
② 吴祥兴等：《混沌学导论》，上海科学技术文献出版社2001年版，第22页。

兰对此进行了专门的研究，提出了四联式（有序—无序—相互作用—组织）的范式，并认为永远不会有一个主导词、一个主导公式、一个主导观念来支配宇宙。"复杂性思维，不仅把统一性和多样性联合起来进行思维，而且是把不确定性和确定性、逻辑性和矛盾性联合起来进行思想，它还是把观察者包含到观察领域中。"① 如何把有序与无序、确定性与不确定性、规律性与随机性这样看似矛盾的概念联结起来，才是当代复杂性科学研究的主旨所在。

复杂性科学的目的通过研究复杂系统的途径就是搞清复杂性的来龙去脉与前因后果。关于复杂性产生的条件与环境，既有系统自身构成，又有外部环境的促成，系统自组织理论已经尝试回答产生条件、动力机制等自组织问题。自组织理论在20世纪80年代的新进展则是对自组织临界性的发现，自组织临界理论描述了系统处于的临界状态，混沌理论描述的处于"周期三"这个时间点。复杂性科学进一步向人们揭示了在有序态和无序态之间还有混沌态；在规律性和随机性之间还有复杂性。英国数学家伊恩·斯图尔特在《上帝掷骰子吗？——混沌之数学》中也表达了确定性与不确定性相互依存、亦此亦彼的思想。②

根据这些新的科学成果，系统内部及其外部环境之间由整体作用、能动作用、相关作用与涨落作用交叉作用构成的非线性非平衡态机制，构成了系统不确定性。系统的不确定性对于系统演化的动因、演化的过程、演化的趋势起着重要的影响，使系统演化的动力、过程与趋势都打上了不确定性的烙印。近代经典科学所描绘的简单的、机械的、决定论式的世界图景无疑并没有准确地把握世界的全貌，而复杂信息系统理论的不确定观使得系统演化不再是单一决定论式的，而是具有多种现实可能性的演化形态、演化途径间的动态可选择过程，这也为系统的后续进化走向多样化提供了保障，不断的有序化并不是系统的演化的唯一模式和终极方向，在不断走向确定有序的过程中，同时生成着新的不确定性因素，而这些新的不确定性因素又是系统进一步演化即走向确定有序的重要条件，使得系统生成与演化呈现为确定性与不确定性统一的过程。

---

① [法]埃德加·莫兰：《复杂思想：自觉的科学》，陈一壮译，北京大学出版社2001年版，第162页。
② [英]斯图尔特：《上帝掷骰子吗？混沌之数学》，潘涛译，上海远东出版社1995年版，第5页。

第三章　复杂性观念的社会科学扩散与哲学跃迁

复杂性问题首先是作为科学研究对象历史性地发生，并在一批自然科学家的努力下得到科学揭示。而人以及人类社会的构成、运行的复杂性，人文社会学科自身发展的逻辑和特征更加决定了简单性、线性的思维模式在人文领域应用过程中的局限性和非普适性，所以科学复杂性观念从出现开始，就不断向管理学、社会学、历史学、政治学、教育学等人文社会科学和更为广泛的文化领域扩散开来。在这个意义上，复杂性科学不仅是对西方科学传统的超越，使科学出现了整体的历史性大转折，而且从世界观、方法论、认识论等深层次上改变了人类思维方式，开辟了人类理性的新天地，这无疑是哲学意义的，需要我们在哲学层面作出坚定的回应。

第一节　人文社会科学的复杂性探索

复杂性的关注意味着科学观念的一次根本性调整与转换，意味着对于简单性观念的一种时代性反思与超越，使人文社会学科的研究以一种复杂性的视角来认识人类社会，推动着人文社会科学研究中的观念变革与方法论创新。人文、社会科学领域有着比自然科学和工程技术领域更为复杂的复杂性问题，同时当代人类社会实践的日趋复杂化使得传统的社会科学方法论体系面临前所未有的挑战，这些都使得来自于自然科学的复杂性观念在人文社会科学的各个领域扩散开来。

一　人文社会科学研究的复杂性转向

（一）人文社会科学面对的复杂性问题

作为统一的自然宇宙的内在组成部分，人文社会现象与自然现象有很多相同的性质和规定性，并由此而保持着与物质世界的内在联系。因此，人文社会现象与自然现象一样具有某些客观性、确定性，可以通过观察、实证来解释与说明。然而，人文社会现象不是一种纯粹客观的物质运动过程，而是人的自觉的活动过程。马克斯·韦伯说："在社会科学中，我们关心的是心理的和精神的现象，而关于这些现象的移情理解无疑是与一般精确自然科学的方案能够或力图解决的问题明显不同的。"[①] 作为社会事实的内在组成部分，人的动机、愿望、信念、希望等属人要素支配着人的行为，并通过人的活动及其结果成为现实社会存在的内容。在这个意义上，社会现象作为文化世界，其核心是价值和意义，具有强烈的个体性、多元性、偶然性，不存在像自然世界中那样强烈的和普遍有效的因果性，也不可能都通过经验的观察来客观地加以描述和解析。同时，人类社会作为"复杂系统探索方式的关键点在于，从宏观角度看，政治、社会和文化秩序的发展，都不仅仅是单个意图的加和"[②]，而往往是许多相互矛盾冲突的意志和作用所造成的非预期过程，是一个不可逆的过程，产生出许多由于社会历史的合力作用造成的偶然性、突变性、随机性。人文社会科学研究的最终目的是要促进社会不断走向更真、更善、更美，然而社会历程中却充满了由目的碰撞所必然带来的偶然与随机因素，复杂社会系统中多因素多变量非线性相互作用较之自然系统也变得更加不可预知，这就使得人文社会科学研究较之自然科学面对更加明显的复杂性。

人类社会发展到现在，全球一体化已成为人类自身演化过程中的一种不可逆的趋势。在这一时代背景下，现代社会由于日趋的高度分化和组织化导致了新的社会复杂性，"社会运行是多要素的非线性组合，其中蕴含着大量的规定性、不确定性和游戏规则，而且这些规定性、不确定性和规则之间又相互交叉、渗透。随时存在着被更新的可能性，这样就形成了社会运行中大量变化多端、反复无常的现象"。[③] 也就是说，全球化过程本身就是复杂的，而全球化的发展是不可逆转的，且不可预知。人文社会科学的重要任务之一是把握我们所处时代的特征，然而现实是，"当我们试

---

① ［德］马克斯·韦伯：《社会科学方法论》，杨富斌译，华夏出版社1999年版，第44页。
② ［德］克劳斯·迈因策尔：《复杂性中的思维物质、精神和人类的复杂动力学》，曾国屏译，中央编译出版社1999年版，第344页。
③ 文军：《承传与创新：现代性、全球化与社会学理论的变革》，华东师范大学出版社2004年版，第271页。

图详尽地了解我们的时代特征时,对于全球化、现代性本身的含义及其相互关系的把握都显得十分踌躇。因为不仅没有一个稳定的社会世界让我们去认识,而且对这个世界的认识本身就是流变的,我们也只能在流动中把握它们及其关系。"① 因为,当今世界价值分化、利益冲突显得格外明显,而且不论是在全球范围内还是在个人之间都鲜明地表现出来。实际上从全球到个体形成了一个非常复杂的网络状的价值体系,在许多价值要素和线条之间形成了许多纽结。在这些纽结中有许多因素是相互背反甚至冲突的,作出一种选择就会触及相关的一大片价值关系,遭遇到广泛的价值碰撞。现代社会生活及其周遭环境的高度复杂性,使得社会系统在其运作中,难以机械地遵从固定不变的规则。社会系统的运行深受多重变化的偶然因素的影响,这种偶然性的交错性及变动性导致人文社会科学研究必须发展出一种特有的广阔的研究视野,以应对崭新的人类社会实践。

在现代社会系统中,人们经常见到的生态破坏、金融危机、食物危机、政治危机、军事危机、变革中的技术影响、贫富差距以及人口压力等支持并推进了非连续性和危机。而这些危机与压力使得社会整体系统存在系统性风险,现代社会的时代特征变成为"分解的时代"或"非连续性的时代"。同时,当代社会世界的深刻变化使得社会科学所要处理的对象已经发生了深刻的变化。传统社会科学所面对的各种现象大多停留在社会系统内部,而随着人类对自然环境作用能力的增强,当代人文社会科学已经越来越无法把自然界排除在外,用《全球复杂性》一书的作者厄里的话来说,就是"现在所谓的社会科学所要处理的非常有意义的现象,实质上都是自然的和社会的混杂物;它们都已不再是纯自然的现象或者纯社会的现象"。② 在具有全球性质的许多问题当中,带有自然的和社会的混合物属性的现象比比皆是,例如健康、科技、环境、互联网、道路交通、异常天气变化,等等,它们都不是纯自然的现象或纯社会的现象。厄里主张"用不断发展着的复杂性范式对相互依存的物质—社会或'超越人本身的'世界进行分析(其中全球相关性分析居主导地位),人们能够很好地考察这些混合物。通过用复杂性范式来考察其动态相关性,人们也能够

---

① 沈湘平:《全球化与现代性》,湖南人民出版社2003年版,第1页。
② [英]约翰·厄里:《全球复杂性》,李冠福译,北京师范大学出版社2009年版,第21—22页。

有效地理解这些混合物中出现的涌现性事件"。①

(二) 人文社会科学研究的复杂性转向

人文社会科学慢慢尝试使社会成为科学研究的对象,使对社会的研究也能如同对自然科学领域的研究一样确立其普遍的规律体系,这一过程肇始于19世纪末,可以称之为社会科学制度化进程。社会科学是在占有文化主导地位的、以牛顿为代表的经典科学简单性观念的影响下逐渐制度化的。这种情形导致很多社会科学家竭力主张用物理学的方法来研究社会科学,以寻求简单的关于社会运行规律的普遍法则。西方古典经济学的创立者威廉·配第、大卫·李嘉图等都是把自然科学的方法引入经济学研究而有所成就。维科于1725年发表了《新科学》,表达了能够在人类社会科学里作出类似于伽利略和牛顿在自然科学领域里的贡献的愿望。圣西门在《人类科学概论》中提出人类科学实证化的任务,要求将物理学等学科的方法运用到人类科学的研究。孔德创立实证哲学和社会学(又叫社会物理学),把实证原则与方法直接引入社会问题研究。在自然科学简单性、普适性、还原性、定量化和实证化的观念的影响,形成了人文社会科学研究中的实证主义倾向和思潮,并发散到人文社会科学的各个领域。

迄今为止,简单性、一体化、定量化和实证性的科学观仍然是西方社会科学哲学的主要思潮之一,是人们衡量社会学科是否属于科学的主要标准。美国著名科学家丹尼尔·贝尔认为,社会科学理论不再仅仅是一些观念或词藻,而是一些可以用检验的形式加以阐述的命题,从而正在变成像自然科学一样的"硬"科学,这正是1940年以后社会科学获得新的威望和影响的理由之一。然而,当简单性观念在人文社会科学研究中也不断获得成功的时候,自然科学已经逐渐实现了转变,逐渐揭示出人类所面对的外部客观世界日趋明显的复杂性样态。在科学技术领域中,"复杂""复杂性"或"复杂性问题"已经成为使用频率极高的词汇和中心话语,这一情形使得曾经在人类社会科学思想中占据统治地位的简单性范式也开始了自我反思。

自世界范围内推动复杂性科学及其应用研究以来,越来越多的研究者有意识地把复杂性观念推广至各个人文社会科学领域。混沌理论研究者布

---

① [英]约翰·厄里:《全球复杂性》,李冠福译,北京师范大学出版社2009年版,第22页。

里格斯和皮特认为：当代的科学研究表明，混沌观念的应用已经远远超出了产生它的自然科学领域，在社会科学领域中，复杂性思想被广泛地应用于关于社会动力、社会组织以及社会发展等研究领域之中，复杂性正从一个科学理论演变成新的文化隐喻。作为隐喻，复杂性允许我们对倍加珍视的假设提出疑问，并激励我们对实在提出新问题。① 法国社会思想家莫兰更具前瞻性地指出："一个关于人类—社会的复杂性的理论必然引起人道主义的面貌在复杂化中发生变化，并同样使得有可能重新考察政治的问题。"② 从当前人文社会科学研究的发展趋向上看，复杂性思维正日益受到社会理论家们的高度重视。作为一种社会理论，吉登斯的"结构化理论"具有复杂性思维向度，其中的"结构"概念被表现为"系统"概念，他把结构仅仅看成是具有结构性特征的社会系统或集体，这表明吉登斯已经有意识地将复杂性理论纳入其对人类行为的研究当中。布劳从复杂性的视角来透视人类的社会结构，在其关于社会结构的演绎理论中，他认为，"多重异质性"是工业化社会的特征，它表现为多个结构参与的复杂交织，并在此基础上产生了多种不同形式的社会团体联合与互动聚合。

上述观点在英国当代著名的社会学家约翰·厄里那里也得到了明确的阐述，他主张：在21世纪的开端，我们还是应该认真思考关于复杂性的物理学在当代社会科学中的应用问题，因为"在某些特定的社会领域，复杂性有着不同寻常的解释力，因而复杂性适用于社会科学"。③ 如同他所强调的，复杂性能够为我们对各种"后社会的"物质世界进行社会分析提供诸多的隐喻。诸如网络、流动以及吸引子等这些隐喻特别适合于用来考察深藏在经济关系"全球化"、社会关系"全球化"、政治关系"全球化"、文化关系"全球化"以及环境关系"全球化"表象下的物质世界。由此，作为一种新的科学思想范式，现代科学复杂性观念在人文社会科学领域的辐射与扩散已经成为自然而然的事情。

当今的人文社会科学以及文化活动正日益趋进和转向复杂性，人文社

---

① [美]约翰·布里格斯、[英]戴维·皮特：《混沌七鉴——来自易学的永恒智慧》，陈忠、金纬译，上海科技教育出版社2001年版，第5页。
② [法]埃德加·莫兰：《复杂思想：自觉的科学》，陈一壮译，北京大学出版社2001年版，第276页。
③ [英]约翰·厄里：《全球复杂性》，李冠福译，北京师范大学出版社2009年版，第150页。

会科学研究者们在各自领域中寻找各自的复杂性问题。这使得复杂性观念正迅速地向人文社会科学的各个研究领域进行前所未有的广泛渗透，并向传统的简单性观念提出挑战。在当代人文社会科学界，沃勒斯坦极力主张把"社会在本质上是一个不确定的领域"这一命题定为常识性命题，并把它看成是一种科学命题，而且，在他看来，这一命题是我们社会科学研究的基础。①

由此可见，我们正在经历着人文社会科学方法论的根本性转变，复杂性科学理论的发展和当代人类社会诸问题之间存在一大片开放的复杂性领域有待跨越。这一观点已经不仅仅局限于理论层面，因为复杂性理论不仅意味着人文社会科学领域方法论的突破，而这种突破对于我们当代全球性社会实践也具有着重大的指导意义，有助于我们更加清楚地认识在日益加剧的社会、政治、经济和环境危机时代，发生了什么、可能发生什么，以及我们如何更加自如地应对。

二 经济学与管理学的复杂性探索

萨缪尔森《经济学》占据西方经济学理论正统地位 30 多年，其假定所有的市场参与者具有完全的市场知识，这样就把经济世界设定成了一个行为者无所不知的确定性世界，认为即使有某种程度的不确定性，也可以通过概率计算转化为纯粹的"风险"。"经济人"完全理性的假设正是新古典主义经济学无法提高其对经济现实的解释力度的根源所在。与此相应，传统的管理学理论范式来源于泰罗的《科学管理原理》，它表明组织及其管理就像一架运转良好的机器，原因和结果之间的联系是简单的、明晰的和线性的，从而为规则的、可预测的组织及其管理活动提供了前提②。严格地说，泰罗范式来自于牛顿范式，这是一种被实证主义奉为样板模式的宇宙观③。以泰罗为代表的古典管理学范式倾向于强调稳定、有序、均匀和平衡，过程具有可逆性；古典管理学范式的各种假定是以这样

---

① [美]伊曼纽尔·沃勒斯坦：《知识的不确定性》，王昺等译，山东大学出版社 2006 年版，第 22—23 页。

② Frederick W. Taylor. *The Principles of Scientific Management*. New York：Harper-Row Publishing House，1911.

③ Floyd W. Matson. *The Broken Image：Man，Science and Society*. New York：George Braziller，1964：29.

的基本信念为中心的。

确定性和简单性在经济学与管理学理论范式中长期地居于主导地位,但世界经济一体化时代趋势的不断推进,使得经济运行与组织及其管理本身就是一个复杂的演化系统,包含了许多的变量和参数,它们之间的相互关联也是非线性。多维度的复杂经济与管理系统,要对无数的变量和参数进行分析、归纳和实证,不仅难以实证,而且其实证的结果也很难检验。同时当代经济与管理系统有很多的层次,每一个层次都有自身的结构,都有按其经济运行与组织及其管理结构的性质实现它自身功能的性质,但各个层次的价值追求通常是不一致的,这种层次之间的复杂作用就成为经济与管理系统复杂性本质的根源之一。

(一) 经济学的复杂性探索

经济学的复杂性探索可以追溯到 1979 年阿瑟创立报酬递增经济学。受益于普利高津关于系统演化和自组织的观点,阿瑟强调经济系统的正反馈,向主流经济学基于负反馈的均衡论发起挑战。几乎同时出现的演化经济学,把经济运行作为一种演化系统来研究所建立的理论体系,以纳尔逊和文特的《经济变迁的演化理论》(1982) 与霍奇逊的《演化与制度:论演化经济学和经济学的演化》(1999) 为代表,都受到复杂性科学的深刻影响。霍奇逊甚至认定经济学是"处理复杂系统的科学"[1],承认"演化"一词"与'复杂性理论'相联系"[2]。20 世纪 80 年代,在司徒泽首先把混沌理论用于经济学研究之后,另一位美国经济学家德依发表的《非规则增长周期》《经典增长中显现的混沌》完成了非线性经济学理论上的突破,从而使非线性经济学开始步入主流经济学的领地。20 世纪 80 年代以来,经济学家已深入研究了几十种经济模型,确定了许多模型的混沌区及产生混沌的条件等。经济混沌现象的揭示进一步确证了经济系统的非线性特征和复杂性本质。由理查德·H. 戴等人写的 14 篇文章汇编成的《混沌经济学》一书,大体代表了应用混沌理论研究经济复杂性的成果。[3]北京大学学者陈平是作者之一,他发现经济系统的奇怪吸引子,并以可观

---

[1] [英] 霍奇逊:《演化与制度:论演化经济学和经济学的演化》,任荣华等译,中国人民大学出版社 2007 年版,第 59 页。

[2] 同上书,第 128 页。

[3] [美] 理查德·H. 戴:《混沌经济学》,傅琳等译,上海译文出版社 1996 年版。

察的非线性动力学模型描述经济混沌。① 另外，还有所谓模糊经济学、动态经济学、虚拟经济学等，都是经济学受复杂性研究影响的结果。

国内方面，除了陈平的研究外，有着大量的经济学学者都开始关注经济复杂性的现象。开放复杂巨系统理论的形成与经济研究也有密切联系，定性与定量相结合综合集成法就是基于经济学家马宾指导、于景元等人完成的有关粮油倒挂等问题的研究，由钱学森从理论上总结提炼而形成的。钱学森学派一向重视经济问题，作为其重要成员的方福康对经济复杂性作了持续多年的研究，并把"复杂性经济系统的演化分析"列为"21世纪100个科学难题"之一。② 此外，国际上研究经济复杂性的各种流派都有中国学者在进行跟踪研究。

国内外的经济学研究动态表明，把经济作为一个演化着的复杂系统来研究已成为21世纪科学发展的趋势之一，而且关于复杂性经济学的研究也可能成为推动复杂性科学总体进程的一个极为重要的方面。

(二) 管理学的复杂性探索

与经济学研究相呼应，20世纪七八十年代，众多知名的管理学家站在不同的立场已经开始关注不同的组织及其管理复杂性问题。著名的管理学家彼得·德鲁克认为，知识经济时代是一个非连续性时代③；汤姆·比德斯认为，我们正处在一个自相矛盾的时代④；查尔斯·汉迪认为，这是一个非理性时代，其两大特征概括为非理性和不确定性，我们只能在这个非理性的和不确定性的整体环境中成功或者失败。要想成功，就不得不学会与非理性和不确定性的环境相处，那就是要进行组织的变革与创新；而失败，首先是因为不能接受非理性的环境，无法实现组织的变革与创新，因而必然从非理性和不确定性的环境里出局。⑤ 在1976年，著名管理学家沃菲尔德在《社会系统：计划、政策与复杂性》中研究了组织的社会

---

① 陈平：《文明分岔、经济混沌和演化经济动力学》，北京大学出版社2004年版。

② 方福康：《复杂经济系统的演化分析》，《21世纪100个科学难题》，吉林人民出版社1998年版，第787页。

③ Peter F Drucker. *The Age of Discontinuity: Guidelines to Our Changing Society*. London: Heinemann, 1969.

④ Tom J Peters, Robert H Waterman. *In Search of Excellence: Lessons from America's Best Run Companies*. New York: Harper & Row, 1982.

⑤ Charles Handy. *The Age of Unreason*. London: Century Hutchinson, 1989.

复杂性问题①，明确系统、复杂性理论与方法运用在管理学研究中，真正开启了管理复杂性探索的序幕。

当代许多著名的管理学家都将混沌、非线性与复杂性理论用于研究组织及其管理问题。被誉为管理复杂性研究的开创者的沃菲尔德在 1994 年又提出了交互式管理的理论与方法，提供了一种在复杂性环境下进行决策的决策分析方法。② 几乎同时，著名管理学家道格拉斯提出了应用混沌理论来理解公共事业组织的复杂行为，并根据混沌理论的内随机性原理提出组织管理的松—紧原理。③ 也是在 1994 年，系统科学家和管理学家拉尔夫·D. 斯达西发表论文论证了组织系统与混沌战略之间的关系，探讨了企业应付混沌的组织形式，提出未来的组织是能够控制的混沌的组织，即战略网络。④ 斯达西还进一步研究了组织复杂性与创造性问题，他指出组织是一个复杂的演化系统，这个系统是在稳定区域、不稳定区域和混沌边缘三种区域中运行的。塞克曼 1997 年出版了《组织的文化复杂性》一书，研究了组织的文化复杂性问题后指出，新时代的组织文化充满了冲突和复杂性，并从多个层次进行了初步分析。2001 年，著名的企业管理顾问邦纳保和梅耶提出从复杂性系统理论入手，把社会组织看成是一个蜂群系统。蜂群系统是一个有生命的、会思考的有机系统，系统本身具有自组织的特性。⑤ 如果把社会组织看成是一个蜂群系统，已有的战略模式就不再适用，需要一种在不确定条件下组织生存与发展的混沌战略模式。在这之后，复杂性在管理学各个分支，各个领域中迅速扩展开来，英国罗宾 2000 年在他的《驾驭复杂性》一书中总结了复杂性管理的应用，指出西方发达国家已将复杂性管理应用于管理的全过程，即从物理过程到虚拟过程，从思考到行动的整个人类活动过程。⑥ 迄今为止所进行的管理学复杂

---

① John N. Warfield. *Societal Systems: Planning, Policy, and Complexity*. New York: John Wiley Inter science, 1976.

② John N. Warfield, *Roxana Cárdenas. A Handbook of Interactive Management*. Iowa: Iowa State University Press, 1994.

③ Kiel L. Douglas. *Managing Chaos and Complexity in Government: A New Paradigm forManaging Change, Innovation, and Organizational Renewal*. California: Jossey-Bass, 1994.

④ Ralph D. Stacey. Strategy as Order Emerging from Chaos. *Long Range Planning*, 1993, 26 (1): 10 – 17.

⑤ Eric Bonabeau, Christopher Meyer. Swarm Intelligence: A Whole New Way to Think about Business. *Harvard Business Review*, 2001, 79 (5): 107 – 114.

⑥ Wood Robin. *Managing Complexity*. London: Profile Books Ltd. 2000.

性研究呈现出多样化的形态,并没有一个统一的范式,这或许就是因为社会组织及其管理本身具有其他领域无法比拟的复杂性。管理学的复杂性探索在社会环境日渐复杂化的背景下,也日渐成为人类对复杂性探索的越来越重要的部分。

国内的管理学在管理复杂性方面,1999 年在成思危先生积极推动下,召开了以复杂性科学为主题的香山论坛,并主编出版了《复杂性科学探索》,还组织专家翻译出版了复杂科学研究丛书。刘洪 1997 年出版的《经济混沌管理》与袁闯 2001 年出版的《混沌管理》分别探讨了混沌的管理问题。金吾伦深入探讨了复杂性组织管理,并运用复杂性科学等理论对已经涌现的复杂性管理模式进行研究和总结,发现复杂性管理有如下主要特点:"整体性;系统思考;隐喻方法;学习与适应;支持创意与个人责任性;悖论式领导和创造性张力。"[①] 此外,国际上研究管理复杂性的各种流派都有中国学者跟踪。

可见,社会信息化、知识经济和经济全球化使我们面对一个空前复杂和充满不确定性的世界,要求改变组织结构以增强其适应性、灵活性和反应性,迫切需要变革管理模式,从而能够实现各类组织的高效管理。复杂性科学无疑为管理变革和管理创新提供新武器和新方法,为丰富和发展复杂性管理提供理论基础与思维方式。复杂性科学应用于管理正向人们展示出一幅美好的前景,产生出越来越多的复杂性管理模式。[②]

三 社会学、政治学与教育学的复杂性探索

(一) 社会学的复杂性探索

随着自然科学中复杂性范式的形成,以及由此导致的学科边界的模糊化和跨学科研究的兴起,在社会学领域内逐渐掀起了对这些研究方法和趋势进行思考和回应的热潮。

到 20 世纪 80 年代,随着自然科学领域系统科学发展到新的阶段,社会学也逐渐形成了比较成熟完善的社会系统观,社会系统的自主性、开放性、非平衡性以及协同发展等特征在社会学研究中逐渐得到重视,并与复

[①] 金吾伦:《复杂性组织管理的涵义、特点和形式》,《系统辩证学学报》2001 年第 4 期,第 24—27 页。

[②] 金吾伦:《复杂性管理与复杂性科学》,《复杂系统与复杂性科学》2004 年第 2 期,第 25—31 页。

杂适应系统概念联系起来。这个时期的社会学家逐渐开始依靠复杂性方法来认识宏观社会系统的属性：卢曼开始借鉴自然科学中对系统复杂性的认识来思考复杂社会行为，并揭示出社会系统中要素之间的强相关会导致诸如自生成和自组织等行为的出现。沃勒斯坦将普利高津的研究引入自己的世界系统论中；阿尔伯特把分形、自相似和混沌应用于社会科学的结构和动力学中；卡斯特尔斯则用网络概念发展了全球化理论[①]。与此同时，分叉图、网络分析、非线性模型，以及元胞自动机编程、社会控制论和其他社会模拟方法等计算模型逐渐被引入社会系统分析中。

从20世纪90年代开始，现实社会正变得越来越复杂，社会学中的复杂性问题也逐渐成为一个专门的研究论题。社会复杂性及其突现属性是贯穿社会思想和社会变迁研究的核心主题。厄里认为社会生活复杂性的不断增加迫切要求适当地修正社会学的理论和方法，而可以提供这种修正所需要的知识工具和结构框架的最佳途径就是借助于复杂性科学[②]，并引用了马克思的资本主义具有似规律的矛盾趋势这一观点来例证复杂性分析；斯宾塞的社会进化论和社会有机体论预示了霍兰所阐释的突现概念的某些内核；[③] 帕累托的二八法则对于理解大型复杂网络的结构而言至关重要；杜尔克姆的系统分化概念与复杂性科学的系统分叉和奇异吸引子等概念直接相关；伯恩提出的在新科学中发挥重要作用的整体系统属性恰恰与杜尔克姆的社会事实概念相对应。[④]

近年来系统地把社会学与复杂性科学结合起来进行研究并取得显著成就的学者当属卡斯特拉尼和哈佛提，他们的《社会学与复杂性科学：一个新的研究领域》一书在详细考察社会学与复杂性科学各自的知识传统、方法论传统和主要研究主题的基础上，将相关研究分为五个研究领域：复杂社会网络分析、计算社会学、卢曼复杂性学派、社会控制论及英国复杂性学派。[⑤] 复杂社会网络分析的主要目标是研究大型复杂网络（如互联网、全球化疾病和合作交互作用等）的动力学；计算社会学是复杂性科

---

① Brian C, Frederic W H. *Sociology and Complexity Science: a New Field of Inquiry*. Berlin: Springer, 2009.

② John U. The Complexity Turn Theory. *Culture & Society* 2005, 22 (5), 1 – 14.

③ John H. *Emergence: From Chaos to Order*. Oxford: Oxford University Press, 1998: 1.

④ David B. *Complexity Theory and Social Research*. Guildford: University of Surrey, 1997: 3.

⑤ Brian C, Frederic W. H. *Sociology and Complexity Science: A New Field of Inquiry*. Berlin: Springer, 2009, 84 – 86.

学方法的一个缩影，这个领域的研究重点也是复杂性科学方法的重点，即社会模拟和数据挖掘；卢曼复杂性学派建立在卢曼社会学研究的基础上，主张依靠系统科学和控制论的最新成果来整合社会学与认知科学，进而形成新的社会系统论。社会控制论的主要目标是把社会学、二阶控制论、卢曼的系统思想以及复杂性科学的最新成果整合起来。英国复杂性学派的代表人物主要有厄里、伯恩等，其主要目的是改进社会学理解与复杂性方法的使用，主张把复杂性科学与一种后社会的、后学科的、移动社会的社会学整合起来。

可见，复杂性科学为社会学提供了一种新的研究路径。在21世纪，随着更多复杂性方法的形成，这一研究领域不断拓展，涉及包括社会合作、社会运动、社会不平等、社会政策分析、社会变迁等在内的众多研究主题。

（二）政治学的复杂性探索

科学对复杂性的探索将政治问题的探讨从寻求纯粹追求确定性中解放出来。法国当代著名的"复杂性范式"的提出者埃德加·莫兰也是法国著名的政治评论家，政治构成他研究的重要领域之一，《人本政治导言》是他在这方面的代表。该书的内容已经表现出莫兰的复杂性方法在一个政治学领域内的独特运用。莫兰在书中既着眼于问题的整体性又着眼于问题的多维性，讲到人本政治就是要关照人的从准政治的生老病死、教育、工作、休闲等等的问题直到超政治的生活的意义的问题，在时间上考虑到人的前后发展，在空间上考虑到全体人类。因此莫兰这样确定了人本政治的形态："人本政治应该同时从经验的分散性和理论的统一性出发。它不会提出一种同质化的政治来否定分散化的倾向，也不会放弃领导和指引社会过程的希望。""人本政治的构建应该是在分散的经验活动和统一的理论中心之间的不断的往返运动。因此它必须具备一个中央核心。""而从这个中央核心来说，必须把政治的这个方面整合到一个多方面的概念中，努力使根本的东西与现实的东西、特殊的东西与整体的东西联系起来。……人本政治学，这根本上就是一个辩证的原则，用以把多方面维系在一之中和把一维系在多方面之中。"[①] 在此莫兰以"一""多"相济、两不偏废的复杂性的辩证方法来把握人本政治。

---

① ［法］埃德加·莫兰：《人本政治导言》（法文版），Seuil 出版社1999年版，第16页。

美国著名的国际政治学教授罗伯特·杰维斯最早涉及了国际政治复杂效应研究，他以国际政治心理学为基础，潜心研究系统效应和反馈机制，将复杂理论应用于国际政治，所著的《系统效应：政治与社会生活中的复杂性问题》荣获美国政治学学会最佳著作奖。书中运用"系统""反馈""非线性"等概念提出了"互动主义"方法论，并对国际政治系统的复杂性进行了较为详细的阐述，直到目前为止仍然属于这一方面的前沿理论，对国际政治理论的纵深发展具有重要的开拓意义。他指出，在国际政治相互关联的复杂系统中，因果关系很少是线性的，某种行为的副作用和反馈效应很可能抵消甚至压倒了原来预想的结果；国家经过反复斟酌而后所做决定的政策很可能以失败告终。[①] 另外，皮埃尔·阿兰在米歇尔·吉拉尔主编的《幻想与发明：个人回归国际政治》一书中也表达了与罗伯特·杰维斯类似的这种国际关系复杂性的观点。

随着全球经济一体化的进程，现代科学复杂性的探索在地缘政治学中得到有力的回应，可以从两本著作看出。帕克出版于1998年的《地缘政治学：过去、现在和未来》是一本地缘政治学简史和要义综述。帕克反复提到"复杂的世界地缘政治格局"、"地缘政治形态的复杂性"，对现行地缘政治学"试图简化复杂的现实"提出批评[②]。科恩发表于2009年的《地缘政治学：国际关系的地理学》使用了"体系复杂性"概念，承认地缘政治体系越来越复杂，强调全球化"一般会带来一个更加复杂得多的地缘政治体系"，认为地缘政治学理论应当"适应地理环境动态的和复杂的性质"[③]，还引入一些复杂性科学提出的新概念（如分叉、网络、阵发性等）。上述的两本著作在地缘政治学领域都产生了较大影响，而且都撰写于复杂性研究成为世界科学前沿热点之后，必然受到复杂性科学的强烈影响。[④]

国内方面，著名国际关系学者王逸舟作为国内最早涉及国际政治系统复杂性的学者，在他的论文集《探索全球主义国际关系》以及论文《复

---

① ［美］罗伯特·杰维斯：《国际政治中的知觉与错误知觉》，秦亚青译，世界知识出版社2003年版，第8页。

② ［英］杰弗里·帕克：《地缘政治学：过去、现在和未来》，刘从德译，新华出版社2003年版，第197页。

③ ［美］科恩：《地缘政治学——国际关系的地理学》，严春松译，上海社会科学院出版社2009年版，第15页。

④ 苗东升：《地缘政治学与复杂性科学》，《贺州学院学报》2013年第3期，第1—6页。

杂性与不确定性》中都对国际政治系统的复杂性做了相关的阐述，他把个性、心理与国际政治的考察结合起来，尝试着探索个性、心理或者广义的人性对外交以及国际关系的复杂性作用。另外苗东升教授对世界地缘政治体系的内在异质性、层次复杂性、动态性与非线性等复杂性特征进行了探讨，论证了当代地缘政治学已经成为当代复杂性科学探索的一个重要领域。[1]

（三）教育学的复杂性探索

教育现象本身的复杂性，决定了复杂性理论和复杂性研究的适用性与合理性。沿着这一思路，国内外众多教育学研究者纷纷将复杂性观念运用到教育学研究中。

法国哲学家、社会学家埃德加·莫兰出版的《复杂性理论与教育问题》是运用其"复杂思维范式"对教育问题进行思考的结果，《未来教育所必需的七种知识》一文提出了复杂思维范式下未来教育应该教给人的七种必不可少的知识：在教育中要引入关于人类认识的研究和知识；恰切地把握整体和部分之间关系的认识原则；人类地位；人的地球本征；迎战不确定性；相互理解；人类的伦理学。美国学者威廉姆·多尔在其所著《后现代课程观》一书中也大量运用复杂性科学研究成果反思自笛卡尔、牛顿以来的西方"现代范式"在教育和课程中的体现，并力图构建一种全新的"后现代范式"的课程模式。在其导言中多尔承认："自组织、耗散结构、生态平衡、间断性进化以及复杂性理论的概念都对设计后现代课程具有启发性。"[2] 在多尔的后现代课程观中，自组织的概念是一个基本的线索，成为后现代科学的一个隐喻，贯穿在整个后现代课程观中。美国新英格兰复杂系统研究所采用跨学科的交流与合作方式，研究自然科学和社会科学中的复杂系统，对教育复杂性问题进行了深入研究，提出将复杂性科学的原理与方法应用到教育研究中来，从复杂性理论视角来理解教育系统，转变学习观，重新设计适应复杂性的学习系统。

目前国内教育学界从事教育复杂性研究是从 20 世纪 90 年代末期开始逐步兴起，涌现了透过复杂性理论视界认识反思教育实践的相关研究成

---

[1] 苗东升：《地缘政治学与复杂性科学》，《贺州学院学报》2013 年第 3 期，第 1—6 页。
[2] ［美］威廉姆·多尔：《后现代课程观》，王红宇译，教育科学出版社 2000 年版，第 2 页。

果，这也表明在中国教育学界复杂性研究正在逐渐成为一个热点问题。蔡灿新认为教育本体的复杂性主要表现在教育对象的复杂性、个体学习的自组织性、信息的复杂性、价值参与的复杂性、层次及其相互作用的复杂性等方面。① 么加利指出在复杂性理论关照下复杂教育提出的现实依据是伴之于信息化社会的到来对人所提出的新要求，复杂教育力图用一种复杂的思维方式认识与定位教育，表现出对简单教育的超越。② 文雪指出"复杂性"对教育研究的影响在于它提示在教育实践中的我们要祈向整体性的教育思维；更多地关注教育事件，注重模糊的教育评价和共生的教育学研究。③ 王洪明指出复杂视野下的教育研究有助于我们从整体上把握教育系统的复杂性，提出了教育学的概念体系和话语方式的重建。④ 赵蒙成根据复杂性理论提出了复杂性知识的观点，指出产生于大规模的复杂社会实践并指向复杂系统的复杂性知识不同于普适、确定的简单性知识，它具有不确定性、境域性、整合性、涵疑性、深奥性等特征。⑤

第二节 现代科学复杂性研究的哲学反思

复杂性作为当代科学的前沿，其深刻思想已渗透到包括人文社会科学在内的所有科学领域。不仅如此，随着科学技术在当代社会影响力的不断提升，以及社会越来越复杂化的基本走向，人类社会生活的复杂性特征也越来越明显，这些都使得对复杂性的反思已经成为一个宏大的时代课题。科学与哲学都是人类必不可少的认识方式，也是已经被无数次反复证明行之有效的认识方式，对复杂性理论及其思想的思考理应是科学与哲学共同的任务，科学与哲学在认识方式上存在着一定差异，二者都不能独立承担人类认识世界的重任，必须实现二者的有机结合。这也许正是它们可以在人类思想史相映生辉的原因，只有各自在认识方式的特点都得以发挥，并

---

① 蔡灿新：《教育本体论研究的转向与教育本体的复杂性——复杂性思维方式视野中的教育本体论研究》，《教育理论与实践》2006年第17期，第6—9页。
② 么加利：《走向复杂——教育视角的转换》，华东师范大学博士学位论文，2002年。
③ 文雪、扈中平：《复杂视域中的教育研究》，《教育研究》2003年第11期，第11—15页。
④ 王洪明：《复杂性视野下的教育研究》，《教育科学》2006年第4期，第12—16页。
⑤ 赵蒙成：《复杂性知识及其教育意蕴》，《高等教育研究》2006年第11期，第18—23页。

以此为基础相互融会贯通才是二者可以持续发展的合理选择，所以从哲学角度思考复杂性是当下时代的重要使命。

一 科学复杂性观念的哲学向度

从自然科学到人文社会科学，科学复杂性观念的广泛应用，我们可称之为复杂性观念的自觉，这足以表明，复杂性科学及其理论已经具有哲学层面的启示。黄小寒教授在其《世界视野中的系统哲学》一书中引用杨振宁教授的话来说明当代科学与哲学的关系："杨振宁教授指出：'19 世纪前的物理研究受哲学影响很大，今天物理学受哲学影响反而较少。而且哲学要视是哲学工作者讲的哲学，或是物理学家体验的哲学，前者在 20 世纪中影响越来越少，现在反过来是物理影响哲学，而且会持续下去。'也就是说，在过去，科学家对科学事实会有不同的甚至相反的结论，除了科学理性结构的差异以外，分歧的原因还涉及科学家在思想体系（世界观）上的差异。在科学史上，大多数著名论战都与哲学思考有关，个别科学学说的变换域更替有时远不如哲学观念的兴衰那么重要。而现在，科学上的一些突破性的进展，却在不断改变着旧的思想范式，发生着新的哲学世界观，科学的进步牵动着哲学的思维。"①

任何理论都是时代的产物，而时代发展水平的根本标志便是各个时代人类认识和改造世界的整体水平即广义上的科学技术发展水平。包括马克思主义哲学在内的近现代哲学都和近现代科学技术成果密切相关。关于哲学与科学的关系，恩格斯曾经这样说过："从笛卡儿到黑格尔和从霍布斯到费尔巴哈这一长时期内，推动哲学家前进的，决不像他们所想象的那样，只是纯粹思想的力量。恰恰相反，真正推动他们前进的，主要是随自然科学和工业的强大而日益迅速的进步。"② 随着近代工业文明的兴起与发展，人类的认识与实践能力都有了大幅度的提高，这不得不归功于人类科学技术的快速发展。第三次科学技术革命也即现代科学技术革命的兴起不仅引发了科学技术内部深刻的变革，而且直接导致了现实社会生活方方面面的深刻变化，这些都为哲学提出了新的时代课题。

虽然复杂性概念自身的复杂性，决定了它是不可能由某一个或某几个

---

① 黄小寒：《世界视野中的系统哲学》，商务印书馆 2006 年版，第 452 页。
② 《马克思恩格斯选集》（第 4 卷），人民出版社 1995 年版，第 226 页。

特定的特征加以严格规定的，但也不是说复杂性就是彻底的混乱与无序，是完全不可以认识或描述的。至少从它产生的背景来说，所有的可以称为复杂性科学的科学理论对于传统科学的简单性观念的批判是达成共识的。我们通常所说的传统意义上的科学，仅仅具有四百年的历史；而这四百年又主要是传统科学（或称经典科学或简单性科学）的前提信念与基本范式逐步确立，并长期占据主导地位，以至于形成某种习惯性的话语霸权或思维定式的四百年。这甚至给人们对科学以及科学思维方式的看法，造成某种非历史的印象或痕迹，似乎只有像传统科学那样的才是科学。就此而论，复杂性科学的出现至少印证了这样一个道理，即科学本身也和世间的万物一样，都是具有历史性的，既是历史地生成的，又是历史地发展演化的，不能一劳永逸地固定于某一种形式或形态。复杂性科学的产生与发展正是科学本身的自我变革，是对传统科学全方位的一次变革。在《科学和变化》一文中，托夫勒认为"布鲁塞尔学派"的复杂性研究将生物学和物理学、必然性和偶然性、人文科学与自然科学综合到一起，而这些思想集中体现到普里戈金和斯唐热合著的《从混沌到有序》这本著作中。因而，"这本书可以作为当今科学的历史性转折的一个标志，一个任何有识之士都不能忽略的标志"。[①]

科学的这次自我变革一方面置换了传统科学的世界图景；另一方面则完成了科学自身的范式转换，同时它本身又不像传统科学那样可以简单划归为物理学、化学那样的一门门"学科或科学"，更不是自然科学与人文社会科学这样的传统分类方法所能规范的，而是具有明显的交叉性、横断性、边缘性和跨学科性，这些都是它不同于传统的简单性科学的重要特征，而这些特征意味着复杂性科学的相关理论有着更加明显的普适性特征。按照最一般的理解，哲学是系统化和理论化的世界观和方法论。复杂性科学所具有的交叉性、横断性、边缘性和跨学科性特点已经与传统科学不同，其所研究和探索的往往是具有很大的普遍意义的复杂性问题。在某种意义上讲，正是这些普遍性问题的发现和对这些问题的探索使复杂性研究具有了坚实而可靠的基础，在自然科学和社会科学的前沿地带占据重要的位置，并在越来越大的程度上以科学的方式给人不同以往的全新世界观

---

① ［美］托夫勒：《〈从混沌到有序〉前言》，载［比］普里戈金、［法］斯唐热：《从混沌到有序》，曾庆宏、沈小峰译，上海译文出版社1987年版。

与方法论。这种世界观与方法论层面的探索不可避免地使复杂性科学具有了一定哲学意蕴。

如前文所述，以牛顿为代表的建立在科学简单性观念基础上的世界观主要是严格确定性的，如拉普拉斯就认为："如果有一个智慧之神，在某个给之物的个别位置，如果这个智慧之神具有足够深邃的睿智而能分析所有这些数据，那么他将能把宇宙中最微小的原子和最庞大物体的运动都同样地包括在一个公式之中，对于他来说，没有什么东西将是不确定的，未来就如同过去那样是完全显著无遗的。"① 也就是说，在传统的简单性科学那里，一切都具有严格的必然性、决定性与预成性，自然界不是不运动，也不是不变化，但是只能"这样"运动和"这样"变化；科学的任务就在于破除偶然性、随机性、不确定性这些现象层面的干扰因素，直接找出现象背后的必然规律。

建立在科学复杂性观念基础上的世界图景则完全不同，这种世界图景认为世界本身不仅存在确定性、必然性、决定性，同时更存在不确定性、偶然性、随机性。重要的是不确定性、偶然性、随机性的存在与人的认识能力没有关系，不仅不是假象，而且还是更具普遍意义的世界的真实与现实。随着科学复杂性探索的深入，这种新的世界图景则越来越清晰："在系统论、控制论、信息论诞生以后，又出现了耗散结构理论、协同学、超循环理论、突变论、混沌学、分形理论等理论和学科，非线性科学、复杂性科学已经初具规模。自然科学的理论思想已发生深刻变化：从平衡态到非衡态、从混沌到有序、从线性到非线性、从组织到自组织、从确定性到不确定性、从精确性到模糊性、从可逆性到不可逆性、从稳定性到不稳定性，从存在到演化、从一元世界到多元世界，或者说，从简单性到复杂性。人们已越来越认识到，近代科学为自然界所勾勒的只是粗线条的轮廓，自然界远不像近代科学所描绘的那样简单。科学要继续发展，就要进一步揭示自然界的复杂本质和复杂的发展过程，在新的层次上来探讨自然界的复杂性。可以预言，这将是 21 世纪的自然科学发展的一个基本趋势。"这一切都清楚地表明确定性仅仅是几座孤岛，而不确定性才是浩瀚

---

① 田宝国等：《从线性到非线性——科学发展的历程》，《系统辩证学学报》2001 年第 3 期，第 62—67 页。

的海洋。①

对于简单性科学的世界观，追求简单明确是其能够产生巨大影响的根本之所在，但同样由于世界本身的复杂性也成为束缚其自身继续发展的最大障碍。在简单性科学那里，其基本原则一经确立，便成了所有其他科学的标尺和指挥棒，牛顿的经典物理学无疑扮演了这样的角色：一方面，使近代的科学大厦快速以其为核心和模板建构起来，也确实产生了巨大的精神和物质力量；另一方面，也使得科学在最深层次上失去了它特有的批判精神而简单的服从着科学自己的"上帝"。而复杂性科学由于对世界复杂性的观念性预设，使其在发展过程中虽然没有一个明晰的主线，甚至略显混乱，但它保留了自身的批判精神，使得复杂性科学虽然经过了几个大的发展阶段，虽然涌现了整体主义范式、自组织范式、非线性范式等科学范式，其自身却仍处于一个并不明朗甚至无法清楚界定自身概念的阶段。究其原因恰恰在于复杂性科学把自身当作一种历史过程，其理论发展并不是为了建构一个放之四海而皆准的庞大科学体系，而是永远保持着复杂性的自觉，带着批判的精神使科学走向前进。值得注意的是，这种科学的新的历史形态并非就彻底舍弃了传统科学，而是把其纳入为自身的一部分，复杂性科学作为科学仍然是以清楚解释世界为自身使命的，这才是复杂性之为复杂性的根本。复杂性绝不意味着彻底的混乱无序，绝不是简单有序的绝对反面，否则，复杂性就便成了另一个极端的简单，科学本身也就没有了存在的意义。真正的复杂性是介于简单有序和混乱无序的中间状态，并在二者之间寻找着自身的张力，这种张力也构成了科学对复杂性思想的探索历程。

建立在科学复杂性观念上的全新世界图景的建构或在哲学上称为本体论承诺，可以概括为这样一个核心命题，即一切都是复杂的；或者，"世界本身就是复杂的"。换句话说，能作为我们的思维与认识的一切对象，包括自然宇宙、社会历史、人生以及人的思维与认识都是复杂的。复杂性理论的普遍探索，已经在深刻地改变着我们的世界观，这不仅在科学领域不断得到确证，也在哲学领域引起了强烈共振。其实，出于复杂性问题的特点和复杂性研究的需要，对复杂性研究从一开始就不局限于科学内部，从贝塔朗菲那里就具有着科学哲学的双重属性，而后续复杂性探索过程中

---

① 吴彤：《复杂性范式的兴起》，《科学技术与辩证法》2001年第6期，第20—24页。

这一特点就更加明显,到圣菲研究所就被公认为代表着一种看问题的新角度和一种全新的世界观。如果说哲学的新任务在于将这种世界观系统化和理论化,那么科学的复杂性探索已经和必将继续为此提供着丰富的理论与思想基础。

复杂性科学不仅在改变着我们的世界观,而且改变着我们的方法论,关于传统科学的分析还原科学方法论在前文中已多次阐述,这里我们还要探讨这种科学方法论的哲学根基。传统科学在哲学方法论层面来看,就是近代哲学理性主义的不断绝对化。理性是人类的一种特殊能力,即以合乎某种秩序、规则、规律的方式把握世界、社会历史与人生的一种能力。"谁用合理的眼光来看世界,那世界也就现出合理的样子。"[①] 这种方式决定了理性更适合世界的合规律性、合秩序性的一面,并以追求这种规律性、规则性、秩序性为己任。理性的这一特点演绎到极致就是近代以来的科学理性,往往将偶然性、不确定性、随机性视作世界本不该有的噪声或者假象。科学理性方法就是以概念或范畴赋予世界以某种秩序并借此达到对世界的简单理解,其实也就是将世界抽象化、简单化。但从哲学意义的方法论上讲,这又是一种必然,因为"理性运作的基本功能就是以简要的概念来概括繁多的经验事实"。[②]

近代主流的科学与哲学在世界观或本体预设上就设定世界本身是简单性的,即有序性、合规律性、具有本质意义上的规则性的。这就导致了科学的方法论目标设定为追求所谓规律,而哲学的方法论目标设定为追求所谓本质。由于这个世界的差别性、多样性和复杂性,我们所依赖的理性主义这一"逻辑企图"在其理论前提和理论目的上都还是简单了一些,因为这个世界同时而且更多的是非逻辑的存在。也就意味着,复杂性观念要求我们从方法论的角度对自身的理性能力进行某种反思。

当代法国思想家莫兰在充分研究理性的特性之后,提出著名的"复杂方法",即应对复杂性的认识方法或思想方法。对此,陈一壮教授提供了精深的理解与重要的发挥。[③] 正如陈一壮教授所说,这种认识方法或思想方法的精髓就是,"复杂性方法画出了简单性方法运用的限界,它的职

---

① [德]黑格尔:《历史哲学》,王造时译,上海书店出版社2001年版,第11页。
② 陈一壮:《包纳简单化方法的复杂性方法》,《哲学研究》2004年第8期,第64—70页。
③ 同上。

责是在简单性方法超越其界限运用时警告它退回去,并由自己来耕耘后者力所不及的疆域"。[①] 与莫兰的观点相类似,罗素也曾经说过:"学习着按照每一种体系来理解宇宙乃是想象力的一种愉悦,并且是教条主义的一种解毒剂。"[②] 罗素其实在告诉我们,认识复杂对象有必要自觉地借助于多个彼此独立的理论系统,因为建构在理性主义基础之上的任何一种理论系统都存在逻辑的空洞和理解的盲点。从多种不同的"理论系统出发来认识同一对象",就有可能"使不同的认识结果相互补充",这首先是自然科学、社会科学、人文学科的综合,同时包括它们内部各个学科的综合,从而打破传统科学建构在还原科学方法论基础上的学科划分。这种综合本身就包含着不同理论观点之间的对抗、竞争和互补所形成的视角转换和视域融合,莫兰就针对人类学研究而指出:"原人进化过程不能仅仅被设想为生物进化过程,或仅仅是精神进化过程,或仅仅是社会文化过程,而应当被想象为是遗传、环境、大脑、社会和文化的相互干预产生的复杂的多方面的形态发展过程。"[③] 在这个过程当中,没有哪一个方面是单一的决定性的,它们互相决定而且共同决定。

莫兰、罗素等思想家为我们提供了建构复杂性方法论的一些思考,这不仅需要我们反思并重新定位我们的理性能力,可能也意味着情感、情绪、欲望、意志、身体等在近代哲学中被理性遮蔽的人的重要部分在全新方法论建构中发挥重要作用,这些同样要求我们在哲学层面进行深入的理论概括和总结。

二 复杂性科学研究与哲学研究的会通

复杂性的科学探索和哲学探索是具有共通性的,甚至在某种意义上来说,二者是可以互相启迪的。比如,在复杂性的科学探索刚刚起步的阶段,怀特海就提出了与系统复杂性思想高度相近的过程哲学,主张将世界看作是一个复杂的动态过程,这样一种动态有机体具有其内在联系和结构,具有生命力和活动力,并处于不断的演化和创造之中。正是借鉴了怀特海的过程哲学,系统科学家詹奇发展了一般系统论的基本原理,从而在

---

① 陈一壮:《包纳简单化方法的复杂性方法》,《哲学研究》2004年第8期,第64—70页。
② [英]罗素:《西方哲学史》(上卷),何兆武等译,商务印书馆1963年版,第66页。
③ [法]埃德加·莫兰:《迷失的范式:人性研究》,陈一壮译,北京大学出版社1999年版,第43页。

其系统理论中,对系统的动态性特征和过程性特征进行了深入阐发。可见,同一时代下,无论是哪个领域,人类思维方式都存在着紧密的关联,这也使得复杂性探索与当代西方哲学产生了某种时代的呼应,这一点在当代西方影响力巨大的后现代主义思潮那里体现得尤为突出。

这样,不仅复杂性和复杂性科学自身的研究渗透出某种哲学的向度;同时,科学复杂性探索又和当代西方哲学的一些思潮有着思维向度上的会通,这使得复杂性具有了深刻的哲学可能。科学复杂性探索本身蕴含的哲学意蕴,使得我们对复杂性的研究或许可以存在某些更广阔的展开方式。在人类现实的认识过程中,哲学之关注复杂性,也确实是从复杂性科学及其理论或者"复杂性研究"那里开始的。由于复杂性科学的出现或兴起,在思想观念世界当中呈现出这样一种盛况,即"我们很难找到,还有其他什么领域能像复杂性这样,在基本概念都还很模糊的情况下,发展成在纵向维度上跨越本体论、认识论、方法论至实践层面的研究体系;在横向维度上,涉及自然复杂性、生物复杂性、社会经济复杂性、心理复杂性等各个领域,似乎要以复杂性理论统摄人类文明的一切复杂现象与复杂性问题(至少是形式上的目标),探究更深层次的复杂性规律。不同领域、不同学科的研究者们以不同目的在不同的场合、不同的维度上论及复杂性:文化复杂性、经济复杂性、社会复杂性、生物(态)复杂性;状态复杂性、关系复杂性、机制复杂性、信息复杂性;心理复杂性、行为复杂性、目标复杂性;方法(手段)复杂性、价值复杂性;组分复杂性、结构复杂性、功能复杂性;描述复杂性、计算复杂性;操作复杂性、规则复杂性;问题复杂性、规律复杂性、认识复杂性;等等。复杂性丛林令我们困惑重重:复杂性是自然科学问题还是具有更广泛意义的问题?研究的是复杂性科学还是复杂性理论?传统科学与复杂性理论的本质区分是什么?复杂性是实在的复杂还是观念的复杂?复杂性规律真能实现科学本体论的革命?何谓超越还原?存在复杂性方法吗?复杂性的开放性与成长性似乎注定了复杂性概念难于统一,勉强统一的概括又不可避免地呈现为模糊性、不确定性甚至神秘性"。[1] 提出这些问题本身就已经是在哲学层面对复杂性研究的深刻洞见,复杂性问题已经超越了科学自身的框架,其内在的许

---

[1] 刘劲杨:《穿越复杂性丛林——复杂性研究的四种理论基点及其哲学反思》,《中国人民大学学报》2004年第5期,第17—24页。

多问题已经不可避免地进入了哲学研究的领域。

当代著名思想家埃德加·莫兰专门从哲学角度探讨了复杂性，认为复杂性是对于人类思想的一种挑战与激励，它不是取代或替换简单性方法的现成程序，也不是通向有序性和明确性的反面的神秘主义，更不是某种对于虚幻的绝对完备性的刻意追求。[1] 通过对国内外相关学者的研究进行总结，复杂性理论及思想使我们逐渐意识到：在科学与哲学，或者人文社会"科学"与自然科学之间，或者在不同的"思维方式"之间，其界限与分野似乎不像我们原来认为的那样鲜明和巨大。来自各个领域的对复杂性的探索与反思或许可以使人类的有限的知识和思想贯通融合为一个整体。马克思认为辩证法的真正意义在于其革命性的否定性，那么我们或许也有理由认为，复杂性正是当代科学所历史性地提出和确立的这样一种具体的否定性，这也为哲学本身提供了一种真正具有时代意义的自我否定与发展的机会。

施太格缪勒在《当代哲学主流》一书中对当代哲学分化历程进行描述时，提到当代哲学对科学的反思有两种较为基本的思潮，它们都以追求理论认识为目的，但在追求方式上有所不同：一种可称为"归纳形而上学"，试图把专门科学的研究成果概括为一个总的观点，却把任何离开专门科学研究成果的哲学研究作为非批判的对象加以抛弃；另一种大致可归入经典科学哲学的研究，这一思潮不仅抛弃了有关实在的先验知识的想法，而且也放弃了对专门科学研究成果进行哲学解释的任何努力，认为哲学应致力于科学基础的研究，主要代表为维也纳学派及当代分析哲学等[2]。显然，面对科学的复杂性探索，我们既需要对其研究成果进行归纳与总结，又要以一种怀疑的精神对其理论基础进行反思。

复杂性研究经过半个世纪的发展，已经显示出这不仅仅是个科学问题，事实上现实生活中我们面对的各个领域的复杂性都远远超过科学意义上的复杂性，科学复杂性或许只是最低限度的复杂性，这就要求我们在哲学层面反思复杂性的真正意义。正如科学的探索一样，复杂性在哲学上一样很难给出一个统一的意义，但对这种意义的终极探索确是实实在在进

---

[1] [法]埃德加·莫兰：《复杂思想：自觉的科学》，陈一壮译，北京大学出版社2001年版，第137—138页。

[2] [德]施太格缪勒：《当代哲学主流》，王炳文等译，商务印书馆1986年版，第25—28页。

行，这种探索本身就是哲学应有的学科本性。这种探索不是以取得某种"法西斯式"的简单定论为目的，也不是对已有科学复杂性理论思想的无条件接受，更不是要走向彻底的怀疑主义。如果说科学意义上的复杂性理论更多地指向世界本身的复杂性，据此构成不同于以往简单性科学的世界图景和认识范式的话，那么哲学意义上的复杂思想则更多地指向人类本身的理性认识能力与其根本特征，在认识论和方法论方面具有更加明显的意义。

复杂性研究与探索确实需要在科学的精确与严密中得到证实，但是复杂性问题又远非科学所可以解决的。这使我们在科学探索之外必须有着哲学的视野，用哲学的反思与批判精神踏上复杂性探索之路。对哲学来说，"要紧的不是方法或者技巧，而是对问题的敏感性和对问题的一贯热情，或者，如希腊人说的，是惊奇的本性"。① 复杂性的科学研究一直在试图去寻找某种确定性规律，找到一劳永逸解决各类复杂性问题的灵丹妙药；而复杂性的哲学反思又清楚地告诉我们，事物属性及其存在与发展的规律是无法穷尽的，理想的"终极真理"只是人类认识领域的世外桃源。尽管我们不能洞悉神秘而把它变为知识，但是认识到神秘的存在是重要的；尽管遮蔽不会从终极的实在被揭开，但是我们应该认识到遮蔽的存在②。这样，科学和哲学对复杂性的共同探索使是我们人类认识踏上了一条永无穷尽的苦旅，但也正是科学和哲学的共同探索，为我们人类认识提供着不断前行的动力。

总而言之，复杂性探索与复杂性科学为我们当今社会的发展提供了深刻的理论反思，并且在实际运用中发挥了重要的积极作用，为我们从哲学维度概括这一全新的时代精神提供了思想资源。然而，虽然目前复杂性研究取得了一系列的重要成果，但仍然面临着一些问题，需要进一步的完善，正是在这个意义上，"复杂性简直既是祸害又是福星，福星是指复杂性总是与我们相伴并成为发展的先决条件；祸害是指复杂性既是自身的否

---

① [英]波普尔：《猜想与反驳科学知识的增长》，周昌忠译，上海译文出版社1986年版，第100页。

② [英]柯拉柯夫斯基：《形而上学的恐怖》，唐少杰等译，生活·读书·新知三联书店1999年版，第10页。

定者，又是阻止我们顺利理解未来发展的重负。"[①] 从一种哲学的视角来审视复杂性探索和复杂性科学，我们可以发现，这是理论与实践相统一的深层探索，在这样的探索过程中还必须要坚持一种哲学的反思，从哲学的高度不断深化、发展复杂性科学及其应用领域，实现其更高层次的发展。

---

① N. Rescher. *Complexity: A Philosophical Overview*, Transaction Publishers. New Brunswick: New Jersey. 1998.

第四章 科学复杂性观念的哲学渊源与当代映射

第一节 复杂性科学研究的哲学思想渊源

如果把复杂性问题的思考仅仅局限于科学领域的话,这确实不能算是老生常谈,毕竟对复杂性进行专门深入的科学研究不过是近几十年才兴起的,但当我们对复杂性问题进行哲学思考的时候,可以发现这些思考在哲学史上由来已久,其渊源一直可上溯到中国古代及古希腊时期甚至更早。但那时,这种由于人类整体认识水平的局限,这种对复杂性的自觉与反思仅仅是建立在直觉和思辨基础上的,仅是一种处于朦胧状态的朴素的复杂性观念。

很多中外学者认为复杂性理论在中西方古代哲学思想史上很早就已经出现了。如埃德加·莫兰曾提道:"实际上我们在东方和西方的哲学史上可找到许多复杂性思维方式的因素和前提。自古代中国的思想就建立在阴和阳之间的既对立又互补的两重性逻辑关系的基础之上。老子提出对立面的统一构成实在的特点。方以智在17世纪已经提出一个真正的复杂性的原则。在西方,赫拉克利特提出了必须把矛盾的概念联系在一起来断言一个真理。帕斯卡他的《思想录》中所提出的箴言:'任何事物都既是承受作用者又是施加作用者,既是结果又是原因,我认为不认识部分就不可能认识整体,同样地不认识整体也不可能认识部分。'"[①] 国内方面,以邬焜为代表的众多学者都对此进行了深入的研究,尤其是邬焜教授在《古代哲学中的信息、系统、复杂性思想——希腊·中国·印度》中进行了全

---

① [法]埃德加·莫兰、陈一壮:《论复杂性思维》,《江南大学学报》(人文社会科学版)2006年第5期,第18—21页。

面阐述，下文通过对这些学者的相关观点进行总结概括介绍，以凸显复杂性科学研究的哲学思想渊源。

一 中国传统哲学的系统复杂性思想

普利高津在《从存在到演化》中提到，中国传统的学术思想是着重于研究系统性和自发性，突出研究协调和协和。纵观先秦子学、两汉经学、魏晋玄学、隋唐佛学、宋明理学、清代实学，各个时期一脉相承的核心文化观念就是"天人合一"的系统整体观。强调自然事物的生成性与过程性，强调事物变化、演进的不确定性、偶然性与非决定性，强调部分之间、部分与整体之间、整体与环境之间的不可分割的相互联系，强调整体的结构性、关联性、协调性，强调不同事物间的相互渗透、映照、蕴涵和统一性，等等，一直是中国古代哲学的独特思维方式。在这个意义上，比起古希腊哲学，中国古代哲学更具有信息、系统、复杂性思想的韵味。① 也就是说，整体观、结构观、全息观、演进观等具有复杂性特点的思维方式可以看作是中国古代哲学的灵魂之一，是中国传统文化的主要特征。

（一）系统联系的整体性思想

对中国哲学所有的系统整体性思想特征已经是学术界的一个共识，不仅如此，很多学者甚至认为，对世界以及包括人在内万事万物的系统整体性理解是中国传统哲学的核心特征之一，同样也是中国传统文化最具代表性的思想原则。"与以分析的、原子主义和还原主义为主要思维模式的西方文化相反，整体论却是中国传统哲学的灵魂，是中国传统文化的性格表征。中国传统哲学的诸种流派，大都坚持一种'天人合一'的宇宙整体观，即认为主体和客体是统一的，人是整体宇宙中的一部分，自然与人类有统一性。"②

早在殷商时期，就产生了中国最古老的哲学理论之一的"五行说"，后来不同的思想家对其进行了更加细致的阐释，总体认为万事万物都内在统一于金、木、水、火、土这几种基本物质，而"五行"又相生相克，

---

① 邬焜：《古代哲学中的信息、系统、复杂性思想》，商务印书馆2010年版，第201页。
② 聂耀东、彭新武：《复杂性思维·中国传统哲学·深层生态学》，《思想理论教育导刊》2005年第4期，第39—43页。

形成了一个内在统一的整体。

在商周时代，我国就出现了把"阴"与"阳"作为各种事物整体中的两类基本因素，通过阴、阳构成的关系及其变化，来说明万事万物的存在与运动的阴阳学，比如《易·系辞下》中写道："阴阳合德，而刚柔有体。"《周易》是商周时期对中国文化影响最为深远的理论成果，把世界看成一个由基本要素组成的系统整体，"序卦传"说："有天地，然后万物生焉。盈天地之间者唯万物"，所以《周易》就以代表天地的乾坤二卦作为起始，将象征万事万物的其余六十二卦置于其后，从而在卦象和六十四卦的编排上，充分体现出它的系统整体思想：六十四卦是一个整体，每卦又自成一个整体，组成一卦的六爻之间存在着相互制约的关系，任意变动其中的一爻就会引起一系列的变化，不仅会造成内部的诸关系的改变，而且还可能影响其密切相关的外部关系。

春秋战国时期是中国文化的大繁荣时期，我国古代思想家又把"阴阳"和"五行"两种学说结合起来，形成"阴阳五行"说。用以解释物质世界的多样性和统一性，并广泛用于古代天文、历数、化学和医学等学科，取得了巨大的成就。其中，对中医的影响最大。中国医学主要依据人体的整体状况看病治病，把身体和疾病看作一个系统整体的动态过程。秦汉时期写成的我国著名的医学典籍《内经》则是根据阴阳五行的朴素辩证思想，把自然界和人体看成是由五种要素相生相克、相互制约而组成的有秩序、有组织的整体，人与天地又是相应、相生而形成的更大的系统。这实际上是把人体看成是和天地大宇宙密切相关的小宇宙，自然界作为一个大系统，人作为整体中的部分，是一个小系统，小系统的运动变化规律受大系统的影响和制约。人体内部各组成部分，也是相互联系、相互制约而构成了五藏一体的人体系统。所有这些在古代医学中形成的藏象学说，病机学说，阴阳五行学说，气血、津液、经络等学说以及在以这个建立起来的辨证论治，都体现了整体系统性的观念。

由于中国传统文化中的尚古精神，这些中国早期的思想的基本原则尤其是整体性原则在后来的哲学发展中都得到了传承与发扬。作为中国传统文化主导思想的儒学的系统整体性思想特征是十分突出的。战国时期的荀子在《天论》一书中指出："万物为道一偏，一物为万物一偏。"即万物是道的一部分，一物又是万物的一个部分，提出了关于整体与其部分的关系的初步认识；西汉的董仲舒在阐发自己的儒学思想时，以阴阳五行解释天地起源和万物生成，并赋予阴阳五行以道德属性，进而以天道运行、四时次序附会社会秩序，提出了"天人感应"说。由于董仲舒对儒学的发扬及儒学在中国传统文化中的地位，使得这种阴阳五行说所表达的系统整体性思想也成为中国传统哲学乃至整个中国传统文化中必不可少的一个组成部分，同时也成为中国传统文化与其他文化形态有所差异的一个重要特点。

对中国文化产生了重大影响的道家思想中也把系统整体性思想作为其重要原则之一。从道家的创始人老子开始就认为一切事物的产生和变化都是有和无的统一。老子之后，庄子提出了物不可分，万物齐一的整体性思想。后来魏晋玄学何晏、王弼、裴頠、郭象等人虽然对世界整体上统一于无还是有争论颇大，但都是在试图说明万事万物的统一性和整体性。

除此之外，中国哲学中最有代表性的唯物主义思想气一元论中同样蕴含着丰富的系统整体性思想。战国时期产生的《管子》初步提出了气一元论的设想，后来，汉代的王充、宋代的张载，明代的王廷相、明清之际的王夫之等著名哲学家传承与发扬了气一元论的思想，把气作为万事万物乃至宇宙整体内在统一的基础。

（二）全息建构的非线性思想

与西方古希腊哲学受"逻各斯中心"的影响而追求把无限丰富复杂的世界还原为一的思维模式不同，中国传统哲学更注重事物的构成性的结构化性质，也更注重通过部分与整体的关系来解释事物的性质，这也是中国古代哲学的重要特征之一。当代复杂性科学的重要特点之一就是从处理单体问题和简单的二体线性关系向处理三体和多体的非线性关系转变。中国传统哲学较之古希腊哲学对于三体乃至多体非线性关系的探讨无疑要丰富和深刻。

如前文所述，早在殷商之际就产生了对后世影响深远的"五行说"，所谓五行，即"一曰水，二曰火，三曰木，四曰金，五曰土。水曰润下，火曰炎上，木曰曲直，金曰从革，土曰稼穑。润下作咸，炎上作苦，曲直作酸，从革作辛，稼穑作甘"（《尚书·洪范》）。西周末年，古代思想家提出了"五行相生相克"的学说，借以说明宇宙万物由五种物质要素通过复杂的相生相克建构而成的思想。同在西周末年，周太史史伯就提出了著名的"和实生物，同则不继"（《国语·史伯论合同》），同样表达了万事万物是在多元综合的过程中产生的。作为"五行说"的发展，宋代大思想家王安石提出了"太极生五行""五行生万物",而生成万事万物的五种因素都来自于天地之间阴阳二因素:"寒生水,热生火,风生木,燥生金,湿生土。"(《洪范传》)它们之间相生相克、相互依存、相互转化、相互制约、相互限制,构成了一幅自然界中万事万物密切相关、共同建构的整体图景。

现代复杂信息系统理论从不同于物质与能量的信息存在来揭示事物通过非线性建构实现自身整体性性质,从全息的角度理解系统的非线性建构已经成为当代复杂性科学的重要发展趋势之一。而中国古代哲学对全息问题的探讨与深刻理解同样构成了中国文化不可或缺的特征之一。

中国古代的八卦理论是人类思想史上最早以哲学逻辑的方式而提出的信息结构化理论,其目的是通过信息代示化的方式理解世界。[1]"始作八卦,以通神明之德,以类万物之情。"(《易传·系辞》)八卦理论就是用"—"(阳爻)和"– –"(阴爻)两种基本符号的组成的八种图形来阐述天地中八种最原始的物质,即乾、坤、巽、震、坎、离、艮、兑。八卦各代表自然界一定的事物或方位,它们是:乾(天、西北)、坤(地、西南)、巽(风、东南)、震(雷、东)、坎(水、北)、离(火、南)、艮(山、东北)、兑(泽、西)。八卦按一定次序排列组合,产生64卦,每卦又有6爻,共384爻,卦、爻又各有说明。另外,中国古代的象数理论企图用符号、形象和数字来推测包括人在内的万事万物的变化,并试图用相应的符号、图式来表示这种"象"或"数"的内容。这些至少表明中国古代哲学已经看到世间万事万物在自我运动过程中逐渐形成某种稳定的秩序,每一事物在这种秩序中都有着自己相对稳定的位置。在八卦理论和象数理论这里,中国古代哲学已经开始试图解释这种事物间通过复杂的非线性相互作用所形成的秩序(结构),而这种秩序在每一事物中都会有某种映射和显现,并规定着每一事物的存在和演化。虽然由于认识水平的局限,他们的努力更多依靠的是猜测和臆想,但已经蕴含了深刻的关于世界全息建构的思维。或者说中国古代哲学的视野里虽然并没有信息的概念,但已经意识到了有差异的万事万物的复杂相互作用是需要某种无形的力量来连接的。在后续的中国哲学的发展中,这一思想原则被儒道为代表各个哲学学派所传承和发扬。

---

[1] 邬焜:《古代哲学中的信息、系统、复杂性思想》,商务印书馆2010年版,第95页。

中国汉代的大儒董仲舒在阐释他的"天人感应"的时候就曾经提出："天有阴阳，人亦有阴阳，天地之阴气起，而人之阴气应之而起；人之阴气起，而天之阴气亦应之而起。其道一也。"(《同类相助》)从这里可以看出董仲舒强调天与人的关系紧密相连，相互感应。感应一词深刻表明了，天、地、人之间并不是彼此独立存在与演化，或者说不是仅仅存在直接的外在作用关系，而是存在某种内在的、复杂的全息性映射与蕴含关系。与董仲舒同时代的道家代表人物刘安提出了"天地运而相通，万物总而为一；能知一则无一之不知也，不能知一则无一之能知也"(《淮南子·精神训》)。从这里可以看出刘安认为包括人在内的万事万物是相通的，认识世间万物只需深刻把握其中之一则可以做到尽知万物，这无疑蕴含着一种难能可贵的全息思想。南宋时理学的代表人物的朱熹在他庞杂晦涩的哲学体系中，试图把中国哲学中的一些核心概念："天""人""道""理""气""五行"等等概念作出统一的解释，找到其中的内在关联，这本身就是一种复杂性的探索，而他最核心的概念"理"就有着非常强的信息意蕴。他曾强调："阴阳五行错综不失条绪便是理。若气不结聚时，理亦无所附著。"(《朱子语类》卷一)这显然是把"理"看成了万事万物错综复杂关系背后所蕴含的看不见的（或用朱熹的话"形而上"的）有序结构，"理"的存在必须通过"附著"于物之上，这与现代复杂信息系统理论对信息的阐释无疑是高度吻合的。

在中国哲学的影响下，中医对全息建构思想进行了广泛的应用。比如中国医学经典《黄帝内经》讲道："人与天地相参也，与日月相应也。"(《灵枢·岁露》)这充分表达了人与天、地、日、月相参相应的非线性作用关系，以及彼此的存在与演化过程相互关联、相互映照的全息建构映射关系。这也成为中医后来发展的指导性思想原则。中医的经络穴位理论、脏腑系统理论、望闻问切诊法都体现着这一思想，甚至有学者认为："中药、针灸、刮痧、按摩等治疗手段，其本质是对人体信息系统进行干预和调整的方法。"[①]

（三）宇宙演化的自组织生成与演化思想

中国的传统哲学不仅把世界理解为一个内在统一的整体，还着重分析

---

① 李志超：《中国医学理论体系的现代科学价值》，《中国医药学报》1998年第6期，第4—7页。

和论证了这种整体统一性的内在原因,并把宇宙及宇宙中的一切事物都看作是一个不断运动、变化、演化和自我生成的过程,并注重对最初的本原在其运动变化中展开为整个世界及多样性存在的描述,这不仅是当代系统科学自组织理论的思想原则与特征,同样几乎是中国古代哲学家们所阐释的相关理论的共同特征。[①] 众所周知,在中国哲学中,儒家与道家思想的主要特色都是强调宇宙万物生演变化的自我生成,虽然不如系统自组织理论那样精致,尤其是道家所主张"大道无为""万法自然"事实已经把自组织理论的思想原则上升到了一种哲学层面的本体预设乃至根本的方法论。而这种朴素的自组织生成思想经过以儒家与道家为首的各学派众多思想家几千年的打磨,丰富而且深刻,集中体现在中国古代哲学关于"自然无为""道法自然""物偶自生""天地无心""物自独化"等学说之中,已经成为当今复杂性探索重要的思想资源,在哲学层面更应该是人类思想史复杂性探索的重要组成部分。

从道家的创始人老子开始,就将万事万物乃至整个世界的形成看作是一个自我运动与演化的过程,他认为:"天下万物生与有,有生于无。""无,名天地之始;有,名万物之母。""道生一,一生二,二生三,三生万物。"[②] 这些观点所确立的世界自我运动与演化的思想原则为后世中国哲学奠定了重要的思想基础。

完成于汉初的《易传》是一部战国时期解说和发挥《易经》的论文集,其学说本于孔子,具体成于孔子后学之手,是一部重要的儒道融合之作。提出了我们非常熟悉的关于世界生生不息的变化演进之路:"易有太极,是生两仪。两仪生四象,四象生八卦,八卦定吉凶,吉凶生大业。"(《易传·系辞》),在《易传·序卦》中还用六十四卦的排序和转化揭示了万事万物相互联系和互生互成的变化演进过程,并试图推演到无穷无尽。除《易传》外,两汉的众多思想家都有着世界自我生成演化的自组织思想,有代表性的是西汉的扬雄与东汉的王符。扬雄在他的重要著作《法言》中提出了天地通过相互作用自然演化的思想,并认为事物在演化过程中有继承也有变革;还提出了两极相通、循环周始的演化生成思想。王符提出了道为气之根,气为道之使得道气一统、万物自化的思想。

[①] 邬焜:《古代哲学中的信息、系统、复杂性思想》,商务印书馆2010年版,第206页。
[②] 朱谦之:《老子校释》,中华书局1984年版,《第四十二章》。

三国两晋时期的玄学的繁荣使道家的自我生成演化的自组织思想得以深入阐发。三国时期的阮籍在《达庄论》和《通易论》中提出了以"自然"为本的宇宙，认为"天地生于自然，万物生于天地"（《达庄论》），世间万事万物都是"一气盛衰"的无穷变化过程，并强调《易》之性质在于"变"，《易》是"往古之变经也"（《达庄论》）。东晋的张湛在《列子·天瑞》中借列子之口阐发了无形为万物本原的思想，提出了作为不变本原的无形通过自发运动的过程生化出天地万物，而天地万物最终仍会复归到无形之本原，描绘了一幅万物自生自化自灭的循环自化的思想。

唐代一些儒家的代表也表达了同道家有所不同的天、地、人协同演化的自组织思想。唐代的刘禹锡曾经在《天论》中提出具有差异性的事物间的相互作用可以产生"交相胜"的结果的理论。他借用"交相胜""数"和"势"等概念来说明相互作用所产生的整体性新质与新内容。他具体提出了"天与人交相胜""人能胜乎天"的命题，并用水和舟相结合而产生新的功能的例子解释了事物通过相互作用的"交相胜"而涌现出整体的新性质的特征："水与舟，二物也。夫物之合并，必有数存乎其间焉。数存，然后势形乎其间焉。……彼势之附乎物而生，犹影响也。"[①]唐代的元结在《浪翁观化》《时化》《世化》等文中，提出了有无相生、有无相化的观点，并以天地万物相互转化，人性、人情、人事、社会的不息变化来说说明"化无穷极"的事物演变过程。

宋代理学的兴起也传承了这一思想原则，万事万物自我运动、生成演化的思想也被吸纳入理学之中。理学奠基人北宋五子之一的邵雍在《观物外篇》中根据《易传》关于八卦形成的解释和道家的宇宙生成说，虚构了一个宇宙构造图式，以推演解说自然和人事变化，形成了著名的象数之学。同为北宋五子中的周敦颐在《太极图说》中炮制了《太极图》以论证宇宙万物形成和发展的过程和机制，其中不仅蕴含了丰富的相反相成的辩证思想，而且体现了宇宙万物由简单到复杂自我运动、无穷演化的过程论思想。北宋的王安石在《道德经注》与《洪范传》中，提出了气为万物之本，认为气生成五行形，五行则构成万物，"而万物之变遂至于无穷"（《洪范传》）的思想；清代时以戴震作为不同于宋明理学的新理学的代表在《孟子字义疏证》中继承和发扬了古代气一元论的思想，"气"总

---

① 吴在庆：《刘禹锡集》，中华书局1990年版，《天论中》。

是在永无止境的变化流行过程之中，世界上的所有事物都是"气化"的过程，而"气化"也是化成之物的性质内在自生的过程，体现出明确的事物通过自组织自我生成的思想。

（四）宇宙演化过程中确定性与不确定性相统一

中国古代哲学不仅蕴含着丰富的与现代复杂性科学自组织理论思想原则相近的天地万物自发生成和演化的思想，更加难能可贵的是中国古代哲学在解释事物演化的过程中也意识到了事物自发生成演化中的偶然性、随机性、无目的性等不确定性特征，这种对世界演化发展的非决定论的描述与现代复杂性科学所揭示的不确定性思想无疑是相通的。

如果说复杂性科学主要探讨的是"有序"（确定性）与"无序"（不确定性）的关系，而道家则更加抽象的探讨了有与无的关系，《老子》提出了一种有无相生的理论，并以"无"为世界的本原。如前文所述，老子作为道家的创始人在探究世界演化发展的时候，将"道"作为世界的本原，并认为万事万物都是由道演化而来，但就演化向何方这个问题上，老子保持了一份对万事万物演化生成的复杂性的自觉，认为"道，可道，非常道"（《老子》第一章）；"道之为物，惟恍惟惚"（《老子》第二十一章）；"道常无为而无不为"（《老子》第三十七章）。这些都可以看作是老子对世间万事万物生成演化过程中存在的偶然性、随机性、无目的性等不确定性特征的认识。道家的另一代表人物庄子在这一点上又进行了发挥，《庄子》以"无形""无名"来解读"无"，并用"无"来指谓世界的未分化（有一而未形）的原始状态，而那些有形、有名之物则是从这一原始状态中分化出来的"有"的世界，在这个意义上道家所讲的"无"与复杂性科学所讲的"无序"虽无法简单比附，但还是有相通之处的。在老庄哲学的深刻影响下，后世的众多哲学家都围绕"有"与"无"的关系问题提出了许多有价值的思想。

东汉的王充在论述世间万事万物生成机理的时候，认为"天地合气，物偶自生矣。夫耕耘播种，故为之也；及其成与不熟，偶自然也"（《论衡·均势》）；"天地不故生人，人偶自生"（《论衡·物势》）。万物都是偶然自生的，并不存在预定好的目的，就是人的目的性行为，最终结果也是受一些偶然因素支配的，最后的结果如何往往是不确定的。这些对偶然性等不确定性因素在事物演化过程中的作用思想较之老庄更加明确，在其所处的目的论与预成论占据思想主导的时代无疑是深刻的。

道家自然无为的反目的论与预成论的思想在魏晋时代被玄学家们传承与发扬，玄学更是明确以"无"为宇宙万物之本的。而抽象的无应该是涵盖无序这一具体概念的。三国时期的王弼在《老子道德经注》认为："天地虽广，以无为心。"（《老子道德经注》三十八章）"万物皆有道而生，既生而不知其所由。"（《老子道德经注》三十四章）可以看出，王弼以"无"释"道"的同时，强调了天地自然运作的无目的性与不确定性特征。西晋的郭象在《庄子注》中认为，庄子所作逍遥游的本质在于"无为而自得"，在此基础上阐释了万物的生成与演化并不依赖什么"造物主"的预先设定，而是通过"物各自造"的"独化"方式"欻然而自生"的，即事物通过自发的内部作用创生出自身所具有的不可预知、不确定的独特性质。东晋的张湛在《列子注》中提出了万物都是在"以无为本"的基础上"忽尔而生"的思想。张湛认为："故有无之不相生，理既然矣，则有何由而生？忽尔而自生。""形、声、色、味，皆忽尔而生，不能自生者也。"（《列子注·天瑞篇注》）这种对偶然性、不确定性在事物演化过程中作用的强调无疑是极其明确的，甚至有些极端，有把世界完全随机化、不确定化的解释倾向。东晋的葛洪在《抱朴子》一书中以"所得非所欲也，所欲非所得也"来论证自然演化的无序性与不确定性，显然也看到了偶然性等不确定性因素在事物演化过程中的作用，遗憾的是并未向现代复杂性科学那样对事物演化过程中的确定性与不确定性的统一进行深入的分析。

在其之后的中国传统哲学也涌现了一些非决定论的思想，但很多与东晋玄学的极端不同，这种非决定论思想在强调偶然、无序等不确定性因素的同时，多少隐含了对世界确定性一面的理解。南朝的朱世卿提出的"所谓非自然者，乃大自然也。是有为者，乃大无为也""万法万性皆自然之理""无有造为之者"（《法性自然论》）等观点都有着用确定性与不确定性相统一的辩证态度去解释万事万物的演化。北宋的邵雍也表达了相似的观点："无为者非不为也，不固为者也，故能广；无有者非不有也，不固有者也，固能大。"（《观物内篇》）明代的王廷相谈到天道演化的机制时，继承了道家的自然无为的观点，认为："天地之生物，势不得不然也；天地心哉？"（《慎言》）这里王廷相通过"势"阐发了世间万物演化的某种内在规律性与确定性，同时也认为天地无心，即在演化方向上存在着无目的性与不确定性。

二 古希腊哲学中的系统复杂性思想

纵观对人类思想影响深远的古希腊哲学，较之中国传统哲学其对世界的简单性理解仍然是主旋律。由于世界本身的复杂性，在对世界的简单性理解的主旋律之中，众多古希腊哲学在其思想中也萌发了各种各样的对世界理解的系统复杂性思想。这些古朴的系统复杂性思想作为早期西方对世界复杂性的反思与自觉对近代科学乃至整个人类文化领域的复杂性探索有着不可忽视的启迪作用，也为思想领域的复杂性探索提供了宝贵的思想资源。

（一）系统联系的整体性思想

早期的古希腊哲学家们虽然秉承着对世界的简单性理解。往往通过把世界简化为一个或少数几个元素试图对世界作出一个简单化一的解释，我们熟知的泰勒斯的"水"、赫拉克利特的"火"，以及恩培多克勒的四元素说、德谟克利特等人的原子说都明显体现了这一特点。但与近代科学不同，这种统一化解释的努力中却包含着把世界理解为一个统一的整体，这与系统科学的整体性观点无疑是高度一致的。古希腊的原子论的创始人德谟克利特的著作《世界大系统》明确把世界描绘成了一个统一的整体系统。把世界看成是由各种不同的原子，形成不同层次的世界，这与早期科学复杂性探索的发端即贝塔朗菲的系统论中的系统的整体性、结构性、层次性特征的描述在思想原则上是高度统一的。巴门尼德关于存在是一个紧密联系的不可分的"共同体"的思想也是对世界进行系统理解的先声："因此存在物是整个联系的，因为一个存在物与另一个存在物紧密地连接在一起。"[1]

众所周知，系统论的核心思想是关系产生性质，也就是通常所说的系统整体大于部分之和。系统论这一核心思想在亚里士多德那里已经有了明确的表达，他在《物理学》中一开始就写道："对我们说来明白易知的，起初是一些未经分析的整体事物。而元素和本原，是在从这些整体事物里把它们分析出来以后才为人们所认识的。因此，我们应该从具体的整体事物进到它的构成要素，因为为感觉所易知的是整体事物。这里把整体事物

---

[1] 北京大学哲学系外国哲学史教研室：《古希腊罗马哲学》，生活·读书·新知三联书店1957年版，第51页。

之所以说成是一个整体，是因为它内部有多样性，有它的许多构成部分。"① 亚里士多德已经察觉到整体与部分的矛盾，整体"由若干部分组成，其总和并非只是一种堆集，而其整体又不同于部分"。② 这就是说，整体不同于部分，整体性也不等于部分性质的简单加和。在此基础上，他将自然界中所有的事物按其复杂性程度分了四个等级：四元素（"原初物体"）；同质物；异质物；有机的物体。他认为不同等级事物间的区别同样会表现在这些事物的部分与整体的关系中③。这里不仅体现了系统科学的层次性原则，还一定程度上蕴含了整体性质不能简单归约为部分性质的整体涌现性思想。在意识到整体与部分关系的非加和关系的基础上，亚里士多德又进一步探讨了复合物中整体与部分的复杂性关系可能呈现出十分复杂的情景："在一个意义上这些部分先于具体的整体，而在另一个意义上则并非如此……有些部分既不先于也不后于整体。"④ 其实，除了部分先于整体、部分和整体不分先后之外，他还提到了第三种关系："而且就存在物分离存在的能力来说，整体是先于部分的。"⑤ 当代法国著名的复杂性理论大师莫兰就曾经提出整体和部分的关系分为大于、等于与小于三类，这与亚里士多德关于整体与部分关系的相关思想虽然表述不同，但无疑有着异曲同工之处。

（二）全息建构的非线性思想

当代系统科学超越传统科学的重要特点之一就是从处理单体问题和简单的二体线性关系向处理三体和多体的非线性关系转变。而一般说来，三体问题已经构成了简单的非线性关系。而三体非线性关系得进一步发展就是多体复杂的非线性关系。古希腊哲学家在对关系问题的理解中虽然大都体现为二元对立、二分法等二元线性关系，但世界本身的复杂性也使得当时的哲学家不可回避地遇到了三元乃至多元非线性关系，众多哲学家对此也进行了相应的回应，这也是古希腊哲学对世界普遍的非线性关系一种早期的探索，虽然由于认识水平的局限以及简单性观念的深刻影响，使这些

---

① ［古希腊］亚里士多德：《物理学》，张竹明译，商务印书馆1982年版，第2页。
② 同上。
③ ［美］福莱：《从亚里士多德到奥古斯丁》，冯俊等译，中国人民大学出版社2004年版，第28页。
④ ［古希腊］亚里士多德：《形而上学》，李真译，上海人民出版社2005年版，第217页。
⑤ 同上书，第215页。

早期探索显得异常朴素但是弥足珍贵。

古希腊哲学家赫拉克利特是思想史上最早提出了对立统一概念的哲学家，这已经是对二元问题的一种简单的非线性理解，不仅如此，他所阐释的对立统一模式不仅是二元化的："火生于土之死，气生于火之死，水生于气之死，土生于水之死。"同时，"土死生水、水死生气、气死生火，反过来也是一样"。① 这无疑是一种四元素间交互作用，交互生成的复杂性的多体间的非线性关系。在赫拉克利特的基础上，恩培多克勒又在四元素基础上增加了它们间的复杂关系："此外还有那破坏性的'憎'……以及元素中间的'爱'。"② 这种观点已经有了贝塔朗菲系统论所阐发的元素加关系这种系统考察的模式，不仅如此，恩培多克勒还看到了这种多元要素和相互关系的竞争与合作涌现出万事万物的整体性结构和性质。这里我们已经依稀看到现代复杂性科学所强调的万事万物通过非线性关系建构出整体的思想。

亚里士多德提出了著名的关于事物构成的"四因说"：质料因构成事物的基质，形式因构成事物的结构，动力因构成事物的建造，目的因构成事物的缘由。不仅形式因、动力因和目的因是内在融合地统一的，而且质料因和形式因同样是内在融合的统一的。这样的一种认为任何事物都是多种原因的综合建构的结果的具体揭示，与当代复杂系统理论的多元综合性、整体建构性是直接相通的。

无论是众多古希腊哲学家所坚持的宏观事物生成和消亡具体机制的微观粒子聚散理论，还是亚里士多德所主张的质料通过自身的运动而建构出宏观事物形式的理论，都在不同程度上揭示了宏观事物的建构性。由此可以看出，古希腊哲学家们已经不同程度地认识到在宏观事物的层面上具有通过多元互动可建构的复杂性。

现代复杂信息系统理论从不同于物质与能量的信息存在来揭示事物通过非线性建构实现自身整体性性质。难能可贵的是，古希腊哲学家一定程度上看到不同于物质与能量的信息存在。阿那克萨戈拉关于复合物中包含着万物的"种子"思想，关于一切中包含着一切、一切中分有一切的思

---

① 北京大学哲学系外国哲学史教研室：《古希腊罗马哲学》，生活·读书·新知三联书店 1957 年版，第 21 页。

② 同上书，第 43 页。

想，关于每一事物都包含着每一事物的一部分的思想已经有了当代信息科学的全息思想的影子。柏拉图曾经把世界区分为可见世界和可知世界两大领域，在此基础上，他又把可见世界区分为两个部分：实物世界和它们的影像世界。并且他还进一步地指出这两个部分的关系是原本与摹本的关系："这种阴影是实在的事物所产生的。"① 其实，柏拉图所划分的作为实物原形的世界和作为显示着实物世界的影像的世界，恰好对应当代信息科学和信息哲学所揭示的物质世界和显示着这个物质世界的信息世界。柏拉图的学生亚里士多德则从潜能与现实的关系角度也揭示了与现代信息科学与信息哲学相近的思想。在他看来，潜能与现实同属于"有"，但是现实是实在的有，而潜能则是不实在的有。②

虽然，古希腊哲学家们只是零散地看到了多元的非线性关系、多元综合建构以及信息现象，由于认识水平的局限并没有深入把这些问题进行统一的理论考察，但他们的这些深刻思想已经包含了对世界复杂性的认识，也为现代科学的复杂性探索提供了宝贵的思想资源。

（三）自组织生成演化的思想

古希腊哲学家们不仅对世界的整体统一性有着广泛的探讨，而且都十分注重对自然世界生成过程的自我运动的描述，把自然界看成是世界本原自己运动、变化、发展的结果，这一思想体现着当代自组织理论的基本原则。

早在泰勒斯已经提出只有物质性的基本因才可能是万物的原初因，世界在不断地运动和循环变化之中，生生不息的世界具有统一性，而这种统一性在泰勒斯看来就是"水"。泰勒斯的学生阿那克西曼德扩展了泰勒斯的自然哲学，认为"水"只是存在于连续的紧张和对立之中的物质的多种形式之一：热对冷，湿对干……因此，他主张"存在物的起源和第一因"是"无限的不稳定性"的原初物质，相反形式的物质从中产生出来。

赫拉克利特认为，世界万物的始基是火，一切都是火的变形，火变成了万物，万物复归于火，这个始基的侧重点不是某种实物或实体，而是过程和流变。而且，世界的永不停息的运动变化是有规律、有秩序的，这个

---

① 北京大学哲学系外国哲学史教研室：《古希腊罗马哲学》，生活·读书·新知三联书店1957年版，第199页。

② 邬焜：《古代哲学中的信息、系统、复杂性思想》，商务印书馆2010年版，第201页。

事物的规律、秩序是火的属性，叫作"逻各斯"，赫拉克利特说："火按照必然的命运使宇宙变化为某种秩序和时限，'逻各斯'是宇宙变化的规律，宇宙的变是按比例、有秩序地进行的，是有尺度的，这个尺度存在于宇宙本身之中。"①

恩培多克勒除了承认了具有实体性存在意义的四元素（火、水、土、气）之外，还提出了使元素结合或分离的关系——爱或憎。有了元素和它们之间的关系，元素间就能"势均力敌"地相互作用、相互转化、互生互灭。正是在这种多元要素和相关关系的竞争与合作的相互作用过程中，万事万物不同的整体性结构和性质才生成出来。

德谟克利特所建立的原子论学说强调一切事物的始基是原子和虚空。他认为原子数量上是无限的，原子在整个宇宙中由于一种涡旋运动而自发地运动着，并因此而形成形形色色的复合物，也包括火、水、土、气、太阳、月亮和灵魂。这里与系统自组织理论所强调的自然界通过自发的自组织过程生成万物的思想原则是高度契合的。

亚里士多德提出的"四因说"是关于自然和一切事物存在和生成的本原、根据和条件的学说。其中的"动力因"和"目的因"具有自然和一切事物本体存在的意义。这样，在亚里士多德那里，自然和一切事物变化的原因和动力只能从事物自身之中去寻求。这也就等于说，自然和一切事物都是通过自组织而自发生成、运动和发展着的。②

上述的这些古希腊哲学家关于万事万物自我生成与自我运动的相关观点与现代自组织理论在理论内容上是无法相比的，但其思想原则与自组织理论还是有着相似之处的，这也是人类认识早期对世界所内在蕴含的自组织性的一种自觉与反思。

（四）演化过程中确定性与不确定性相统一的思想

西方哲学从未停止对"本原""主体""真理""必然"和"同一"等所谓世界中心问题的考问，在此基础上所形成的"逻各斯中心"主义根深蒂固。近代哲学的笛卡尔主义和拉普拉斯的决定论，同这种传统是一脉相承的。几千年来，这种思想一直占据着西方哲学的主导地位，是西方哲学的主流思想。确定性思想肇始于古希腊哲学家泰勒斯，他把世界的本

---

① 叶秀山：《前苏格拉底哲学研究》，人民出版社1997年版，第94页。
② 邬焜：《古代哲学中的信息、系统、复杂性思想》，商务印书馆2010年版，第51页。

原归于"水",强烈地表达了人类对世界秩序、规律、必然、确定性的追求。留基伯对确定性的描述最明确,他说:"没有一件事情是随便发生的,每件事都有理由,并且是遵循必然性的。"[1] 虽然不确定性思想未能成为主流,但在古希腊哲学家们那里,还是明确地显现出了不确定性因素在事物演化中作用的两种截然对立的看法:作为主流观点,确定性与必然性是世界的根本状态,偶然性等不确定因素则仅仅是一个认识能力不足导致的问题而已;但也有着与现代复杂性科学一样的观点,把不确定看作是世界的一种客观本性,在世界发展的过程中起着某种客观性的作用。

不确定性思想肇始于泰勒斯的学生阿那克西曼德,他认为世界的本源是不确定的。前苏格拉底以来,自然哲学的一个基本问题是,有序是如何从复杂的、无规的和混沌的物质状态中出现的。[2] 阿那克西曼德扩展了泰勒斯的自然哲学,对这个问题进行了深入的阐述,他把"无限的不定性"设定为原始状态,此时物质不受限制,也没有对立,因而在任何地方都有相同的特征。因此,这是一种完全均匀的、对称的初始态,对称性后来发生了对称破缺,于是世界及其可观测的对立和紧张就产生出来,不断发生着的物质分裂创造了这个世界,形成了世界的有序性。[3] 这里蕴含着现代复杂性科学阐发的一个重要观点,就是有序与无序是相互生成的思想,而且阿那克西曼德把不确定性理解为世界的本质,虽然与当代复杂性科学的观点还是有着区别,把不确定性放在如此重要的位置在西方思想史并不多见,所以从复杂性自觉的角度更加显得弥足珍贵。

在古希腊的哲学中,也有许多著名的哲学家非常强调不确定性在事物演化中的重要作用的观点,最具代表性的人物是伊壁鸠鲁和卢克莱修。他们对不确定性在事物演化中具有客观作用进行了深入论述,其中最为精辟的要算他们认为构成世界的原子具有自发偏离直线轨道的运动,而世界万物则是在原子不确定运动所形成的排列组合中形成。他们用不确定性的原则来解释事物的变化、形成,来解释生命的自由意志和心理的某种经验,来否定神灵的控制。他们更多注重的是事物内在的自发性、机遇、非理性、直觉和个体意志的自由等等不确定性的因素。

---

[1] 汪子嵩等:《希腊哲学史》,人民出版社 1988 年版,第 1061 页。
[2] [德] 克劳斯·迈因策尔:《复杂性中的思维物质、精神和人类的复杂动力学》,曾国屏译,中央编译出版社 1999 年版,第 19—20 页。
[3] 叶秀山:《前苏格拉底哲学研究》,人民出版社 1997 年版,第 94 页。

由于认识水平的局限，古希腊哲学对确定性与不确定性问题的相关论述中呈现出了一定程度的复杂性韵味，虽然与当代复杂性理论所揭示的相关思想不能同日而语，尤其对确定性与确定关系的探讨并不多见，但完全可以作为古希腊哲人们在对世界进行简单性解释的时候所保留的一份对世界复杂性的一份自觉和朴素的探索。

第二节 复杂性科学研究的当代哲学映射

复杂性科学的兴起有其深刻的哲学背景，它不仅是人们对长期流行的机械论反思的结果，也不仅是20世纪40年代以来的系统论运动的深入，同样是20世纪80年代以来西方猛烈的后现代思潮的影响在科学层面上的回应。"后现代主义哲学"产生于20世纪70年代末到80年代初，法国哲学家德里达、福柯和利奥塔等人把关于后现代文化的讨论上升到更为深刻、更为广泛的哲学高度，形成了"后现代主义哲学"，它是在批判现代主义哲学的基础上建立起来的。从传统哲学到现代西方哲学，大都受古希腊"逻各斯中心"主义的影响，追求本质、基础、中心等宏大叙事，而后现代主义却正好相反，他们追求的是非中心化、反逻辑性的东西。虽然后现代哲学异常庞杂，但基本上分为破坏性和建设性两种后现代思潮。前者的独特词汇主要有：分离（disjunction）、差别（difference）、破碎（fragment）、解构（deconstruction）、混沌（chaos）、偶然（happenstance）、自发（spontaneous）、不确定性（indeterminac）等；后者的独特词汇有：多样性（multiplicity）、多元化（plurality）、复杂性（complelity）、模糊性（ambiguity）、连通性（connectingity）、关系（relation）、依赖（dependency）、和谐（harmony）、综合（synthesis）、整合（integration）等。[①]

在科学复杂性探索过程中所强调的多样性、演化、生成、涌现、非线性、不确定性、自组织性、无序、多样性、路径依赖、混沌现象等，都与后现代所注重的概念相契合，二者的理论目的也有着很强的相似性，"复杂性科学主要是从科学技术层面解读时代课题，挑战现代性，进而建构理

---

① 吴彤：《复杂性、科学与后现代思潮》，《内蒙古大学学报》2003年第4期，第8—12页。

论框架，设计解决方案；后现代主义则试图从哲学、科学、文化、社会学、文化学甚至宗教的层面解读同一时代课题，全方位地挑战现代性，全方位地揭露现代主义的弊病，全方位地设计替代方案。"① 后现代主义有助于我们从文化上和哲学上理解复杂性，把握复杂性科学的历史意义，因此建设性后现代主义均把普利高津视为同道。虽然复杂性研究者不承认后现代主义对他们的直接影响，但同为时代精神的反映与概括，后现代思潮当代的影响力不可能不影响他们的思维。当然，后现代思潮中对于相对主义的推崇和文化虚无主义倾向是复杂性科学所批判的，这也是两者之间的根本差别。

一 文化哲学的系统复杂性思想

文化哲学是研究文化与哲学相互关系及其有关问题的哲学学说。现代西方文化哲学肇始于 19 世纪末 20 世纪初的新康德主义，盛行于 20 世纪五六十年代，重要代表是三位德国著名哲学家罗特哈克、兰德曼和卡西尔。后现代文化哲学不满意过去对人的经验论和主观论的解释，期望把人的经验的客观性和精神的主观性统一到人学中，通过人所创造的文化和在文化中形成并体现出来的价值研究人，解释"人对文化的超越性以及文化对人的制约性"。同时，后现代文化哲学力图突破"什么……是什么"的思维模式，来克服结构主义、现象学和整体同一性的思维向度。后现代文化哲学的主要代表有：理查德·罗蒂、伊哈布·哈桑等。

罗蒂通过强调开放、生成、过程的"后哲学文化"理论对传统哲学进行了批判。"启迪"是罗蒂"后哲学文化"理论的重要观念。罗蒂认为，启迪哲学放弃对"全部真理"和终极价值的追求，否认那种通约一切的共识的单一标准，而要通过活动交流而增进共识，促进不同范式之间的对话。罗蒂认为解释学与体系哲学不同，它放弃了一切言说的普遍基础和共同标准，它以承认差异、歧见和不可通约性为言说前提，这种言说的方式使公允、开放和平等的对话成为可能，这样才能谈到通约的可能或不可能。不难看出，罗蒂是站在启迪哲学和解释学的一边，来反对传统哲学的王权。哲学就是在话语交流中增进理解，并在解释中达到对人的心灵的启迪，这是一种生命意识的塑造，一个永无止境的过程，从而使哲学与其

---

① 苗东升：《复杂性科学与后现代主义》，《民主与科学》2003 年第 3 期，第 29—32 页。

他一切领域达到融合，并在实践中不断推出新的解释。"那种认为人无论如何能将发生于道德和政治思考中的以及在这类思考与艺术实践的相互作用中的一切问题置于'第一原理'（哲学家的职责正在于陈述和阐明这些原理）之下的整个想法开始变动荒诞不经了。"① 大众文化世俗化和新文化的兴起，迫使传统哲学的功能日益萎缩。哲学的当务之急必须转换哲学的视界，改换哲学的言说方式，改变哲学与文化、与社会生活相互脱节的现象，使哲学成为文化，成为言说现实生活的"后哲学文化"。

哈桑对后现代文化总体特征即不确定性和内在性进行了概括。哈桑对后现代文化研究的一个重要贡献，是对后现代文化特性的梳理和归纳。哈桑坚持历史联系性，立足于"解构性"和"重构性"的双重维度，提出了后现代文化的特性，如不确定性、碎片、非规范性、混杂性、内在性，等等。在哈桑看来，"不确定性"是后现代文化的首要特性。这一特性包含了影响知识和社会的模糊性、断裂性和置换的所有的行为。它们渗透在我们的行为、观念和阐释中，它们构成了我们当今的世界。从总体上看，哈桑对后现代文化特性的归纳，显示了后现代主义文化和实践的多样性和丰富性，尽管其中的诸多文化特性未必就是解构的或重构的，但作为文化特性的分类研究，应当说，哈桑在立足解构性和重构性的立场中，对后现代主义文化做了一次全新的把握和理解。"不确定内在性"这一术语，是哈桑在《后现代转折》中生造的一个新词。用它指涉后现代主义的"不确定性"和"内在性"两个范畴。这两个范畴在哈桑看来，二者并不是辩证的，"因为它们并非完全对立，尚未形成整合"。② 哈桑认为，后现代主义"不确定内在性"具有朝着一切领域推进的趋势，"向着更为广阔的领域、内在的法规、媒介、语言而运动的趋势"③，这是对一切传统"秩序"、"真理"等的精神价值的全方位的冲击。一方面，后现代人能包容无常的、无标准的和千变万化的宇宙事物；另一方面，人们失去了信仰、希望和意志。这宣告了资本主义"以一驭万"时代的终结，寓意出非定义时代的开端。

---

① ［美］罗蒂：《哲学与自然之镜》，李幼蒸译，生活·读书·新知三联书店1987年版，第15页。

② Hassan, Ihab. *The Postmodern Turn: Essays in Postmodern Theory and Culture.* The Ohio State University Press, 1987, p. 92.

③ ［澳］保尔·戴维斯：《宇宙的最后的三分钟》，傅承启译，上海科学技术出版社1995年版，第94页。

二 科学哲学后现代转向中的系统复杂性思想

科学哲学以科学为研究对象，主要探讨科学的理论结构、认识程序、认证模式、逻辑分析等有关科学的哲学问题。西方现代科学哲学是以19世纪中叶，逻辑实证主义的诞生为标志的。20世纪初，科学技术发生了一系列深刻的变化，同时也加快了社会变化的频率并膨胀了人与自然的关系。作为对现代科学与科学哲学的反思与修正，西方兴起了后现代主义科学哲学思潮，构成了后现代主义哲学思潮中一幅多姿多彩的思想文化的理论景观。

波普尔通过证伪主义阐发了科学演进的过程性与不确定性思想。"理论只能证伪而不能证实"是波普尔科学证伪主义的方法论原则，简称"证伪原则"，证伪原则是波普尔针对现代科学哲学——逻辑实证主义的"证实原则"而提出的后现代主义科学哲学理论。后现代的"证伪原则"与现代的"证实原则"是完全不同的思维方式。现代逻辑实证主义立足于弗兰西斯·培根以来的归纳法基础上确立了现代科学观，即认为科学是可靠无疑的理论，是观察、归纳和推理的结晶，这种观念已在人们的头脑中形成了根深蒂固的思维定式。但在波普尔看来，"从逻辑的观点看，从个别的陈述中，不管它有多少推论出一般陈述来，是显然不合理的，因为用这种方法得出的结论总是可以成为错误的，不管我们看到多少只白天鹅，也不能证明这样的结论：所有天鹅都是白的。"[①] 证伪主义原则的思维向度，表明任何科学的科学理论都是暂时的、有限的和不确定的。基于证伪原则，波普尔把后现代的科学发展模式，从逻辑实证主义的"从观察到理论"的公式，颠倒为"从理论到观察"的逆公式。波普尔认为科学正确的发展模式是从问题开始，最后又以问题为归宿的。

库恩通过范式论阐发了科学演进的整体性与不确定性思想。库恩强调从哲学的高度研究科学，重要的不是科学的形成，而是它的内容。研究的重点应放在活生生的具体的科学理论上，研究它们的产生、发展和变化过程以及这一过程所依赖的社会文化条件。库恩认为，自16世纪至20世纪以来的科学革命是一种理论代替另一种理论的革命，是一种突变主义的动态过程，包含着否定性，库恩为了阐释科学发展的动态模式，提出了一个

[①] Popper, Kaul R. *The Logic of Scientific Discover*, 1959, London: Hutchinson, Part one.

多义性概念——"范式"。"范式"是以描述科学史为基础的关于科学的理论。"范式"论特别强调科学与人的心理、社会文化和历史等因素有极为重要的关系,具体来说,库恩把科学看作是一定社会集团按照一定的信念所进行的"专业活动",科学结构是由各种知识科学要素之间所组成"专业活动"的互动关系。互动关系的要素在《科学革命的结构》中被归纳为三项:一是"科学共同体";二是"范式";三是"难题"。这三者的相互作用构成了科学发展的动态模式,使科学成为"整体性的统一事业"。

"范式"是库恩历史科学哲学思想的核心,也是科学成熟与否的标志,又是科学与非科学的划界标准。① 从总体上看,库恩的后现代科学发展的动态模式作为考察科学的发展经过了五个演化阶段:(1)前科学→(2)常规科学→(3)科学危机→(4)科学革命→(5)新的常规科学……在库恩看来:科学不再被仅仅看作是"逻辑"与"实证"的量的积累,而是知识体系与创造知识体系的动态合取。

费耶阿本德通过多元主义方法论阐发了科学的多元性、不确定性与开放性思想。费耶阿本德批判了理性为坐标的逻辑实证主义原则,认为其从不变的逻辑形式出发,离开活生生的客观世界和历史事实,局限在空洞的逻辑思维中,遵循一成不变的死方法与规则,只能阻碍科学的进步。科学的成功是人类社会文化的产物,是历史、哲学、心理学、政治学和意识形态等诸领域综合作用的结果,因此,费耶阿本德要求人们重新审视非科学,以批判主义的思维高度重新看待科学,把科学从一个僵死了的意识中解救出来,使它更符合人道主义精神。费耶阿本德从人道主义视角,建构他的多元主义方法论。他认为现代、前现代什么的方法论,既不能解决科学问题,也无法解决人与科学、社会与科学、自然与科学之间的关系问题,它已成为人类探究未知世界,综合解决社会、人和自然与科学之间的阻碍,从而倡导人们放弃现代、前现代的方法论,而建构多元主义方法论。多元主义方法论反对普适性、单一性、独断性、永恒性,而主张非理性、开放性、自由性、变化性,其核心原则是"怎么都行"。所谓"怎么都行"是指科学家在从事科学研究中可以使用一切行之有效的方法或手段,科学之所以为科学就在于它必须保持开放的文化状态。

---

① [美]库恩:《科学革命的结构》,李宝恒等译,上海科技出版社1980年版,第9页。

三 解构主义哲学中的系统复杂性思想

解构哲学是从结构哲学演变而来的后现代哲学中一股引人注目的思潮,亦称解构主义。所谓"解构主义",就是结构主义内部对结构主义的基本理论、方法和原则的自我解构,而这一解构又包含了建构性的思想,从而扭转了西方两千年来形而上学的思想观念和思维方式。解构主义哲学有一支庞大的队伍,其中德里达、福柯、利奥塔的解构学说被公认为是后现代主义解构哲学的重要代表。

德里达基于语言意义生成的非线性与不确定性对逻各斯中心主义进行了解构。结构主义的同一性或统一性在德里达看来,只不过是自赫拉克利特、柏拉图以来的逻各斯中心主义在现代的翻版。所谓"逻各斯中心主义"是德里达对整个西方哲学传统认识的总称,是指理性、本质、终极意义、真理、第一因、超能指和所指、超结构等一切思想、语言、经验以及万物之基础的东西,因此追寻现象背后的逻各斯就成为哲学的终极价值和最终目标。德里达认为逻各斯中心主义存在悖论,一方面结构中的任何东西都由中心决定或支配,即中心是结构中的中心,它具有唯一性;另一方面结构是统一性的和整体性的,而中心则是唯一性,这就意味着中心不在统一的和整体的结构之中,显然它不是结构的任何一个组成部分,因为"中心既在结构之内,又在结构之外"。[①] 德里达的新方法论归纳起来为:延异、播撒、踪印和增替。"延异"(differance)是德里达自造的一个词,并赋予它双重使命:延宕与差异,前者指符号意义的迟到性或滞后性,后者指符号、文本在空间上的不同性。德里达认为延异是语言运动的基础,语言是延异的无止境的游戏,得不出终极结论,德里达用延异方略突出了后现代的不确定性。德里达用"播撒"对延异进行了空间拓展。德里达认为,播种和种子之间没有必须的联系,对它们而言,既非内也非外,既非在场也非缺席,既非肯定也非否定,它们只存在不间断的变化,延异的无限性,决定了意义的不确定性和多样性,这使意义的显露从空间向四面八方散播,以此否定在场性、中心性和意义上的直线性。"踪印"是德里达创立的悖论性观念,一方面,它指每一符号或文本都是指涉其他符号或本文的踪印;另一方面,它指符号或本文的踪印不意味着"本源"的存

---

① Derruda, J. *Wviting and Diffevence*, University of Chicago Press, 1978, p.279.

在，暗示出场的东西要由不在场的东西对其加以规定和说明。"增替"（supplement）是德里达解构的替代意识，它主要包括两层意思，一是增加和补充；二是替代和填充。如德里达所说："增替是一种补充，增加……又是为了替代"[1]，针对意义确定性的本质主义的观念，德里达提出增替的不可知的观念，突出异质的（heterogeneous）和过程，是对存在的不完整的证明，是对传统哲学骗局的揭穿。

福柯通过观念的体系性与内在的自组织性对人本主义进行了批判。福柯对前现代、现代主体的反思，建构了另一种后现代解构主义理论——反人本主义，他认为"人本主义"所赋予人的中心性、先在性、绝对性、自主性、创造性等特权，实质上就是人为的虚构，根本不存在这种普遍的必然性，因此，必须加以拒绝。他认为他的所有分析都是旨在否定这种人的存在必然性。福柯对"人本主义"的否定，是放置在他的"知识空间"（the space of episteme）的理论框架中做出的。所谓"知识空间"从狭义的视角看，是指"词"与"物"如何被组织起来的那个知识空间，旨在探究有关人的知识领域的基础，考虑语言与实在的秩序的不同观念体系；从广义的视角看，是指支配社会的历史的有机知识和科学的综合体系。按照福柯的理论思路，"西方文化发展没有连续历史"，只有到了现代时期才发现了"人"，在此之前，人只是会说话的理性动物。由于知识发生了重大的变化，纷繁复杂的世界已难以用有序的系统来说明，只有此时，人才能从众多的存在物中分离出来。福柯对此指出："人的出现是知识基本排列的变化的结果，如同人类思想考古学所表明的，人是近期的发现，并正在走向终结。"[2] 福柯认为，现代人文科学是介于伪科学和标准科学之间的准科学，必须重新反思人，人是知识的产物。由此而论，人类主体从来就是有限的，它只能存在于知识空间，而非先于知识空间而存在，所谓自主性、创造性都是知识空间的有条件的有限产物，忽视人的有限性，其结果是形形色色的人本主义，并不导致"人"能够成为它所预设的"中心"。

利奥塔基于多元共生的"异质标准"知识法则建构对科学知识话语中心性进行了批判。利奥塔从语言资质及其运用规则的差异入手，深入论证作

---

[1] Derrida, J. *Of Grammatology*. Johns Hopkins University Press, 1976, p. 145.

[2] See Foucalt, M. *The Order of Things: An Archaeology of the Human Science*. New York: Pantheon, 1971, p. 398.

为西方文明维系网络与认知基础的元话语的衰败和失效以及因此而产生的"叙事危机"与合法化等问题。利奥塔的现代解构哲学是以"叙事危机"为切入点来展示后现代知识状况的。在利奥塔看来,在现代境况中科学与叙事具有不可通行性,科学知识与叙事知识具有不可通约性。"这种不平等的关系,源于特定知识领域中的游戏规则以及这些规则的内在效果所造成。从'西方文明'的初期开始,这种现象就成了文化帝国主义的全部历史。认识其独特的发展过程是非常重要的,因为这种独特的发展过程使这一现象和其他形式的帝国主义不同,它的发展由'合法化需要'控制。"[1] 在此基础上利奥塔提出了他的解建策略——通过"解合法化"来建构"悖论推论"的合法化。由于叙述知识本身不具有自我实现其自身合法化的特权,所以要打破复杂事物简单地归结为预设主义的中心性和专家式的一致性,倡导以多元主义的话语,以建构后现代知识法则,即建构"异质标准"之法则。从利奥塔的整个解建策略和理论思路来看,他的后现代主义哲学在解构同一性和权威性的同时,极力为多元主义、差异性和宽容性等后现代精神呼吁。

四 精神分析学后现代转向中的系统复杂性思想

精神分析学是19世纪末20世纪初由奥地利精神学家西格蒙德·弗洛伊德创立的关于探究人的心理结构、揭示人的内驱动和本能动力系统的学说。弗洛伊德逝世后,一批年轻的精神分析学家继承了阿德勒、荣格对弗洛伊德精神分析学进行批判和改造的精神,试图克服弗洛伊德学说的局限性,建立所谓"新弗洛伊德主义",从而实现"现代精神分析学"向"后现代精神分析学"的转变。在后现代主义精神分析学中,具有重要影响的代表主要有弗罗姆、莱恩和霍兰德等人。

弗罗姆通过重生存主义阐发了精神源于人、社会与自然和谐共生的系统性等思想。弗罗姆对现代性的"进步"观,提出了后现代性的质疑。他认为:"我们这个时代在相当大的程度上又回到极端享乐主义的理论和实践上去了。"[2] 极端享乐主义的根本特点是利己主义,现代性工业社会的文明,实际上是在奴役人和践踏自然界的基础上建立起来的。针对这一

---

[1] Lyotard, Jean—Francois. *The Postmodern Condition: A Report on Knowledge*. Minnesota University Press, 1984, p. 2.
[2] [美] 弗罗姆:《占有还是生存》,关山译,生活·读书·新知三联书店1989年版,第7页。

问题，弗罗姆提出了重占有和重生存的分析理论。重占有和重生存原来是人类的两种基本的生存方式，在重占有的生存方式中，人与世界的关系是一种占有的关系，充满了对抗性。"我要把所有的人和物，其中包括自己都变为我的占有物。"① 在弗罗姆看来，现代性工业社会是一个重占有的社会，大多数人把占有为目标的生存看作是一种自然的，唯一的生活方式。弗罗姆认为，重占有的人依赖于自己的财产、金钱、声望及其自我，一旦丧失占有物，"我"就是一个失败者，事实上，人所拥有的任何东西，都可能丧失。因此，重占有的人终日生活在忧虑中。他强调指出，只有扔掉财富的拐杖后，人们才能真正发挥自己的主动性和创造性。弗罗姆认为，人生来就有一种要求真正地生存的深刻愿望：人以自身的能力和行为与他人联系在一起并极力摆脱利己主义的影响，强调的是共生关系，即在人的内心世界中还存在着一种与他者结合的愿望。这种愿望深植于人类的生存条件中，是人的行为的最强大的动力之一。由于利己主义与人的妄想主义的结合，使人失去了本来所具有的与自然界的统一性，因此，必须重建人与人、人与自然界新的整体关系。

莱恩通过理解中治疗阐发了精神在整体中存在并生成的思想。莱恩以生存论——现象学为理论分析框架，对人的千变万化的精神世界、行为表现和特征进行了分析研究。他指出，只有从人与社会、人与人的相互关系中，来研究人的问题，才是解决这一难题的希望所在。莱恩认为，现代精神分析学的误区，在于用概念性的术语，把人从词语上分裂开来，即只把目光局限于孤立环境中的某个人，而不努力去把握人与人的本质联系，割裂了个体与整体的关系，忽视了人的社会性。对精神分裂性个体，或精神分裂症个体的研究，必须把该个体首先看作社会人，让他处于人与人的关系中，把他放置在他所生活的世界中，用莱恩的话说："没他的世界他就不存在，没有他，他的世界也不存在。"② 基于这种共生关系，莱恩提出他的精神分析学的认识论和方法论，莱恩认为人的存在可以从不同的视角加以研究，从不同的视角便会得出不同的描述，进而推出完全不同的结论。莱恩指出："不管患者吐露的苦恼是明确还是模糊的，有一点是清楚

---

① [美] 弗罗姆：《占有还是生存》，关山译，生活·读书·新知三联书店1989年版，第29页。

② [英] 莱恩：《分裂的自我》，林和生等译，贵州人民出版社1994年版，第6页。

的：患者通过诉苦便将他的生存、他的整个自身世界中的存在，引入了精神分析和治疗的过程中。"通过与患者的一道存在，以把握他在每一方面都以某种方式与其他方面的联系。① 从这个意义上说，莱恩肯定每个人既是相互独立的，又是相互联系的，突出治疗者与患者的共生关系。在现代性的西方社会，人与人的关系远比前现代性的人际关系更为复杂，因此在现代性的社会中的人的精神问题也更为复杂和突出。莱恩认为现代社会中存在价值霸权，如果是用这种已有的被人们认为是科学的、客观的、公正的，甚至是无可置疑的范畴对他人之生存加以判断，必然误判他人为非正常的人。而只有消除这种不平等的价值霸权，建立起在理解主义和共生原则基础上的关系判断，才有可能使患者从精神的分裂中回归现实。

美国著名精神分析学家霍兰德通过本体主体理论阐发了主观精神与客观世界的自组织融合生成的思想。霍兰德从生物、文化和人的关系方面研究了人的精神问题。按照霍兰德的理论思路，拯救当代人并重造人之本体，需要将"我"纳入同一性和多样性的分析框架中来重新认识"我"。在霍兰德看来，"我"作为人之本体是指人类生活变化内部同一性的整体模式。在这一模式中我始终在变化，但无论我怎么变化，始终存在着一个连续的我，"这是贯穿于一切变化的风格，也是经历所有变化而保持恒定的那个我"。事实上正是由于存在着一个连续的"我"，"我们才能将我身上的变化视之为变化，我们是凭借同一性来认识不同的，同样我们也是凭借不同来认识同一的。"② 霍兰德的精神分析策略是以整体性为出发点到个体性的精神分析模式，并把个体的发展的不同阶段看作一个整体。一个连续的个体，它在不同阶段的变化看作是主体整体的变异，是对人的现实性的表达。因为本体主体是社会化的主体，也是实实在在的主体，"我们能够通过一个人做的每一件事来追寻它"。③ 霍兰德希冀他的本体主体理论能够扭转当代西方人文困惑以确立人在科学中的地位，并试图将科学、社会学、人学、精神分析学、文学、历史学和哲学等都置于本体再创造原则中，使它们不再相互排斥，而成为并列的学科。这种平行并列的观念，意在反二元论，反主客之分，以达到主客融合。

---

① ［英］莱恩：《分裂的自我》，林和生等译，贵州人民出版社1994年版，第13页。
② ［美］霍兰德：《后现代精神分析》，潘国庆译，上海文艺出版社1995年版，第49页。
③ 同上书，第50页。

第五章　辩证法:对现实世界复杂性反思与自觉的哲学

复杂性研究在当今人类认识和实践中所展现出来的巨大影响力,必然有着历史的渊源。当我们对复杂性问题进行哲学思考的时候,可以发现这些思考在哲学史上由来已久。当然,传统哲学从主流上也是以简单确定的追求为其主要目标的,但在追求简单确定的过程中,哲学自始至终都保持着审慎的态度,一直有着对世界复杂性的自觉,如果说传统形而上学的理论主旨是追求简单确定性的话,那么辩证法则与之相对,是对现实世界复杂性的反思与自觉。现代科学这场声势浩大的复杂性探索重新让我们认识到辩证法思想的重要性,也使辩证法在哲学上重新发出了振聋发聩的回响。

第一节　辩证法和形而上学的不同哲学追求

通常认为辩证法和形而上学这对自古就有的一对哲学概念是两种截然不同乃至对立的哲学思维方式,但它们的关系在哲学研究的具体过程中的表现并不像它们在思想原则层面那样明显地对立,这往往会带给我们很多误解,当我们从复杂性的角度来理解,二者的不同就会更加清晰地显现出来。有很多学者从复杂性科学的角度对此进行了研究,比如白利鹏先生从复杂性的角度对形而上学简单性追求的本质的论述给了我们很大启示,但他认为"辩证法在其前提的意义上,也可能是简单性和有序性的,在这一点上,它和形而上学的思维方式相比,可能没有本质的区别"。[①] 对此我们则认为辩证法与复杂性科学的思想原则是一致的,辩证法作为与形而

---

① 白利鹏:《历史复杂性的观念》,吉林大学博士学位论文,2006年,第56页。

上学相对立的思维方式是对现实世界复杂性反思与自觉的哲学。

一 形而上学的简单性哲学追求

众所周知，古希腊哲学研究中占据主导地位的形而上学是以思考和探索万事万物背后的"始基"（或者说是"本原"）为其研究目标的。亚里士多德曾经对"本原"进行了经典的描述，他认为"本原"就是"一切存在着的东西由它而存在，最初由它生成，毁灭后又复归于它，万物虽然性质多变，但实体却始终如一"。① 也就是说，对万事万物这种"本原"的探索蕴含着一个似乎不需证明的前提预设，就是认为千变万化、纷繁复杂的世界当中一定有某种东西是不变的、永恒的，是世界最原始的开端和万事万物生演变化的终极决定力量。这种不变的、永恒的东西就是所谓的"本原"，只要找到这个终极的"本原"，也就找到了人类安身立命的根本。这种前提预设同时也表达了另外一个意思，就是现实世界作为一个结果，其背后或最初必然有一个原因存在，而这个原因从最初和最基本的意义上是单一的、简单的，这其实在终极意义上规定了世界的简单性，而人类认识的目的就是去寻找这个万事万物背后的最初原因。

这个本原并不存在于人的经验世界或者说感性世界之中，正如海德格尔所说："自晚期希腊与基督教对柏拉图哲学的解释以来，这一超感性领域就被当作真实的与真正现实的世界了。……如果我们把感性世界称为宽泛意义上的物理世界，那么超感性的世界就是形而上学的世界了。"② 也就是说，这个神秘的"形而上学的世界"是外在于感性世界的，或者说靠人们的感性经验是根本无法认识和把握的。要把握这个"形而上学的世界"就只有求助于人的理性的抽象能力，通过把人的理性能力进行强化，就可以形成一种和这种"超感性世界"相对应的一种思维方式，即形而上学的思维方式。当然，这种思维方式的理论前提是认为思维可以认识"形而上学的世界"，思维和存在就具有了绝对同一的关系，但要注意这是一种肯定的、静态的同一关系。由于思维是依靠概念而进行思维的，这种思维方式同样认为概念可以完全等同外在于它的对象，因而造成了对

---

① 苗力田：《古希腊哲学》，中国人民大学出版社1995年版，第21页。
② 孙周兴：《海德格尔选集》（下卷），上海三联书店1996年版，第771页。

概念的绝对化的理解，而概念的不可避免的抽象性和简单性也必然遮蔽现实事物的复杂性，"在此意义上，传统的形而上学的实体实质上就是概念化、知性化的实体，传统的形而上学实质上就是'理性形而上学'或'概念形而上学'"①。这样，形而上学作为"不能逾越永恒的固定的界限的观念"成为影响深远的"最为深刻的希腊信仰"②，无论从理论最终目的上，还是从理论实现的途径上来说，形而上学思维方式都具有了明显的简单性追求的特点。

古希腊这种形而上学思维方式作为一种认识方式之所以可能是和他们解释世界的方式有很大关系，就是用一种严格的因果有序性来解释和理解世界。但这是一种被绝对化和普遍泛化了的因果关系，就是将因果关系作为一切关系来使用。众多古希腊哲学家们对此推而广之，认为所有的一切现象都有着自身的原因，进一步就推测整个世界也必然可以最终推导到一个原因，也就是"本原"。这乍看起来似乎有一定的道理，但问题在于现实世界有着丰富复杂的关系形式，因果关系只是其中的一种，而且即便是因果关系表现形式也是复杂的，可以是互为因果、多因多果等多种形式，这种处理的方式无疑把问题简单化了。对此列宁曾经用黑格尔"运动的石头"这个例子进行了分析，"石头运动是石头具有的一个规定，除了这个规定，它还具有颜色、形状等等许多的其他规定，但这些规定并都不构成石头的因果性"③。也就是说，在列宁看来，"因果性只是普遍联系的一个规定"④。也就是说，古希腊哲学家把世间丰富多彩的联系形式都简化为因果性一种形式，其他形式往往被视而不见了。恩格斯也曾经针对这种将因果性关系绝对化和泛化、将所有关系都看作是因果性关系的观念进行了批判："原因和结果这两个概念，只有应用于个别场合时才适用；可是，只要我们把这种个别的场合放到它同宇宙的总联系中来考察，这两个概念就联结起来，消失在关于普遍相互作用的观念中，而在这种相互作用中，原因和结果经常交换位置"⑤。在古希腊形而上学的解释模式里，原

---

① 贺来：《辩证法的生存论基础——马克思辩证法的当代阐释》，中国人民大学出版社2004年版，第85页。
② ［英］罗素：《西方哲学史》（上卷），马元德译，商务印书馆1976年版，第53页。
③ 列宁：《哲学笔记》，人民出版社1958年版，第143页。
④ 同上。
⑤ 《马克思恩格斯选集》（第3卷），人民出版社1995年版，第361页。

因和结果的出场顺序是严格确定不变的,在逻辑上并没有互为因果、多因多果的位置,这种因果模式的简单性由此可见一斑。

形而上学内在的这种简单性的本体论预设也深深影响了当时认识世界的方法论原则,比如亚里士多德曾经在《形而上学》篇中曾明确提出了学术应该以追求简单性和确定性为自身目标,认为包含原理越少的学术就愈加精确。这种观点其实也把本体意义的简单性观念确立为人类很长一个时期认识世界的方法论原则,甚至影响到后来的近代传统科学,成为近代科学信奉的方法论原则。不可否认,简单性观念在认识论和方法论层面确实有着一定的必要性,作为方法论的一种原则,追求简单性无可厚非,但是追求简单性绝非人类认识的唯一目的,真正可靠的方法论原则应该是在追求简单性的同时,不断反思和寻找这种简单性的合理性范围及其限度。传统形而上学的这种追求简单性的思维方式也受到了后来众多现代哲学家的批判,比如尼采就对自苏格拉底以来的传统形而上学进行了彻底的批判,把它看作是对西方人最大的欺骗;再比如海德格尔也与尼采持有同样的观点,认为正是传统的形而上学编造了一个巨大无比的虚无主义神话。

西方社会在古希腊文明之后,形而上学思维方式在中世纪神学本体论那里得到了延续并进行了进一步的发挥。在中世纪的神学本体论那里,人们在总体的知识水平上并没有取得太大的进步,这种状况延续了两千多年的时间,甚至到了文艺复兴时期,罗素对此曾有过精辟的论述,在他看来,"文艺复兴时期虽然并不是中古的光景,可是也没有近代的气象;……文艺复兴时期的意大利人,没有一个会让柏拉图或亚里士多德感觉到不可理解"。[1] 在这个漫长的中世纪里认识最大的变化就是"上帝"作为新的终极本体实现了认识领域的大一统局面,对"上帝"是世界唯一原因和根本前提的论证成为这一时期理论研究的主要目的。为了实现这个目的,古希腊形而上学追求简单性的因果模式和思路被保留下来,由于各种宗教机构有效的意识形态强化,这种思维方式在一定程度上得到了很好的强化。我们可以清楚看到,从古希腊到中世纪,传统形而上学只是把这个不变的、绝对的"本原"变成了"上帝",让这个神圣的上帝成了所有一切原因背后的最终原因,用这个最根本的、最绝对的终极假设来解释

---

[1] [英]罗素:《西方哲学史》(下卷),马元德译,商务印书馆1976年版,第44页。

一切，其实这也可以看作是传统形而上学简单性追求的继续。① 从人类的认知世界的角度而言，中世纪神学本体论的理论探索没有太多实质意义，甚至与人类真正的自由与解放反而是背道而驰的。中世纪神学最终退出历史舞台，也是这种认识的简单性追求受到人类认识水平提高的挑战的一个必然结果。

二 辩证法的复杂性哲学追求

辩证法同形而上学一样形成于古希腊，既可以被理解为一种方法，又可以被理解为一种逻辑。方法意义上的辩证法最早在智者学派和苏格拉底那里出现，更多指称的是论辩的艺术和对话的技巧，通过对话而不是独白的方式来揭示彼此思想意义和语言表达中的矛盾，借此达到提高人的逻辑思维能力的目的。逻辑意义上的辩证法则从赫拉克利特和芝诺那里开始，主要指的是内在于人类理性之中的一种认识和表达世界的方式，尤其是发展到了柏拉图那里，辩证法已经被看作是认识事物的终极本质的手段，这种理解延续了很长时间，直到黑格尔以前，辩证法在西方哲学中的含义仍然主要是指通过合乎逻辑的论证来寻求真理的科学，这其实也为后来整个西方的认知主义传统提供了方法论基础。也就是说在很长的历史时期内，形而上学思维方式占据着哲学研究的主导地位，辩证法仅仅是作为一种方法和工具而存在，只是形而上学的配角，甚至在柏拉图的一些著作中，他的理念论也就是形而上学与辩证法是融为一体的，辩证法其实只是认识理念的一种方式或方法。

在传统形而上学的思维方式中，现实的感性世界仅仅是作为本体存在的超感性世界的影像而存在，必须以超感性的那个本体意义上的世界为根据，只有通过理性不断的抽象才可以把握世界的本体进而得到真正的知识。但这种把存在和存在者完全割裂的思维方式必须解释和解决的问题就是如何使超感性世界的存在和现实感性世界的存在者统一起来。超感性世界的存在必须高高在上地存在于现实的感性世界之外以保持自身的纯粹性和神圣性，但它如何能在现实感性世界之外作为现实世界万事万物生演变化的根据就成为形而上学思维方式的难题。在传统形而上学中，二者的统一往往都是通过抽象的思维在理论上以独断的方式强迫实现的。与此相对

---

① 白利鹏：《历史复杂性的观念》，吉林大学博士学位论文，2006年，第54页。

应，困扰形而上学的另外一个难题就是我们的思维如何超出我们的感性经验达到对超感性世界的把握。这两个问题在近代哲学那里受到了足够的重视，但由于近代理性主义形而上学在某种意义上还是继承了传统形而上学中简单性追求的一些特点，使得近代理性主义形而上学也没有找到解决这两个问题的好的方法，即使到了德国古典哲学的集大成者黑格尔那里，依然是通过强制性规定逻辑在先的方式来解决这两个问题。所以这两个问题成为形而上学包括近代理性主义形而上学一直试图解决但没有真正解决的问题。

与形而上学不同，辩证法从一开始就是以一种辩证否定性的思维方式来反思本体论问题的。贺来教授对此曾有过深入分析，他认为"辩证法把矛盾性和否定性视为存在或本体内在的本性，使在传统形而上学那里被实体化、凝固化、独断化的存在或者本体流动起来，成为一个活的、面向未来的、不断自我超越与自我发展的过程"①。这表明辩证法内在蕴含的本体预设并不是那种绝对同一、永恒不变的简单性本体，相反是需要思维不断否定，不断进行自我超越和自我否定去把握的复杂性本体。这一点一方面使之成为了形而上学保持自身深刻性的必要保障；另一方面这种批判性和否定性使得它在本体论问题上始终保持着对世界复杂性的警觉，使其自然而然暗含了一种与形而上学本体论相反的本体预设。由于形而上学的简单性的思维方式在思想领域根深蒂固的影响，二者这种在思想深层对立的特点并没有得到太多的关注。但这并不能改变这样一个事实：形而上学的思维方式从根本上说是一种基于世界简单性理解的思维方式，而辩证法是一种基于世界复杂性理解的否定性思维方式。对此我们也可以从辩证法大师黑格尔那里找到根据，他认为形而上学的"主要特点，在于以抽象的、有限的知性规定来把握理性的对象，并把抽象的同一性看作最高原则。但是这种知性的无限性，这种纯粹的本质，本身仍然只是有限之物，因为它把特殊性排斥在外，于是这特殊性便在外面否定它、限制它，与它对立。这种形而上学未达到具体的同一性，而只是固执着抽象的同一性"②。可见，形而上学的思维方式往往是一种"固执着抽象的同一性"

---

① 贺来：《辩证法的生存论基础——马克思辩证法的当代阐释》，中国人民大学出版社2004年版，第7页。

② ［英］罗素：《西方哲学史》（下卷），马元德译，商务印书馆1976年版，第109页。

的思维方式,而辩证法对一切事物和概念及其之间的关系都是既有着肯定的理解同时也有着否定性的理解,是对形而上学思维方式的一种扬弃。表现在本体论问题的理解上,辩证法为形而上学思维方式所追求的终极简单性原则始终保持着警觉的复杂性自觉的态度。

即使在古希腊这个形而上学占主导地位的研究阶段,早期的辩证法思想作为形而上学的配角虽然仍然显得有些唯唯诺诺,其内在的对现实世界复杂性自觉与反思的精神已经显出端倪,不断质疑着占据主导地位的不变的简单性世界观念。古希腊哲学也必然面对那些通过简单因果模式所无法解释和说明的世界中普遍存在的复杂现象,为了达到解释完满的目的,也需要借助一些手段使世界丰富、复杂和变动起来。比如以博学对西方文化产生了深远影响的大哲学家亚里士多德,也对于灵魂之类的现象进行了许多补充性的解释以实现自己理论的完备性;再比如恩培多克勒为了解释的完满,也用作为有着组织性和能动性但多少有点神秘的"爱"与"恨"来补充和完善他的四根说。对此我们还可以从阿那克西曼德对他的老师泰勒斯的理论评述中看出端倪。众所周知,在泰勒斯看来水是世界的本原,水是一切的根据,其他的一切都是由水造成的,以其为基础可以使世界中的一切得到说明。阿那克西曼德清醒地意识到了问题的存在,用"无限"对他老师的理论进行完善,在他看来,"我们的世界只是许多的世界中的一个",因为"如果它们任何一种是无限的,那末这时候其余的便不能存在了"。[①] 在这里,我们可以看到,阿那克西曼德在某种程度上已经意识到了只用某种简单单一的决定性因素来解释整个世界所存在的问题,暗含着对世界复杂性的反思。对于这一问题我们也必须提到在古希腊哲学中具有着深刻辩证思想的哲学家赫拉克利特,他对于"火"的本体论界定虽然仍然具有简单性特征,但比起泰勒斯来说就已经有了深刻的复杂性思想:"这个世界……永远是一团永恒的活火,在一定的分寸上燃烧。"[②] 赫拉克利特所使用的"活火""一定的分寸上"这些谨慎表述,已经暗含了明显的虽然朴素的复杂性自觉的精神,实际上已经有了对简单性观念的批判性反思,正是在这个意义上赫拉克利特也被看作是辩证法的先驱。

[①] [德]黑格尔:《小逻辑》,贺麟译,商务印书馆1980年版,第53页。
[②] 同上书,第72页。

值得注意的是，中国古代哲学当中也有很多对现实世界的复杂性反思与自觉的深刻思想，在此基础形成了古老但深刻的辩证法思想，最明显的就是道家学派。在对作为世界本原的"道"进行解释的时候，诸如"无以为名、字之曰道""道可道、非常道"这些说法都蕴含着明确的复杂性自觉的精神。不仅如此，在论述具体问题时也处处渗透着这种复杂性的思想，比如"塞翁失马，焉知非福"等我们非常熟悉的说法。其实不仅仅是道家，整个中国哲学乃至文化仅在复杂性自觉这个意义上比起西方哲学来说要深刻很多，使得中国文化在思维方式上体现出与西方明显不同的一面。[①] 众所周知，在学界有很多学者往往否认中国古代有西方意义上的哲学，这实际上是由于中西文化差异所导致的，西方传统哲学注重通过严谨的逻辑思维去认识世界，而中国传统哲学更加强调通过直观感悟的方式去理解世界。西方传统哲学的理性主义传统对人类思想观念的启蒙具有不可忽视的重要作用，在我国当前的工业化进程中，这仍然是我们需要学习的。但辩证地来看，任何事物有其利便有其弊，西方哲学的理性主义传统所形成的形而上学思维方式就复杂性自觉这个意义上来说是存在一定弊端的。如前所述，形而上学思维方式的本体预设和方法论承诺是以简单性追求为其根本特征的，而中国传统哲学有时会给人玄而又玄的感觉，似乎不如西方哲学那样追求清楚明白，但这也恰恰在于中国传统哲学在本体论意义上对世界复杂性的理解，这也使得中国传统哲学比西方传统哲学体现出更加明显的辩证色彩。当今时代，西方哲学内部随着现代化进程的深入对理性主义的质疑声不绝于耳，越来越多的西方学者开始关注中国传统哲学，事实上也说明中国传统哲学虽然在中国近代化的历程中没有真正展现其魅力，但我们有理由相信，随着后工业时代的到来，由于所内含的丰富的复杂性思想，中国传统哲学的内在的价值会逐渐重新体现出来。

马克思恩格斯之前的各种辩证法思想甚至包括黑格尔的辩证法在内，由于形而上学思维方式在人类思想领域的统制性的影响，虽然内在蕴含了丰富的复杂性思想，但最终都是为形而上学的简单性追求服务的。辩证法只是在使形而上学理论体系更加深刻、完善的意义上存在的，但仅此也对人类认识作了巨大的贡献，至少推动了形而上学在对世界终极思考时保持一份审慎的态度，一定程度上使其保持了必要的深刻性。即使在公认的辩

---

① 白利鹏：《历史复杂性的观念》，吉林大学博士学位论文，2006年，第51页。

证法大师黑格尔那里,他精妙地把方法意义上的辩证法有机融入了他的形而上学体系之中,使二者在形式上表现出了高度的一致性。但是这种辩证方法根本上却是为他的体系服务的,这也在很大程度上掩盖了辩证法作为复杂性反思与自觉的原本意义。马克思和恩格斯对此进行了深刻的分析,指出了黑格尔的哲学在思想原则上存在的对立,"黑格尔体系全部的教条内容就被宣布为绝对真理,这同他那消除一切教条东西的辩证方法是矛盾的"。① 可见,作为方法的辩证法在黑格尔这里已经有了复杂性自觉的否定和批判精神,但是他的整个哲学体系又是简单、保守的,而这种方法的合理性被他的理论体系的庞大和精致给淹没了。在黑格尔之后,辩证法与形而上学的对立日渐明显,随着马克思恩格斯对黑格尔的批判性继承,辩证法也就以其本来面目登上了历史舞台,开始作为真正的反形而上学的姿态出现了。

第二节 马克思恩格斯辩证法在复杂性自觉中确立

黑格尔对辩证法进行了前所未有的系统研究和阐释,他的研究成果已经是现代哲学意义上的辩证法,但也有很多学者认为黑格尔对辩证法的阐释是不成功的。在黑格尔哲学体系内部充斥着各种矛盾,既充满革命性又充满保守性;既张扬着理性又抑制着理性;既强调概念主义又强调生成主义。但无论如何,黑格尔对于辩证法最大的贡献正是在于确立了辩证法在哲学史上的地位,正是在这一基础上,马克思恩格斯实现了对辩证法的革命改造并真正解决了辩证法的本质问题,从而使得辩证法复杂性自觉与反思的精神得到了彰显。

一 马克思辩证法思想的确立:对理性主义简单性观念的批判

马克思的辩证法思想的确立与恩格斯不同,他更多的是从对以往哲学的批判中来完成的,作为一种充满革命性的全新哲学思想,他不同于以往哲学的实质究竟是什么,可以说是仁者见仁、智者见智。但当我们从复杂性这一视角进行思考的话,问题就会显得清晰很多。

一般的理解,马克思的辩证法是在对近代理性主义哲学直接的批判中

---

① 《马克思恩格斯选集》(第4卷),人民出版社1995年版,第218页。

确立的。近代理性主义虽然是对中世纪盲目的"上帝"信仰的批判，但也一定意义上继承了古希腊哲学经由中世纪延承下来的形而上学思维方式。近代理性主义取代了中世纪的唯上帝论，使得哲学虽然从对上帝的崇拜中走了出来，这对于人类文明进程可以说是功不可没，但是它又逐渐走向了对以纯粹抽象思辨为根本特征的理性的崇拜，实质上就是理性万能论[①]，这只是用理性代替了上帝在人类思想领域的位置。近代理性主义哲学在对人类的认识能力主要是对人的理性能力进行全方位的哲学反思中，在本体论意义上呈现出了非常复杂的形态，在黑格尔的哲学当中理性被设定为客观的宇宙精神，在谢林的哲学当中理性又被设定为主观的绝对自我，等等。在这一过程中这些哲学家们往往通过精妙而深入的论述遮蔽了理性主义哲学在理论前提意义上的简单确定性特征。

理性作为人的一种特有的认识能力，虽然对于人的活动起到了至关重要的作用，但我们不能无限制夸大其作用，作为人的活动的一部分其作用有着一定的界限与限度。近代理性主义把它从具体现实中分离出来并进行绝对化和神圣化，"以无情的彻底性来发挥理智的一切结论"[②]。我们从复杂性的角度也可以看到，虽然这种对理性地极端化追求对于人类走出宗教的奴役并在近代确立自身在世界中的地位有着积极的作用，但是存在的问题也是明显的。近代理性主义将人的理性认识能力绝对化，甚至使之成为人之外的某种类似于上帝的神秘之物，并在此基础上赋予了理性至高无上的能力，可以向上帝一样对宇宙万物进行"立法"；另外，也使理性孤立的脱离人的非理性认识能力而存在，把具体的、丰富的、现实的人的认识能力乃至人都简单化为理性。显然，这是一个把问题简单化处理的一种方式，而这种思维方式在近代哲学的发展中却不断在强化，虽然在形式上似乎很精致，但事实上是一个越来越远离世界本来面目的过程。在笛卡尔那里，"我思故我在"的"思"，还是指的是现实具体的人进行的知、情、意的具体思维活动，对此笛卡尔还专门进行了明确的解释："我所谓思想是指我们意识到在自己心中活动着的全部东西。这就是为什么不仅仅是理智、意志、想象而且还有感情，在这里都与思想是同一回事。"[③] 后来的

[①] 刘放桐：《超越近代哲学的视野》，《江苏社会科学》2000 年第 6 期，第 35—41 页。
[②] 《马克思恩格斯全集》（第 2 卷），人民出版社 1957 年版，第 164 页。
[③] 何兆武：《历史理性批判论集》，清华大学出版社 2001 年版，第 663 页。

哲学家在后续的哲学研究中对此进行了不断修正，对人的思维活动不断地用各种方式对其进行提纯强化后，到了黑格尔那里，理性已经变成对人来说遥不可及的"绝对理念"，因为在他看来，"哲学是关于真理的客观的科学……是概念式的认识"，① 而这种虚无缥缈的"绝对理念"才是和客观现实相符合的真理，"是概念与客观性的绝对统一"。② 可以看出，近代理性主义的研究愈深入，就愈加远离现实，甚至于最后完全可以外在于现实的人及其生活的现实世界了。对于此种倾向，很多近代思想家都有过一定的反思和批判，在费尔巴哈那里已经非常明显，但是他却没有找到问题的根本，而马克思正是在费尔巴哈的基础上真正实现了对近代理性主义哲学的"想象的主体的想象的活动"③ 这一精神实质进行了彻底的批判，从而使哲学从越来越虚无缥缈的理性王国中回到了现实世界，用现实的、丰富的、复杂的人代替了抽象的、单一的理性作为其哲学思考的基点。

众所周知，在马克思之前，黑格尔已经对辩证法进行了系统的、深入的阐述，彰显了辩证法在哲学中的地位，但这种渗透在黑格尔理性主义哲学中合理的方法并没有真正摆脱理性主义简单性追求的阴影。黑格尔将整个世界都辩证地理解为一个动态演化的整体过程，这无疑是积极的，但是他却让这个在现实世界中真实存在的过程服从于思维与逻辑的支配，把只是存在于思想层面上的抽象思辨理解为比现实更为根本的存在，马克思对此进行了深刻的批判，"这种思想上的扬弃，在现实中没有触动自己的对象，却认为实际上克服了自己的对象"④。这使得整个世界充满了简单、封闭、线性的特征，而且只能用神秘的"绝对精神"来进行说明。这个用抽象概念建构起来的世界，遮蔽了太多现实存在的具体性与丰富性，马克思精辟地把这称为"逻辑的泛神论"，并且指出，"他只是为历史的运动找到抽象的、逻辑的、思辨的表达"⑤。可见在马克思看来，黑格尔的辩证法只是把世界进行了简单化的解释，在现实面前却失去了生命力，恩格斯也明确指出："黑格尔是一首辩证法的诗。"⑥ 可见，马克思恩格斯都

---

① ［德］黑格尔：《哲学史讲演录》（第1卷），贺麟、王太庆译，商务印书馆1959年版，第17—18页。
② ［英］罗素：《西方哲学史》（下卷），马元德译，商务印书馆1976年版，第397页。
③ 《马克思恩格斯选集》（第1卷），人民出版社1995年版，第73页。
④ 马克思：《1844年经济学哲学手稿》，人民出版社2000年版，第111页。
⑤ 同上书，第97页。
⑥ 恩格斯：《自然辩证法》，人民出版社1971年版，第547页。

坚决反对黑格尔的"理性王国里的纯粹思辨",坚决反对辩证法对世界复杂性自觉的否定和批判精神在黑格尔这里被理性的简单独断所桎梏。正是因为这个原因马克思明确地指出:"这种辩证哲学推翻了一切关于最终的绝对真理和与之相应的绝对的人类状态的观念。在它面前不存在任何最终的东西、绝对的东西、神圣的东西;它指出所有一切事物的暂时性"。①正是基于这样的理解,马克思真正把辩证法这种对世界复杂性自觉的否定和批判精神彰显出来,对于他之前包括理性主义在内的所有形而上学,马克思采取了异常明确的批判态度,"它的革命性质是绝对的——这就是辩证哲学所承认的唯一绝对的东西。"②

马克思之前的各种形式的形而上学在追求一种绝对不变的终极本体时也把原本丰富多彩的世界简单化了,辩证法在马克思这里则是要直面现实及其内在的复杂性,这必然要求否定一切所谓最终的绝对真理,消解一切传统中所谓永恒不变的终极本体,在马克思这里,以往一切把现实世界简单化的努力都是徒劳的。正是为了克服包括理性主义在内的形而上学的简单、片面、封闭的局限性,马克思确立了自己的辩证法思想的根基即复杂的现实世界,他在1873年1月24日所写的《资本论》第一卷第二版跋中明确表示:"我的辩证方法,从根本上来说,不仅和黑格尔的辩证方法不同,而且和它截然相反。在黑格尔看来,思维过程,即他称为观念甚至把它变成独立主体的思维过程,是现实事物的创造主,而现实事物只是思维过程的外部表现",同时认为"辩证法在对现存事物的肯定的理解中同时包含对现存事物的否定的理解,即对现存事物的必然灭亡的理解;辩证法对每一种既成的形式都是从不断的运动中,因而也是从它的暂时性方面去理解;辩证法不崇拜任何东西,按其本质来说,它是批判的和革命的。"③

马克思确立了自己辩证法理论的思想原则,虽然并没有具体地进行系统的论证与阐述,但他的辩证法理论的思想原则却渗透在他所有的著作之中,比如《资本论》就可以看作是马克思辩证法思想具体的应用,通过对商品、劳动、价值、货币、资本等概念的具体揭示和分析中,处处体现着其所处的现实社会的复杂性的理解和认识。近年来"回到马克思"成

---

① 《马克思恩格斯选集》(第4卷),人民出版社1995年版,第217页。
② 同上。
③ 《马克思恩格斯选集》(第2卷),人民出版社1995年版,第112页。

为学术界的一个有力呼声，很多学者已经付诸行动，随着对马克思文本的深入解读，马克思历史辩证法复杂性自觉的理论精神必然得到日益充分和正确的阐述。

二 恩格斯辩证法思想的确立：对近代经典科学简单性思维的批判

从研究方法上来看，恩格斯总结自己的辩证法思想更多的是从对自然科学发展中进行抽象和概括的，所以要理解恩格斯的辩证法思想就要对其所批判的近代机械的、形而上学的思维方式的实质进行分析。

近代科学的发展与近代哲学的理性主义有着密不可分的联系，我们往往只是看到了它们所谓唯物和唯心意义上的对立，而忽视了它们内在思维方式的一致性，即终极本体的简单性追求。近代科学是以牛顿的经典物理学为核心与范式建构起来的，而牛顿事实上在本体论的意义上是十分强调简单性的，他说："大自然本身是很一致的，并且是很简单的"①，"当用哲学的理论去概观时，会显示出其内部组成是很简单的"②，正是基于这种哲学意义上对世界简单性和确定性的本体论承诺，牛顿认为人类的认识也应该服从简化的方法论原则，因为"真理是在简单性中发现的"③。基于这样的理解，牛顿把世界万物都简单地理解为由可以分割的单个质点加和而成的机械刚体存在与变化的，世界万事万物的运演变化都被看作是机械刚体的简单机械运动。这些简单的机械运动有着严格的确定性特征，由于机械刚体与外界存在着极其确定的界限，它们的内部结构也是简单的加和关系，这使得这些机械刚体在外部环境作用下只会进行简单的机械运动。这也就意味着在牛顿力学为核心的近代机械世界图景中，万事万物的生演变化都不会出现新质，世界上现有的一切具体物质形态的性质在世界最初的时候就已经确定好了。因此，无论是事物内部的变化还是外部环境的作用，这些机械刚体都只会改变自身的机械运动状态而不会发生根本性质的变化。

同时在近代机械世界图景的理解中，这些机械刚体之间虽然也普遍存在着相互作用，但这种相互作用有着明显的一一对应的线性特征，即使相

---

① ［美］塞耶：《牛顿自然哲学著作选》，上海人民出版社1974年版，第206页。
② 阎康年：《牛顿的科学发现与科学思想》，湖南教育出版社1989年版，第467页。
③ 同上。

互作用的参与者是多个，它们之间的相互作用也是加和关系，可以通过分析还原的方式一个个单独处理。在这种对世界的理解模式下，世界万事万物的运动变化虽然纷繁复杂，但却可以还原为一个一个简单的过程，都可以用几个精简的运动规律去简单描述，而且可以对其未来的运动演化方向进行精确的预测，世界就像是一架精密的钟表没有偏差的机械运动着。当时的科学界甚至认为纷繁复杂的自然界已经一览无余地呈现在我们面前，关于自然界的科学体系已基本建构完成，自然界再也不是令人敬畏的、不可捉摸的神秘之物。

这种对自然理解的简单性观念在当时有着正反两方面的作用：一方面在近代工业文明兴起的背景下对于人类认识自身的力量并大幅度的推动人类文明尤其是物质文明的进程起到了非常重要的作用；但另一方面，这种对自然理解的简单性观念在今天看来仍然是人类认识水平特定历史阶段的产物，现代科学的新近发展越来越表明自然界本身并不是简单的。在近代科学这些简单性观念的指引下，自然界成为人类满足自身需要的工具，工业文明兴起与发展的几百年也成为人类征服乃至践踏自然界的一个过程，这些今天看来都是极端错误的，当今诸如环境污染、生态破坏、全球变暖等等问题都与这种观念存在着一定的联系。结合前面已经分析过的近代理性主义，二者虽然在理论形式上看似毫不相干，但事实上其哲学本体层面的理论主旨确是十分契合的。近代理性主义通过确立人的理性的作用，简单片面地夸大了人类的主体性能力，使人凌驾于自然之上；而近代科学则论证了自然界的简单性，同样也为人类凌驾于自然之上提供了所谓科学的根据。

可见，近代自然科学在理论追求上也是以简单性为主旨的，正如牛顿所说："大自然喜欢简单而不爱炫耀多余的原因"[1]，我们不能否定牛顿在近代所作出的不可替代的科学贡献，而且根据当时人们对宇宙的理解，其理论实际适用领域主要限于低速的宏观世界，在这样一个肉眼就可以把握的世界里牛顿力学无疑有着足够的解释力，他许多成功的科学预测使人们的视野逐渐从神学走向了科学。但是，由于所处时代认识水平的限制，"实际上，经典物理的特点是用理想化，抽象的方法，把对象的复杂因素排除，只是一种近似的摹写"，但是由于牛顿的巨大成功以及相关的时代

---

[1] 何兆武：《历史理性的重建》，北京大学出版社 2005 年版，第 5 页。

因素就"促使科学家们追求简单理论,以使复杂现象化归为简单"。① 在近代科学看来,尽管我们直观到的这个世界表面上虽然纷繁复杂、丰富多彩,但是本质上却是简单的。

这种简单性观念被牛顿提出以后,由于牛顿在科学史上的地位,逐渐成为近现代科学史上长期占据主导地位的本体论承诺和方法论原则。这也使得相信牛顿力学的科学家们认为世界上所有事物的生演变化都是被因果必然性严格决定好的,比如法国科学家拉普拉斯认为,我们应当把宇宙的现在状态看作是它先前状态的结果,随后状态的原因。牛顿经典物理学甚至成为了当时判断一种理论是否为科学的基本标准,这种观念自然也渗透到了哲学之中,法国哲学家霍尔巴赫就宣称:"在宇宙中一切事物都是互相关联的,而宇宙本身不过是一条不断互相派生的原因和结果的无穷锁链。只要我们稍加思索,我们就会不得不承认,我们所见的一切都是必然的,或不能不是现在这个样子的。"② 在霍尔巴赫看来,自然界严格遵循着因果必然性的规律,是没有偶然性地位的,"事实上,我们是把一切看不出与原因有联系的结果归之于偶然。所以,我们使用偶然这个词,不过是来掩盖我们对于产生所见的那些结果的自然原因的无知罢了"。③ 由此也可见,这种观念的影响之巨大、广泛和深刻。

这种影响力延续到今天依然极其巨大,但由于简单性追求的局限已经随着人类认识水平的不断提高日益回到了其合理的理论视域之中,"在当代,自然科学的画面与19世纪相比有了很大的变化,它已经不再像19世纪那样,对自己至高无上的地位充满自信"。④ 再比如牛顿的代表性著作《自然哲学的数学原理》在人类思想史上占据着无可替代的重要位置,是科学史上里程碑式的巨著,并对后产生了极其深远的影响。英国皇家学会为了纪念这部著作发表三百周年,专门为其举办了非常隆重的纪念大会。在这次大会上莱特希尔的一段话却发人深思,他郑重指出"对因我们传播牛顿定律系统的确定论思想,而导致公共教育误入歧途的人们,我们集

---

① 王泽农:《物理学中的简单性原则与物理世界的复杂性》,《学海》1996年第6期,第57—60页。
② [法]霍尔巴赫:《自然的体系》,管士滨译,商务印书馆1999年版,第44页。
③ 同上书,第55页。
④ 严建强、王渊明:《从思辨的到分析与批判的西方历史哲学》,浙江人民出版社1997年版,第172页。

体向公众表示道歉。在1960年以后业已证明：确定论的观念是不正确的"。① 莱特希尔所指的"证明"并非来自科学外部，同样来自于科学内部或科学自身，也就是20世纪60年代以来兴起的复杂信息系统理论。②

事实上，早在一百多年以前，当近代经典科学仍然处在如日中天的阶段时，恩格斯在对其所在时代的科学发展进行总结概括之后，就已经在《反杜林论》中深刻分析了上述以简单机械为基本特征的形而上学思维方式产生的原因、特点和错误，并明确界定了辩证法和形而上学的区别。他指出形而上学思维方式是近代英国唯物主义者培根和洛克把当时经典科学的研究方法移植到哲学中造成的，这种思维方式往往认为应当逐个考察相互分离的研究对象，其特点就是在绝不相容的对立中思维。由于这种思维方式是合乎当时时代所谓常识的，而且在一定领域中也是认识事物所必要的，所以在认识领域产生了巨大影响，但一旦超出了其适用的领域就会陷入不可解决的矛盾，因为其根本特点只看到事物而忽略了事物之间的关系，只看到静止而忽略了运动、变化，只看到树木却忽视了森林。辩证法不同于形而上学思维方式，认为每个物体永远是它本身，同时又是别的东西，对立的两极不仅不可分离而且还相互渗透，原因和结果在总的联系中相互融合并经常交换位置，自然界的一切从根本上是辩证地而不是形而上学地发生的。通过对形而上学简单性的批判，恩格斯对唯物辩证法重新进行了界定，在《反杜林论》中提出："而辩证法不过是关于自然、人类社会和思维的运动和发展的普遍规律的科学"③；在《自然辩证法》中，恩格斯多次阐述了辩证法的含义："辩证法的规律是从自然界和人类历史中抽象出来的。辩证法的规律无非是历史发展的这两个阶段和思维本身的最一般的规律"④，"辩证法是关于普遍联系的科学"⑤。

恩格斯还进一步揭示了人类认识的主观辩证法，提出了诸如人的思维是至上的和非至上的统一、人的认识能力是无限的和有限的统一、认识就其根本而言是相对的和逐渐趋于完善的、真理和谬误在对立中实现统一、自由的前提在于对人和自然界的必然性的认识等等一系列的重要理论。在

---

① 方锦清：《混沌：拨开世纪迷云》，《百科知识》2005年第8期，第14—16页。
② 白利鹏：《历史复杂性的观念》，吉林大学博士学位论文，2006年，第54页。
③ 《马克思恩格斯选集》（第3卷），人民出版社1995年版，第484页。
④ 《马克思恩格斯选集》（第4卷），人民出版社1995年版，第310页。
⑤ 同上书，第259页。

此基础上恩格斯论证了世界的辩证本性和辩证的思维也即客观辩证法和主观辩证法的关系:"客观辩证法是在整个自然界中起支配作用的,而所谓主观辩证法即辩证法的思维,不过是自然界中到处发生作用的、对立中的运动的反映,这些对立通过自身的不断的斗争和最终的互相转化或向更高形式的转化,来制约自然界的生活"[1],同时指出:"人和自然都服从同样的规律"[2],在《路德维希·费尔巴哈和德国古典哲学的终结》中恩格斯提出:"我们重新唯物地把我们头脑中的概念看作现实事物的反映……这样,辩证法就归结为关于外部世界和人类思维的运动的一般规律的科学,这两个系列的规律在本质上是同一的,但是在表现上是不同的……概念的辩证法本身就变成只是现实世界的辩证运动的自觉的反映"[3]。这些论述从哲学一般的层面对辩证法的内涵进行了深入、全面地概括,恩格斯还围绕着这些概括进一步揭示了唯物辩证法的基本规律。他在《自然辩证法》中提出,"辩证法的规律是从自然界和人类社会的历史中抽象出来的。辩证法的规律无非是历史发展的这两个阶段和思维本身的最一般的规律。它们实质上可归结为下面三个规律:量转化为质和质转化为量的规律、对立的相互渗透的规律、否定之否定的规律。"[4] 并强调这三个规律对自然界、社会历史以及人的思维运动都是普遍适用的。恩格斯在这一著作中还详细论述了物质世界的普遍联系和运动的相互关系、宇宙的生成与演化的具体过程、运动的各种基本形式及其相互关系、自然科学各个领域内部的蕴含的辩证法、共性和个性的关系等等一系列问题,而且恩格斯对社会历史也进行了深入的研究,同样渗透着极其丰富的辩证法思想。

通过上述分析马克思恩格斯创立辩证法是基于对近代理性主义形而上学简单性和近代科学形而上学的简单机械性的批判,在这方面,马克思与恩格斯有着较为明显的分工,恩格斯更多地承担了对近代科学机械思维的批判以及在此基础上确立辩证法的工作,而马克思则更多地承担了对近代理性主义的批判,确立了以扎根现实为基础的哲学原则,对黑格尔的唯心主义辩证法内在的矛盾进行了批判和改造。近代科学的机械思维与近代哲学的理性主义虽然在本体意义上都属于简单性的终极预设,在思想原则上

---

[1] 《马克思恩格斯选集》(第4卷),人民出版社1995年版,第317页。
[2] 《马克思恩格斯选集》(第3卷),人民出版社1995年版,第700页。
[3] 《马克思恩格斯选集》(第4卷),人民出版社1995年版,第243页。
[4] 同上书,第310页。

有着共同点，但二者在具体内容与形式上还是体现着一定的差异。正是因为这样，马克思和恩格斯在理论研究方法都延承和发扬了辩证法对现实世界复杂性反思与自觉的精神，使辩证法重新焕发了应有的活力，但二者在确立辩证法时由于批判的对象的不同，所针对的考察对象的性质有着明显差异，恩格斯更多的是以自然界为主要考察对象，而马克思更多是以现实社会为主要考察对象。另外又由于二者在理论研究的方法和方式上的差异，使得二者的辩证法思想虽然在理论原则上是一致的，但由于理论视域不同而在形式上存在着差异，这也是后来很多马克思主义学者提出各种形式的"马恩分歧论"的重要原因。尤其是现代西方哲学中的一些思潮对恩格斯进行全面否定，对其自然辩证法思想进行指责，这是马克思主义者不能接受的。我们认为，如果说马克思从根本上颠倒了黑格尔的唯心辩证法，那么，恩格斯则为这种颠倒提供了详尽的和有力的论证。正是在这个意义上恩格斯和马克思共同创立了唯物辩证法；而且如果从对简单性的批判与复杂性的探索这个意义上讲，二者的辩证法思想在形式上虽存在一定差异，但在本质上是统一的。

第三节 马克思恩格斯辩证法当代研究困境及思考

我国近年来对辩证法的研究出现了巨大的理论分歧，形成了以恩格斯的辩证法思想为主要理论依据的"科学主义"和以马克思的辩证法思想为主要理论依据的"人文主义"两条研究主线，这两条主线割裂了马克思与恩格斯的辩证法的理论联系。深受马克思主义影响的法国当代思想家莫兰的复杂性思想从复杂性的角度强调科学与人文的融合，这对我们如何解决当前辩证法理论研究的分歧以及开拓辩证法研究的全新路径提供了重要的启发。

一 马克思恩格斯辩证法当代研究困境

在马克思恩格斯之后，由于对马克思恩格斯辩证法思想理解的差异，相关研究形成了两条明晰的主线：其中之一是一般认为的正统的马克思主义，以苏联和我国早期的一些研究为主流。这种研究思路的主要思想也成为我国流行的基本观点，这种思路以恩格斯对辩证法的阐述为基础强调唯物辩证法是关于普遍联系和永恒发展的学说；是由一系列普遍规律和范畴所组成的科学体系;是关于自然、社会、思维发展普遍规律的科学;是对客观物质世界的发展规律和认识规律的正确反映。这些观点综合起来被学界成为"科学主义范式"或"自然主义范式"。这些观点仍然以恩格斯所确立的思想框架为主导,经常被我们形象地概括为"两个总特征、三大规律与五对范畴"。这一主线的辩证法研究也主要围绕着这一基本框架展开,虽然列宁、斯大林、毛泽东以及其他马克思主义学者都在这个领域进行了广泛而深入的研究,提出许多精辟的新观点,但并没有对这一辩证法研究模式产生大的改变。

另一条主线则是产生于一些欧洲国家并与苏联的主流研究相区别的西方马克思主义的相关研究。在对待马克思的辩证法问题上强调对辩证法进行新的反省,以期真正揭示出马克思辩证法应有的真实内涵,形成了历史辩证法、总体性辩证法、多元决定辩证法、具体辩证法、启蒙辩证法、否定辩证法等对马克思主义辩证法理论的新理解。西方马克思主义不仅反对传统的形而上学的启蒙理性,还反对科学主义思潮所谓的科学理性。卢卡奇是第一个以明确的态度对流行的马克思主义辩证法研究的自然主义或科学主义范式进行了直接的批判。卢卡奇从主、客体统一的"历史辩证法"出发,对恩格斯"自然辩证法"及以伯恩施坦、考茨基等为代表的第二国际的思想家们对马克思辩证法的自然主义和科学主义理解倾向进行了批判。卢卡奇之后,西方马克思主义者都延续了他的这一立场,往往把辩证法的理论视域定位于现实的人与社会领域。但仔细考察西方马克思主义的辩证法思想,不难发现他们往往强调从马克思所给出的定义出发去理解,着重强调辩证法的现实性、否定性、革命性和批判性特征。这种理解从我们分析马克思恩格斯创立辩证法的过程中可以看出是符合马克思和恩格斯的本意的,马克思恩格斯的辩证法思想同当代复杂性科学的理论主旨一样,是基于对现实世界复杂性理解的自觉与反思。显然西方马克思主义也绝不是没有根据的彻底的怀疑主义,他们的批判同样是基于对社会与人的一种复杂性的理解的,这与复杂性科学的态度其实是一致的。但复杂性科学的相关成果大多产生于自然科学领域,而西方马克思主义往往把自然界排除在辩证法的适域之外,甚至有些排斥自然科学,并且否定了恩格斯对于辩证法的贡献,这种对待恩格斯和自然科学的态度无疑也有把问题简单化的倾向,是值得反思的。

无独有偶,我国的研究在20世纪80年代以来似乎受到国际这两种研究路线的影响也清晰的表现为两条主线。其中一条主线强调沿着恩格斯的思路，将现代科学的新发展主要指系统理论与辩证法的研究结合起来，最重要的代表人物是钱学森。1980年以来，在钱学森的倡导下，为了发展马克思主义的辩证法思想，围绕着复杂系统科学与辩证法关系这一问题，展开了热烈的讨论，形成了大量的理论成果，比较突出的有以下几个方面的理论见解，概括起来有"丰富论""分歧论"与"超越论"等理论见解，这些观点综合起来同样被学界成为"科学主义范式"或"自然主义范式"。

早期国内在研究该问题时比较流行的观点是"丰富论"，认为当代系统论蕴含着丰富的哲学思想，经过概括后，就可以与它结合起来形成对马克思主义哲学的新的发展，这种研究思路的主要代表是乌杰教授提出的系统辩证学。还有的学者比如张华夏教授持"分歧论"的观点，认为辩证法归根到底是用矛盾的观点即二元对立统一来说明的，而系统科学归根到底是用系统内部各个子系统之间以及与外部环境之间的多元相互作用来说明的，二者存在明显的分歧。随着系统科学的进一步发展及研究的深入，近几年"超越论"的观点也流行起来，认为现代科学革命与马克思恩格斯所处时代的科学研究范式已经明显不同，需要全新的变革，重新概括现代科学革命的科学精神。受西方系统哲学研究的影响，很多学者以当今科学技术的一些核心概念进行全新的理论体系的建构，这就不仅局限于辩证法，而是体现在本体论、认识论、价值论等哲学研究的各种领域，比如张华夏教授就以系统为核心概念构建的系统哲学、邬焜教授以信息为核心概念构建的信息哲学、金吾伦教授协同生成子为核心概念构建的生成哲学等等。在这个过程中，研究热点也曾经发生了大的变化：可以说在20世纪末，我国多数学者仍然坚持用当今复杂信息系统理论去完善辩证法，当然主要是恩格斯的辩证法理论；但是进入21世纪后，随着复杂信息系统理论的进一步发展，多数学者的研究已经渐渐脱离了马克思恩格斯的辩证法，开始自己理论体系的建构。

同样开始于20世纪80年代，与"科学主义范式"的研究思路对应，很多学者反对传统的对辩证法的"科学主义"理解，而试图从根本上对辩证法进行重新解读与发展。沿着这一思路，国内的很多学者开始关注列宁关于"辩证法也就是认识论"的论述，试图将辩证法研究的重点置于人的认识活动的哲学思考中。并在此基础上形成了辩证法研究的"认识论范式"。① 这种观点与西方近代哲学认识论问题的探讨虽然同样关注人的认识问题，但其实是强调马克思主义哲学同近代哲学认识论研究的区别。如果说马克思之前的哲学借助的是形式逻辑的话，而马克思主义哲学则是通过一种新的认识手段即辩证法（或者可以称作辩证逻辑）实现了自身理论的突破，那么在这个意义上辩证法研究应该重点关注其认识论意义，国内在 20 世纪 80 年代对此展开了热烈的讨论，形成了大量理论成果。对辩证法的认识论意义的探讨自然无法回避实践问题，因为在马克思主义哲学中，实践观点是马克思主义哲学在认识论问题上的根本观点，自然而然，对辩证法认识论意义的探讨其实就转向了用实践的观点去理解和解释辩证法问题。其实不仅是辩证法领域，在 20 世纪末我国马克思主义哲学研究的主要特点就是要突出"实践"观点在整个马克思主义哲学体系中的核心与基础地位，并以此重新解释马克思主义哲学的理论实质及其在哲学史上的地位和意义。这方面的研究一度成为我国马克思主义哲学研究的一种基本范式，涉及几乎所有马克思主义哲学问题，相关成果甚至融入国家统编的教科书中，其理论影响可见一斑。在辩证法问题的研究上，很多学者把实践置于辩证法的基础和载体的地位来重新理解马克思辩证法的理论内涵和精神实质，这样就有了"实践论范式"② 这一辩证法研究范式。21 世纪前后学者们在充分借鉴和吸收西方马克思主义和后现代主义等一些理论观点和理论资源的基础上，又提出了辩证法研究的"生存论范式"③。可以说，从人的生存方式与生命活动的视角重新理解辩证法，其实是对实践内涵理解得进一步深化，因为在很多学者看来，理解实践其实就是理解人，也就是说，这一研究范式强调人自身的生存、发展以及解放的问题是马克思主义哲学的理论核心和归宿，辩证法的探讨应直接与此相联系。从总体上讲这一研究思路更加强调辩证法的人文价值维度的意义，这与我国早期辩证法研究的主流观点即自然主义范式已经有了很大的不同。

综上，在我国当前的辩证法研究中所形成的两种研究主线基本呈现出两种取向：要么把唯物辩证法理解为以实证为根基的知识论，要么把辩证

---

① 白刚、张荣艳：《当代中国马克思辩证法研究的四大范式》，《教学与研究》2007 年第 10 期，第 20—27 页。
② 同上。
③ 同上。

法理解为人文价值评价，更为尴尬的是这两条研究主线几乎呈平行线态势，彼此之间要么是彼此简单否定，要么是彼此置之不理，照此发展的结果必然使得原本内在统一的马克思与恩格斯的辩证法思想不断走向断裂。究其原因，主要是由于我们往往无法用客观公正的态度去审视科学，要么过于崇尚科学，要么过分拒斥科学，对于科学与哲学在人类认识上的内在联系没有足够的重视。辩证法应该而且能够达到科学与人文两种向度的交融，因为就其辩证法所面对的对象而言，既有自然也有人类社会，而且要强调二者的统一，所以不能用一种向度来取代另一种向度，二者应该更加紧密地结合为一体。虽然两种研究思路大相径庭，但研究最终都出现了一个结果，就是马克思恩格斯辩证法研究与科学技术发展的哲学概括渐行渐远，辩证法研究应该多元化发展，而科学技术作为时代发展水平的重要标志，理应是马克思主义哲学应予以关注的；另一方面，对当今科学技术新发展的哲学概括也应与马克思主义哲学自身的研究紧密结合。

二 马克思恩格斯辩证法当代研究困境的理论反思

西方马克思主义和国内一些学者对恩格斯和自然辩证法的否定是有着深刻原因的，主要体现在这两个方面：第一是很长时间内科学界仍然固守着自然界的简单性观念，甚至到了爱因斯坦仍然有着明确的体现："物理上真实的东西一定是逻辑上简单的东西"[1]，即科学研究的物理世界一定具有逻辑上的简单性，而与之相应的"正确的概念体系必须使这种简单性的主观方面和客观方面保持平衡"[2]。显然，这些科学所倡导的简单性观念与以世界复杂性观念为本体预设的辩证法是有一定冲突的。同时当时哲学内部科学主义思潮盛行，他们同样对辩证法进行了彻底的批判，从而造成了科学与辩证法势如水火的局面。第二个原因是辩证法苏联版本的传统哲学教科书体系对马克思恩格斯辩证法理论的公式化、教条化、简单化的理解，在现实中经常沦为"变戏法"，这也使辩证法在本体意义上呈现出一定简单机械性的特征，失去了自身应有的复杂性自觉的批判本性。这两个原因导致了西方马克思主义对马克思恩格斯辩证法最终采取了一种片

---

[1] ［美］爱因斯坦：《爱因斯坦文集》（第1卷），许良英等译，商务印书馆1976年版，第380页。

[2] 同上书，第214页。

面的理解，割裂了马克思和恩格斯的思想联系，也否定了科学发展对马克思主义哲学尤其是辩证法的积极作用，由于矫枉过正而走向了另一个极端。而今天科学的发展已经从简单性观念的阴影下走向了复杂性研究的新阶段，通过对比不难发现，西方马克思主义的辩证思想与复杂性科学之间虽然研究方法与研究对象存在巨大差异，但相关思想抛开这些方面却有着惊人的相似之处。

我们认为作为哲学的反思与批判不能与科学的发展截然割裂，而是相辅相成的，对于这个问题我们不得不提到有着强烈批判和否定特征的后现代主义。几乎与科学领域复杂性研究兴起的同时，在西方哲学中兴起的后现代主义成为影响极为广泛的社会和文化思潮。后现代主义的哲学家们以各种方式逐步消解着哲学的研究对象，"上帝死了""人死了""作者死了""读者也死了"，这个被消解了的一系列对象的终点就是使"哲学消亡"。他们认为哲学作为一种基础主义已经不再适应时代，并且已经成了人类文明的桎梏，新的时代需要否定性、非中心化、破碎性、不确定性、非连续性以及多元化的思维方式。传统哲学的基础主义、表象主义和普遍主义都遭到了质疑和清算，与之相联系的意义、同一性、中心、统一性等等概念一样被株连。他们的矛头显然不仅仅是传统哲学，作为现代主义思想核心的实体本体论和理性主义等等都是他们批判和否定的对象。总之，后现代主义是对过去人类知识的全面清算，而不仅仅是对哲学的消解和否定，这在很多情况下是没有具体目的的绝对的批判，有的甚至为了批判而批判。当然这一消解过程也并不是完全没有意义的，后现代主义与复杂性研究的兴起同时出现相信也绝非纯属偶然，二者在思想原则上还是有很多相似之处的，都是对思维简单性原则的一种反思和批判，有着某种时代的呼应。

但现代科学对复杂性地探索不仅仅是批判，还包括建构。复杂性研究的兴起过程是一个批判与建构同时进行的过程，所形成的一系列新的科学研究范式就是明证，而不仅仅是一味地否定和批判，这与马克思恩格斯所强调的"扬弃"的精神是一致的。复杂性问题绝不仅是一个科学问题，事实上真实世界与现实生活的复杂性都远远超过科学研究意义上的复杂性。从科学的探索来看，复杂性很难给出一个统一的确定意义，但对这种意义的不断的探索却在实实在在进行着，这种探索活动过程事实上也构成了其精神实质。作为一种探索活动，其目的不是要获得某种法西斯式的简单定论，当然也不能等同于彻底的怀疑主义，这两种都是极端的、不可取的，合理的方式是寻找二者的有机的结合点。这样的探索本身既是对已有理论与方法的批判性反思，又是在批判性反思基础上寻找有着更广泛适用性的理论与方法，它不应该被任何固定的模式所束缚，真正"要紧的不是方法或者技巧，而是对问题的敏感性和对问题的一贯热情，或者，如希腊人说的，是惊奇的本性"①。

复杂性研究一方面似乎告诉我们，我们似乎可以发现某种复杂性的确定性规律，找到解决复杂性问题的一劳永逸的万能钥匙；而另一方面对复杂性的研究又不断向我们表明，事物属性及其存在与发展的规律是无法穷尽的，"终极真理"只是我们一厢情愿的幻想。这一点恩格斯早就告诉我们："对无限的东西的认识受到双重困难的干扰，并且按其本性来说，对无限东西的认识只能在一个无限的渐近的前进过程而实现。这已经使我们有足够的理由说：无限的东西既是可以认识，又是不可以认识的，而这就是我们所需要的一切。"② 人类认识总体展现出的这种特点，多少有点"明知不可为而为之"的意味，但也许正是这样，人类认识才有着不断前进的动力。复杂性探索这一"扬弃"的过程之所以是复杂的，因为对于传统所强调的体现简单有序的众多思维原则，复杂性并不是简单否定，而是试图在简单、同一、确定与有序中去寻找随机、偶然、不确定与无序，同时也要从随机、偶然、不确定中去寻找简单、同一、确定，并找到这两方面的结合之处，是一种既强调多元又强调统一，既强调确定性又强调不确定性，并试图对所有这些给出可靠解释的思维方式。

那么，有着强烈批判精神的马克思恩格斯的辩证法思想究竟是与后现代主义思想原则更相近，还是与复杂性思想原则更相近呢？答案是明确的，虽然马克思恩格斯辩证法与复杂性思想兴起没有直接的理论上的传承关系，但是当我们深入分析不难发现，二者在思想原则上体现了高度的一致。随着科学上复杂性研究的兴起，一些有影响的复杂性的研究学者也受到了我们的关注，其中，一个"曾经的马克思主义者"莫兰，他的思想或许对我国当前辩证法研究的这一困境提供重要的启示。埃德加·莫兰是

---

① [英]卡尔·波普尔：《猜想与反驳科学知识的增长》，傅季重等译，上海译文出版社1986年版，第100页。

② 《马克思恩格斯选集》（第4卷），人民出版社1995年版，第342页。

法国当代著名的哲学家、社会学家、人类学家和政治评论家，他的复杂性思想在世界范围内得到了广泛传播。在莫兰看来，复杂性是对于人类思想的一种挑战与激励，它不是取代或替换简单性方法现成的程序，也不是通向有序性和明确性反面的神秘主义，更不是某种对于虚幻的绝对完备性的刻意追求。① 而马克思认为辩证法的真正意义在于其革命性与否定性，那么我们把这种革命的否定性与复杂性联系起来，因为对复杂性的探索正是现代科学在新的时代背景下提出的一种具体的否定性。哲学对此不应该选择无视或逃避，这可能使得哲学失去真正具有时代意义的自我发展的机遇，正如恩格斯所说，"……随着自然科学领域每一个划时代的发现，唯物主义也必然要改变自己的形式"②。

复杂性理论及思想在人类认识和实践各个领域日渐显现出来的巨大影响力也许提醒我们，对复杂性这一普遍性问题的自觉思考，也许可以使人类的不同学科领域的具体知识和思想联结起来并融合为一个整体。国内对莫兰的研究主要集中在他的复杂性思想上，但是他的另一身份"曾经的马克思主义者"却往往被忽视。莫兰与马克思主义有着很大的渊源，在大学期间就开始对马克思主义产生了浓厚的兴趣并阅读了大量相关的著作，并在政治立场上一直是一个坚定的马克思主义者，但他自始就不认为真实的马克思主义与苏联版本的"官方马克思主义"是一回事，"官方的马克思主义曾经是唯我独尊和排他性的，而我的马克思主义曾经是也将永远是包容性的，它使我永远不会拒绝任何其他思想学派"。③ 在研读马克思主义的过程中，莫兰也钻研了与之不可分离的黑格尔哲学，黑格尔的辩证法观念在他心中引起了深刻的共鸣。黑格尔与马克思的基本思想成为莫兰终生的思想基础之一，他在以后的著作中经常引述他们的观点和话语。④ 但莫兰与马克思主义的理论渊源尤其是辩证法研究中的众多内在关联却在我国的相关研究中很少被提及。

前文所述的两种辩证法的研究思路形成的原因主要在于："科学主义范式"的主要理论依据是恩格斯的自然辩证法；"人文主义范式"主要理

---

① ［法］埃德加·莫兰：《复杂思想：自觉的科学》，陈一壮译，北京大学出版社2001年版，第137—138页。
② 《马克思恩格斯选集》（第4卷），人民出版社1995年版，第228页。
③ ［法］埃德加·莫兰：《我的精灵》（法文版），Stock出版社1994年版，第240页。
④ 陈一壮：《埃德加·莫兰复杂性思想述评》，中南大学出版社2007年版，第41页。

论依据是马克思的社会历史与主观辩证法。这样理解无疑割裂了马克思与恩格斯的理论联系，没有把两位经典作家的思想看作是一个统一的整体。更重要的是这样理解有着把辩证法问题简单化的倾向，或者说寻找二者的结合点，用一种统一的解释共同来覆盖自然领域、人与社会的领域比较难，因为这是一个不折不扣的具有极强复杂性特征的问题。马克思与恩格斯理论研究的侧重点有着明确分工，马克思主要侧重于与现实比较接近的社会历史领域，而恩格斯更侧重于对当时社会产生巨大影响的自然科学的总结和概括，为唯物辩证法寻找自然科学论据。二者在对一些具体问题的表述存在一定差异也是自然的，但这并不代表二者的理论观点是分歧的。学界在这个问题上研究很多，概括起来，主要的有两种：一种认为恩格斯的理论研究曲解和背离了马克思，强调回到马克思本人，甚至彻底否定恩格斯的理论贡献，这一点在西方马克思主义那里体现得尤为明显；另一种认为二者在理论上是内在统一的，但如何统一大多研究却没有摆脱前述两种研究范式的影响，只是在其中一种范式内部试图达到统一。

当我们仔细研读莫兰的相关著作时，不难发现深受马克思主义影响的莫兰在阐述他的复杂性范式时带有着强烈的辩证色彩，而他所确立的复杂性范式的主要目的就是要寻找联结自然科学和人文社会科学的整体性知识。在莫兰看来，他与苏联版本的"官方马克思主义"最大的不同就在于，"当时马克思主义对我是开放的而不是封闭的。我不是把它看成用阶级斗争和生产力的发展来解释整个人类的历史的还原性理论，而是把它看作一个把自然科学和人类科学彼此连接起来真正的多方面的科学。马克思主义促使我走向'整体的'知识，亦即这样一种对于整体的认识，它能够把对构成这个整体的不同部分的认识整合起来"[①]。显然，这与西方马克思主义对苏联版本的"马克思主义"的批判都有着不同。西方马克思主义主要反对的是苏联对马克思主义辩证法理解的过度"实证性"和"科学性"，但走向了另一个极端，割裂了科学与人文的统一，这也体现在我国辩证法研究中"人文主义"路线上。莫兰所强调的科学与人文的统一无疑是我们理解马克思恩格斯辩证法是一种可取的研究思路，正如陈一壮教授在深入研究了莫兰的复杂性思想后，认为复杂思想是辩证法的

---

① ［法］埃德加·莫兰：《我的精灵》（法文版），Stock 出版社1994年版，第34页。

"当代形态"。①

莫兰同马克思恩格斯的研究思路和最终结论都很相像，他首先研究人类学、社会学与政治学，在这些学科都作出了巨大贡献。而在对这些学科进行研究的过程中，莫兰逐渐意识到指导以往科学研究活动的方法论受到了经典科学中简单性原则的局限。与马克思恩格斯建立唯物辩证法这一方法论原则颇为相像的是，莫兰也试图建立自己的方法论原则，为此写了多卷本巨著《方法》，在导言中清晰地表达了他试图建立一种具有普遍意义的复杂性方法："这本书是从我们世纪的危机出发的，又回到这个危机上。社会危机的根本性、人类危机的根本性推动我到理论的根本层面探索。我知道人类需要一种政治，这个政治需要一个人类—社会学。人类—社会学需要与自然科学相连接，而这个连接需要一种知识结构的连锁的改组。"② 从研究目的上来看莫兰要表现出物理学、生物学与人文社会科学既相互区分又相互贯通，形成一个圆圈或循环，"这个循环的关系首先意味着人的科学需要以自然的科学作为前提，而自然的科学又需要以人的科学作为前提"③。这无疑对我们将马克思与恩格斯的辩证法思想作统一性的解读提供了重要启示，同时要求我们深入当今的复杂性科学，通过对复杂性思想的概括重新回到马克思恩格斯的著作中，用现代科学对复杂性探索的研究成果重新审视马克思恩格斯的辩证法思想。

---

① 陈一壮：《包纳简单性方法的复杂性方法》，《哲学研究》2004年第8期，第64—70页。
② ［法］埃德加·莫兰：《方法：天然之天性》，吴泓缈、冯学俊译，北京大学出版社2002年版，第19页。
③ 同上书，第12页。

第六章　马克思恩格斯的系统联系思想

用系统的方式理解问题是现代科学直面世界复杂性的重要一步，贝塔朗菲提出的系统论是影响科学整体发展的一次方法论革命。系统方法作为新的科学认识方法，不仅被广泛地运用于科学技术研究的各个领域，而且给人提供了观察世界的新视角。曾是贝塔朗菲的学生并受到贝塔朗菲高度赞扬的美国著名的系统科学家、哲学家拉兹洛深刻指出："系统的观点是一种正在形成的关于组织化的复杂事物的当代观点，它比关于组织化的牛顿的观点高了一个等级，又比关于神安排的或凭现象设想出来关于复杂事物的古典的世界观高出了两个等级。"[①] 科学对复杂世界的探索是一个循序渐进的过程，系统观点无疑是这种科学探索的发端，随后的复杂性研究在科学领域的深入也可以看作对系统研究的不断反思与深入。那么在很多科学领域已经普遍使用的系统观念是否有着深远的哲学意义？这个问题钱学森早在 20 世纪 80 年代就给了我们明确的答案："如果说系统论是系统科学到哲学的桥梁，那么系统观就是马克思主义哲学的组成部分。"[②]

第一节　系统概念的哲学意蕴

系统论的提出是针对近代的传统科学提出的，近代的传统科学由于分析还原的方法论原则的局限性在实质上只能是关于事物的部分或方面的学问。近代传统科学的方法论原则认为事物的性质存在于其内部的各个组成部分之中，所以通过把事物进行分解，主要从事物各个组成部分入手，在

[①]　［美］拉兹洛：《用系统论的观点看世界》，闵家胤译，中国社会科学出版社 1985 年版，第 13 页。
[②]　钱学森：《现代科学的结构——再论科学技术体系学》，《哲学研究》1982 年第 3 期，第 19—22 页。

每一个部分搞清楚并进行综合之后，就可以达到对事物的认识。这种方法论原则在近代传统科学中大行其道并在一定程度上推动了科学的快速发展，但这种方法论原则的问题在于整体被分割之后，整体的性质已经消失了，被分割出来而单独存在的部分与原来存在于整体中的部分在性质上并不可以等量齐观，当然即使把分割之后的这些部分重新组合起来也已经不是原来的整体了。正是由于这个原因，近代传统科学这种分析还原为主要特点的方法论原则的难点和盲点始终是如何把握作为整体的事物。

由于依据这一追求简单性的方法论原则，近代传统科学自身进行了非常细化的学科分类，这使得每一门具体的学科只能够认识复杂的现实事物的某一个层次、一个侧面或者一个部分，而无法真正把握事物的全部过程和事物的整体。虽然从近代开始的传统科学取得了极其辉煌的成就，为人类文明作出了不可抹杀的贡献，但是如何认识整体的性质，如何把握整体之中各部分的联系，如何揭示运动过程各部分的关系，如何找到参与一个复杂过程的众多部分的最佳组织方式等一系列问题却始终没有得到很好的解决。

针对近代传统科学的这些致命弱点，以复杂性研究为主导的现代科学从方法论上进行了革命，突破了近代传统科学还原分析的方法论原则，把哲学中早已存在的整体主义原则或整体主义思想引入了科学，并使之成为新的科学研究的方法论原则。强调以整体作为研究问题的出发点就成为现代复杂信息系统理论的创立初期的主导原则，这种原则强调从整体目标出发来认识作为局部的事物的作用，并重点研究它们之间的相互联系，尽量不去割裂事物内部各个要素、层次之间以及与外部环境的联系，将事物的各种联系进行科学的抽象，由此形成了一系列从整体上描述事物存在状态及其变化的新的科学术语，比如系统、信息、编码、控制、反馈、有序、组织、目的，等等。从万事万物普遍存在的整体功能或目标等共同特征出发，通过对事物整体及其内外部关系的分析来理解和把握事物的性质就构成了系统主义或整体主义科学研究范式的基本思想。从这里我们清晰地看到现代科学这些思想与马克思恩格斯的辩证法思想有着极为相似之处，甚至我们可以说是辩证的思维方式真正在科学领域战胜了形而上学机械论的思维方式，其实质就是"就是从形而上学思维复归到辩证法"[1]。当然，

---

[1] 张华夏：《论唯物辩证法与一般系统论的关系》，《哲学研究》1985年第5期，第11—20页。

自然科学的思维方式并不是在系统论出现之后才复归辩证法的,这一点从恩格斯那里我们可以清楚看到。系统论的出现也只是这个复归过程的一个阶段,而且也只是在某些方面趋于辩证法,具体说,主要是在事物的普遍联系方面复归于辩证法,正如钱学森所说,"辩证唯物主义体现的物质世界的普遍联系及其整体性的思想也就是系统思想"[1]。

恩格斯曾经明确指出,"辩证法是关于普遍联系的科学"[2]。普遍联系的观点告诉我们,世界上的一切事物都不能孤立的存在,都同周围其他事物相联系;整个世界是一个相互联系的统一整体,任何事物都是统一联系之网上的一个部分和环节,这也体现出世界的统一性和联系的普遍性。当然,坚持普遍联系的观点不仅不否认而且承认事物之间是有着确定的界限的,并非浑然一体的。那么是否存在一种联系的基本形式既可以使我们区分事物之间的界限又可以清楚描述事物之间的联系呢?这里事实上复杂性已经出现了,哲学在这里必须面对与科学同样的问题,科学找到了系统这一概念试图解决这一复杂性问题,而哲学在解释世界这一复杂问题时同样需要引入系统的概念。

凡是系统都包含若干要素,这些要素之间通过相互作用从而形成系统的整体特性和功能。系统内部要素之间的相互联系和相互作用,必定远远强于其中个别要素与外部事物的相互联系和作用。所以,系统和环境是有界限的,它是作为一个整体与外界环境相互联系和相互作用的。然而,这种内外区别又是相对的。系统整体与其他系统的相互联系和相互作用,会构成一个更大的系统。依此类推下去,以至整个世界就是一个奇大无比的系统。正是在这个意义上,事物的普遍联系就表现为各个等级的系统以及同等级的系统之间相互嵌套连接起来,任何事物作为某一等级中的某个系统都必然或弱或强地与其他事物(或者说是其他系统)发生着复杂的相互作用。每一事物都处在这个无限庞大与复杂的立体网络之中,成为网络上的一个节点。这样,我们观察问题的视角就由"实物中心"转向了"系统中心",也就是对一切客观现象不仅仅是对它本身的实体认识,而且是作为一个系统,作为某个更大的系统的部分、要素和组成来认识;并在此基础上又从对系统的存在和构成的认识,转向对系统事物的发生、过

---

[1] 钱学森:《论系统工程》,湖南科学技术出版社1983年版,第76页。
[2] 《马克思恩格斯选集》(第4卷),人民出版社1995年版,第259页。

程、功能、关系的认识，这些显然不是普遍联系这样一个简单概括可以清楚表达的。

当我们带着系统的眼光重新审视世界万物的相互作用的时候，一个充满复杂性的世界就展现在我们面前，因为在这样一个认识框架下，任何一个事物所处的联系状态似乎都不再能够用三言两语可以简单说清楚了，任何一个事物都显示出了自身存在状态无穷尽的复杂一面。正如恩格斯所说，"尽管世界的存在是它的统一性的前提，因为世界必须先存在，然后才能是统一的。在我们的视野的范围之外，存在甚至完全是一个悬而未决的问题。世界的真正的统一性在于它的物质性，而这种物质性不是由魔术师的三两句话所证明的，而是由哲学和自然科学的长期的和持续的发展所证明的"[1]。

系统科学的创立及其基础理论的初步研究，虽然关注的是人类认识的一个老问题即整体性的问题，但系统科学从科学在不同领域上对其进行了深入的阐发，甚至于使之具有了世界观的意义。在这个意义上系统科学不是发现了"整体"，而是发现了"整体的重要性"，而由于它的存在，世界一下变得复杂起来。在马克思恩格斯的辩证法那里，整体性其实已经是一个重要原则，但是由于各种原因，整体性在辩证法中的地位一直没有清晰地揭示出来。随着系统科学的兴起，整体性作为系统论的核心原则引起了研究者的广泛关注，当我们仔细研读马克思恩格斯辩证法的相关论述时，不难发现，马克思恩格斯早已经把整体性或系统性当作自己理论的一个重要原则与分析问题的重要理论工具。当我们带着"整体的重要性"的认识重新去理解马克思恩格斯关于事物间普遍联系的论述后，他们向我们展现了一个复杂而丰富的系统联系的世界图景。

第二节 系统观点：马克思恩格斯辩证法的重要原则

马克思恩格斯虽然没有直接论述过系统问题，但是系统整体性原则是马克思恩格斯辩证法的重要原则，从传统认识主要关注实体对象转入了主要关注以关系为特征的系统对象。现代科学进入复杂性研究正是从系统论的创立开始的，而系统本身与实体不同，就在于它自身所蕴含的复杂性特

---

[1] 《马克思恩格斯选集》（第3卷），人民出版社1995年版，第383页。

征，它既不可简单的化归于实体，又不能简单地化归于关系；它的性质即依赖于组成部分的整体涌现，又依赖于所属大系统的整体性约束。从他们的相关论述中可以清楚地看到，自然界、人及其思维、人类社会乃至整个世界及其构成部分都被理解为有着内在有机联系的系统整体，而且这些不同层次的系统又无穷交织在一起普遍联系着。同时，系统内在的复杂性就在于它既是由众多要素构成的整体，又同时是更大系统的众多要素之一，马克思恩格斯对此有着深刻的认识，系统所固有的高层新质涌现性与整体作用下的要素新质涌现性也成为他们分析具体问题时的重要方法论原则。马克思恩格斯赋予了"整体性"以哲学本体意义，这必然引发我们对这种"整体性"如何而来的思考，这其实也是现代科学复杂性探索走向深化的内在逻辑，这同样要求我们继续回到马克思恩格斯的原著中去寻找他们给出的答案。

一　系统联系着的整体世界

在系统论的所有观点中系统的观点是最核心和最基本的观点，所谓系统的观点从宏观上来说，系统是一种普遍现象，不论自然界、人类社会还是思维领域都具有系统性。这种观点本身已经具有了哲学意味，强调世界上的万事万物都是以系统方式存在的，这一点在马克思恩格斯的辩证法思想中有着明确的表述。以往我们强调辩证法是关于普遍联系的科学，随着系统论的提出，结合马克思恩格斯的原著可以把这种观点进一步具体化、可以把辩证法明确化为是关于世界普遍系统整体性联系的科学。因为把世界全体看作是一个动态的有机联系的整体也即系统是马克思恩格斯始终贯彻的一个解释世界的基本原则。

恩格斯在《反杜林论》就已经明确阐发了把世界看作是一个普遍联系着的整体的思想："呈现在我们眼前的，是一幅由种种联系和相互作用无穷无尽地交织起来的画面，其中没有任何东西是不动的和不变的，而是一切都在运动、变化、生成和消逝。这种原始的、素朴的、但实质上正确的世界观是古希腊哲学的世界观，而且是由赫拉克利特最先明白地表述出来的：一切都存在而又不存在，因为一切都在流动，都在不断地变化，不断地产生和消逝。"[①] 从恩格斯的表述中不难发现，随着我们对世界认识

[①] 《马克思恩格斯选集》（第3卷），人民出版社1995年版，第359页。

的深化,对世界本体性的思考已经不再单纯地追求终极不变的永恒实体,而是考察"运动、转变和联系"本身。这是哲学本体研究乃至人类认识上的深化,这一思想无疑与系统论"关系产生性质"的理论原则不谋而合。

正是在这一系统性原则的指导下,恩格斯把世界的整体性当作理解运动的一个重要前提:"只要认识到宇宙是一个体系,是各种物体相联系的总体,就不能不得出这个结论。在这种认识在自然科学中发挥实际作用以前很久,哲学就已经有了这种认识,所以不难说明,为什么哲学比自然科学整整早200年就得出了运动既不能创造也不能消灭的结论。"① 同时基于这样的理解恩格斯肯定了黑格尔把整体世界描述为一个动态系统的思想,"这种近代德国哲学在黑格尔的体系中完成了,在这个体系中,黑格尔第一次——这是他的伟大功绩——把整个自然的、历史的和精神的世界描写为一个过程,即把它描写为处在不断的运动、变化、转变和发展中,并企图揭示这种运动和发展的内在联系"②。不仅如此,恩格斯还据此提出对作为系统的世界通过传统的认识方式去理解已经存在明显的局限性:"体系学在黑格尔以后就不可能有了。世界表现为一个统一的体系,即一个有联系的整体,这是显而易见的,但是要认识这个体系,必须先认识整个自然界和历史,这种认识人们永远不会达到。因此,谁要建立体系,他就只好用自己的臆造来填补那无数的空白,也就是说,只好不合理地幻想,玄想。合理的幻想——换句话说,就是综合!"③ 这里,恩格斯明确提出了认识世界的合理方法或者用他的话"合理的幻想"就是综合。

可见,马克思恩格斯的辩证法思想不仅是对德国古典哲学的一次伟大革命,而且也为比他们晚了一个世纪的现代复杂系统理论提供了重要的理论源泉。马克思恩格斯在对世界图景的描述中,不仅强调了世界上万事万物是普遍联系而不是彼此隔离、彼此孤立的各种对象事件或现象简单堆积的总和,而且强调了万事万物由于内在的统一性彼此紧密联结协同运动着,使世界呈现为一个有着复杂的内部相互作用的系统整体。不仅如此,马克思恩格斯事实上在这里已经把系统思想作为他们辩证法思想的基本原

---

① 《马克思恩格斯选集》(第4卷),人民出版社1995年版,第347页。
② 《马克思恩格斯选集》(第3卷),人民出版社1995年版,第362页。
③ 《马克思恩格斯全集》(第20卷),人民出版社1971年版,第662—663页。

则,他们不仅把世界全体看作是一个系统整体,而且,在对自然、社会及人的思维的理解中同样渗透着明确的系统整体思想。

二 系统联系着的整体自然界

由于理论研究的分工不同,马克思与恩格斯研究的领域侧重点有所不同,恩格斯主要倾向于一般哲学的构建,并重点关注了马克思较少关注但又对近代哲学产生了重要影响的自然科学领域。通过对自然科学新发展的分析,恩格斯对所处时代的科学变化的实质进行了经典的概括:"事实上,直到上一世纪末,自然科学主要是搜集材料的科学,关于既成事物的科学,但是在本世纪,自然科学本质上是整理材料的科学,是关于过程、关于这些事物的发生和发展以及关于联系——把这些自然过程结合为一个大的整体——的科学"[1]。科学的后续发展直至今天无疑证实了恩格斯的判断,而且在恩格斯的字里行间处处显示着对自然界的整体性或系统性的强调,他甚至指出了自然科学众多领域新发展的实质意义就在于指明了自然界的普遍联系,而这种普遍联系是基于自然界作为统一的整体。正是基于这种对自然科学发展的总体概括,自然界作为一个内在普遍联系着的整体系统清晰地呈现在我们面前:"由于这三大发现和自然科学的其他巨大进步,我们现在不仅能够说明自然界中各个领域内的过程之间的联系,而且总的说来也能说明各个领域之间的联系了,这样,我们就能够依靠经验自然科学本身所提供的事实,以近乎系统的形式描绘出一幅自然界联系的清晰图画。"[2]

正是在这样理解的基础上,恩格斯形成了与马克思在分析社会历史中所形成的辩证法相呼应的辩证自然观。在以往的研究中,我们往往根据恩格斯的表述即辩证法是关于普遍联系的科学而把辩证法的研究重点放在普遍联系上。事实上虽然受到科学发展水平的局限,恩格斯并没有对系统问题进行专门的论述,但他却明确地表达了这种普遍联系最终所呈现出来的整体特征也即系统特征:"我们所接触到的整个自然界构成一个体系,即各种物体联系的总体,而我们在这里所理解的物体,是指所有的物质的存在,从星球到原子,甚至直到以太粒子,如果我们承认以太粒子存在的

---

[1] 《马克思恩格斯选集》(第4卷),人民出版社1995年版,第245页。
[2] 同上书,第246页。

话。这些物体处于某种联系之中，这就包含了这样的意思：它们是相互作用着的，而这种相互作用就是运动。由此可见，没有运动，物质是不可想象的。……只要认识到宇宙是一个体系，是各物体相联系的总体，就不能不得出这个结论。"① 在这里恩格斯虽然没有直接地提到系统的概念，但是却使用体系、总体这样的词来表明自然界作为一个系统整体而存在。而且值得注意的是恩格斯把自然界体系性和总体性的特点当作他分析问题的一个根本的前提预设，是事物永恒运动和相互作用的根本前提，恩格斯所说的"只要认识到宇宙是一个体系，是各物体相联系的总体，就不能不得出这个结论"②，充分说明了这一点。

不仅整个自然界是一个结构有序的系统整体，而且自然界内部每一具体的物质形态也都是具有不同结构与功能的系统，整个自然界就是这种差异性与同一性，连续性与间断性的统一。自然界的多样性、统一性正是通过由不断通过量变与质变展现出来的无穷的层次表现出来的。

无机界是由质子—基本粒子—原子核—原子—地上物体—行星—星系—星系团—超星系……组成的。每个层次无论在空间维度上还是在时间维度上都是自然界这个系统整体的一个环节，正如恩格斯在《自然辩证法》中指出："不论人们对物质构造采取什么样的观点，下面这一点是十分肯定的，物质按质量的相对的大小分成一系列大的、界限分明的组，每一组的各个成员在质量上各有一定的、有限的比值，但同邻近的组的各个成员的关系上，则具有数学意义上的无限大或无限小的比值。目力所及的恒星系，太阳系，地球上的物体，分子和原子，最后是以太粒子，都各自形成这样的一组。"③ 不仅无机界，在生物界同样如此，可以把生物界划分为生物大分子—细胞器—细胞—组织—器官—个体—群体—生态群—生物圈等层次。整个生物界包括上百万种动植物，按照其亲缘关系可分为种、属、科、目、纲等不同的层次，而且这是"从最初的动物中，主要由于进一步的分化而发展出了动物的无数的纲、目、科、属、种，最后发展出神经系统获得最充分发展的那种形态，即脊椎动物的形态"④。

正是这些不同层次的等级以及它们内在的联系使得整个自然界不同的

---

① 《马克思恩格斯选集》（第4卷），人民出版社1995年版，第347页。
② 同上。
③ 同上书，第368—369页。
④ 同上书，第273页。

空间尺度上的不同层级的具体物质形态联为一体，就各层次相互联系的整个自然界总体而言，物质形态的结构是无限的、连续的。正如恩格斯所说，"自从用进化论观点从事生物学研究以来，有机界领域内固定不变的分类界线——消失了；几乎无法分类的中间环节日益增多，更精确的研究把有机体从这一纲归到另一纲，过去几乎成为信条的那些区别标志，丧失了它们的绝对效力；我们现在知道有卵生的哺乳动物，而且，如果消息确实的话，还有用四肢行走的鸟"①。但我们也要注意就某一特定层次来说，各种具体的物质形态的结构是有限的、间断的，对此恩格斯有着深刻的认识："我们看到纯粹的量的分割是有一个极限的，到了这个极限它就转化为质的差别；物体纯粹由分子构成，但它是本质上不同于分子的东西，正如分子不同于原子一样，正是由于这种差别，作为关于天体和地上物体的科学的力学，才同作为分子力学的物理学，同作为原子物理学的化学区分开来。"② 可见，不同层次的物质或系统都具有整体性质的本质差别，表现出不同的结构与功能，而且这种低层次和高层次事物是相互依存、相互作用和相互转化的矛盾对立统一关系。低一层事物组成了并成为高一层事物发展的基础，而高一层事物反过来又带动低一层事物的发展；低与高在这里也是相对的，任一事物都是由低一级的事物所构成，同时也与其他事物构成高一层事物，这也使得世界并非单一的，而是呈现出由无数质的差别展现出丰富多彩的一面。

三　系统联系着的人类社会

如果说恩格斯主要从自然与自然科学的角度进行辩证法的研究，而马克思对辩证法的主要贡献则主要体现在他对社会历史领域的研究。马克思并没有像恩格斯一样对辩证法问题进行系统的阐述，其辩证法思想主要渗透于他对其他问题的分析和探讨之中。但通过研究不难发现，二者对辩证法基本思想的理解是一致的，在分析社会历史问题时都坚持了系统性原则。恩格斯不仅把自然界看成是无穷嵌套的系统，而且对于社会历史坚持了同样的观点："今天整个自然界也溶解在历史中了，而历史和自然界的

---

① 《马克思恩格斯选集》（第3卷），人民出版社1995年版，第352页。
② 《马克思恩格斯选集》（第4卷），人民出版社1995年版，第313页。

历史不同，仅仅在于前者是有意识的机体的发展过程。"① 马克思虽然并没有对系统问题进行过专门研究，但他却用丰富的系统方法分析了世界上最为复杂的社会系统，历史唯物主义被后来的许多系统理论研究者提及，比如系统论的创始人贝塔朗菲就认为，马克思和黑格尔的辩证法是他的理论先驱，美国的系统哲学家麦奎里和安贝吉在《马克思和现代系统论》一书中，赞誉马克思是"一位早期的系统论者"，"他的理论工作的主要部分可以看作是富有成果的现代系统研究方法的先声"。② 为了在复杂的社会之网面前把握住历史发展变化的脉络，马克思运用系统思想，以社会历史发展中各个系统之间的相互联系和相互作用为基础，从社会存在与发展的最基本条件入手，主要研究和分析了社会系统的主要结构和主干部分，即生产力与生产关系、经济基础与上层建筑的相互作用状态，从而使我们在分析社会历史诸因素普遍作用的网络中，找到了一个总纲，正如马克思所说："每一历史时代主要的经济生产方式和交换方式以及必然由此产生的社会结构，是该时代政治的和精神的历史所赖以确立的基础，并且只有从这一基础出发，这一历史才能得到说明"③。

马克思在吸收了人类以往各个社会科学领域所取得的众多理论成果创立了唯物史观。和系统理论的基本原则一致，马克思认为社会在本体意义上是处于永恒的变动中的整体："现在的社会不是坚实的结晶体，而是一个能够变化并且经常处于变化过程中的有机体。"④ 不仅如此，这个社会整体的各个部分同样是一个个内在统一的整体，"每一个社会中的生产关系都形成一个统一的整体"⑤，这样整个社会就是由无数个无穷嵌套着的系统交织构成的一个巨大的系统整体。针对这种对社会的本体理解，马克思在方法论上也坚持了这一原则，他用自己的社会经济形态理论把各种领域关于社会生活的局部范围、过程和现象的各种社会理论从整体上进行了综合，并且强调指出："谁用政治经济学的范畴构筑某种思想体系的大厦，谁就是把社会体系的各个环节割裂开来，就是把社会的各个环节变成

---

① ［英］卡尔·波普尔：《猜想与反驳科学知识的增长》，傅季重等译，上海译文出版社1986年版，第580页。
② ［美］麦奎里、安贝吉：《马克思和现代系统论》，《国外社会科学》1979年第6期，第1—13页。
③ 《马克思恩格斯选集》（第1卷），人民出版社1995年版，第257页。
④ 《马克思恩格斯选集》（第2卷），人民出版社1995年版，第102页。
⑤ 《马克思恩格斯选集》（第1卷），人民出版社1995年版，第142页。

同等数量的依次出现的单个社会。"① 正是这种对社会系统特征的把握,在这里马克思已经包含了这样的思想:人类社会生活不同领域虽有着自己的特殊规律,但人类社会不是这些不同领域的简单的总和,而是一个统一的完整的社会机体,它的系统规律即社会经济形态规律是其他具体领域规律的高一级的规律并制约着具体领域规律发挥作用。因此,揭示了社会发展规律的唯物史观,同时也就揭示了社会发挥作用和发展的系统规律性。

在马克思看来,在社会中,真正的系统不是简单的具有许多不变的功能和不朽的、超个体的类似于一般人类本质那样的犹如巨大怪物的社会,而是具有一定生产力发展水平、一定类型的所有制和生产关系的一定的社会经济的和具体历史的社会类型。不仅如此,即使"相同的经济基础——按主要条件来说相同——可以由于无数不同的经验事实,自然条件,种族关系,各种从外部发生作用的历史影响等等,而在现象上显示出无穷无尽的变异和程度差别只有通过对这些经验所提供的事实进行分析才可以理解"②。正是基于这种理解,马克思把社会发展当作不同形态的系统从低级到高级的更迭过程,并建立了社会经济形态或者社会机体的理论。用这种社会经济形态理论人类历史就被描述成为不断更替着的社会体系或系统的历史,而且由诸种因素所构成的社会体系并不是杂乱无章的,社会系统是一个有序的结构,社会各个构成要素的结合与联系具有一定的规则和层次,它不是任意排列的,而是有等级与层次之别,"在过去的各个历史时代,我们几乎到处都可以看到社会完全划分为各个不同的等级,看到社会地位分成多种多样的层次"③。

马克思把人类历史看作是不断更替的"社会机体"的历史,其中每一个都是有着自己特殊结构、特殊功能的系统,正是这种社会形态的理论,社会历史形式就表现为系统的形式。不论是各种范围社会现象的内部相互作用,还是社会总的功能结构以及社会现象的具体历史形式本身,都是无法简单还原单独分析的系统。在这里,绝对的、抽象的社会形式和功能都显得缺乏解释力,社会系统及其内部各个子系统都是按特定基础的、特定社会经济形态系统的总的规律发挥自身功能和发展的。

---

① 《马克思恩格斯选集》(第1卷),人民出版社1995年版,第143页。
② 《马克思恩格斯全集》(第25卷),人民出版社1974年版,第892页。
③ 《马克思恩格斯选集》(第1卷),人民出版社1995年版,第272页。

马克思以资本主义社会经济形态为例揭示了这种社会发展的系统性规律，并且指出，一般系统的规律和条件怎样改变着社会发挥作用的所有的具体领域的规律性。揭示资本主义生产、所有制、劳动、生产工具、人口规律等等在社会系统总规律作用中所特有的系统特征是《资本论》的真正目的。马克思所完成的对社会总系统中的社会经济规律的研究为研究具体的社会现象奠定了方法论基础，这一系统方法在对社会认识中具有特别意义，提出了区别社会现象中普遍的和特殊的问题，并提出了如何解决这个问题的方法。首先是研究它作为一般的结构和功能的性质，在这里，具体研究对象是从该对象本身即从它的最一般最抽象的方面来把握；在此基础上还要把该对象看作是其所在更大系统的一个因素或一个组成部分，继续研究该对象具体的、历史的系统变化。对任何一个研究对象进行这两方面的研究尤其是第二个方面的研究是马克思研究社会现象的一个重要原则，其实质就是从整体的角度把握各种社会现象的协同变化，马克思在《政治经济学批判》导言中对此作了详细论述，比如对于生产的理解，马克思明确指出"生产也不只是特殊的生产，而始终是一定的社会体即社会的主体在或广或窄的由各生产部门组成的总体中活动着"[①]。这种方法论原则的重要性就在于可以避免使用概念对现象的简单规定和它们的真正的具体复杂的历史内容发生混乱。

马克思不止一次地提出，混淆具体研究对象概念的规定性和具体现实的差异是很多政治经济学和社会学研究者的通病，他们方法论的主要缺陷是形而上学主义的简单性原则。这些研究都没有正确把握所研究的对象中具体和特殊的关系，而是过高地强调了"一般生产""一般劳动""一般所有制"等定义。正如马克思所说："政治经济学所要研究的是财富的特殊社会形态，或者恰当的说，是财富生产的特殊社会形态。……普通关于这些方面所说的一般地话，只限于抽象概念，这些抽象概念在政治经济学的最初尝试中具有历史价值，因为在那时的政治经济学里面，形式仍在努力摆脱材料，力求确定为独立的研究对象。那些话以后变成索然寡味的陈词滥调，它们越穿上科学的伪装，就越讨厌。"[②] 针对政治经济学和社会学研究中容易产生的这种方法论原则的错误，马克思在《资本论》的研

[①] 《马克思恩格斯选集》（第2卷），人民出版社1995年版，第4页。
[②] 《马克思恩格斯全集》（第23卷），人民出版社1972年版，第133页。

究中提出了有着强烈系统思想的从抽象上升到具体的方法,并对这一方法进行了具体的说明:"如果我从入口着手,那么,这就是关于整体的一个混沌的表象,并且通过更切近的规定我就会在分析中达到越来越简单的概念;从表象中的具体达到越来越稀薄的抽象,直到我达到一些最简单的规定。于是行程又得从那里回过头来,直到我最后又回到入口,但是这回入口已不是关于整体的一个混沌的表象,而是一个具有许多规定和关系的丰富的总体了。"① 这其中蕴含的系统原则是显而易见的。马克思遵循这种方法论原则深入研究了商品、价值、货币、劳动、资本等等社会现象。在马克思看来先分析普遍一般的形式即抽象和简单的东西是科学认识的必要方式,但理论研究绝不能只停留于此,这仅仅是真正认识事物的第一步,尤其在分析社会现象时,主要的是认识"特殊对象的特殊逻辑"。② 在这个意义上,社会对象既表现为具体历史的系统的东西,又表现为一种综合的、被各种规定所丰富的与真正现实的形式相符合的系统的知识。比如,需求、劳动、生产等,作为"人和自然之间的物质变换"的一般条件的表现和构成人的活动方式本身具有某种"永恒性",但它们的社会形式和具体内容始终在社会发展不同阶段有着明显的差异。这种观点总的来说不是孤立的研究社会现象,特别是从社会经济形态理论来看,是把社会现象放在社会系统中动态的考察,从而分析在系统整体约束下社会现象所显现的新质来对其进行理解。相反,如果把社会历史不看作系统,而仅仅看作是独立发展着的范围和现象的机械组合,那么要想揭示现象的真实联系和制约关系实际上是不可能的。

四 作为系统过程的人类思维

近年来随着系统科学在我国的传播和发展,人们逐渐把系统思想引入了认识论领域,强调认识过程的系统性。马克思恩格斯有关人类认识理论的论述中,蕴藏着丰富的系统思想和观点。从以上分析可以看到,宇宙间的一切事物,从基本粒子到河外星系,从无机界到有机界,从自然物质到人类社会都自成系统并互为系统。人类的主观认识作为客观世界辩证性质的主观呈现也必然体现着系统性,关于这一点,马克思恩格斯常用的

---

① 《马克思恩格斯选集》(第2卷),人民出版社1995年版,第18页。
② 《马克思恩格斯全集》(第1卷),人民出版社1956年版,第359页。

"思维总体""思维的整体""体系"这些概念已经包含有系统的思想了,已经比较明确地把思维作为一个系统来看待了,在考察人类思维时,他们往往与其他科学形式相提并论,并指出,"每一时代的理论思维,从而我们时代的理论思维,都是一种历史的产物,……因此,关于思维的科学,和其他各门科学一样,是一种历史的科学,关于人的思维的历史发展的科学"①,可见,马克思恩格斯把"思维过程"同"自然过程""历史过程"一样都看作是系统过程。

在恩格斯看来"所谓客观辩证法是在整个自然界中起支配作用的,而所谓的主观辩证法,即辩证的思维,不过是在自然界中到处发生作用的、对立中的运动的反映,这些对立通过自身的不断的斗争和最终的互相转化或向更高形式的转化,来制约自然界的生活"②,那么,与之相应的,"人和自然都服从同样的规律"③。当我们把自然、社会乃至整个世界都看作是系统的时候,我们头脑中的认识也必然是以系统的方式存在的,正如马克思所说,"具体总体作为思想总体、作为思想具体,事实上是思维的、理解的产物;但是,决不是处于直观和表象之外或凌驾于其上而思维着的、自我产生的概念的产物,而是把直观和表象加工成概念这一过程的产物。整体,当它在头脑中作为思维整体而出现时,是思维着的头脑的产物,这个头脑用它所专有的方式掌握世界,而这种方式是不同于对世界艺术精神的、宗教精神的、实践精神的掌握的"④。可见,人类的思维是一个系统,思维的系统性是对物质系统性的反映。

众所周知,马克思恩格斯在分析问题时贯彻始终的强调认识事物从事实的全部总和出发;同时强调从事实的全部联系或关系、中介入手,正如马克思分析劳动问题时指出,"对任何种类劳动的同样看待,以各种现实劳动组成的一个十分发达的总体为前提,在这些劳动中,任何一种劳动都不再是支配一切的劳动"⑤。这些与系统理论认识事物的方法所遵循的是整体性原则与相关性原则无疑是高度一致的。我们通常所讲的从事实的总和出发,也就是从事物的整体出发,系统整体性的思维原则主张始终把研

---

① 《马克思恩格斯选集》(第4卷),人民出版社1995年版,第284页。
② 同上书,第317页。
③ 《马克思恩格斯选集》(第3卷),人民出版社1995年版,第700页。
④ 《马克思恩格斯选集》(第2卷),人民出版社1995年版,第19页。
⑤ 同上书,第22页。

究对象当作一个有机联系的整体，从对象本身内在的各个方面及其关系来考察它。从事实的全部联系和中介中认识事物，也就是坚持系统论相关性的思维原则。相关性是指事物都是作为系统或系统中的一个要素与周围其他事物相互联系的，所以研究中既要考察系统内部诸要素之间的相互作用，又要考虑系统与外部环境之间的相互作用，甚至要考虑其周围环境与环境之间的相互作用。

　　在马克思恩格斯辩证法看来，物质世界是无限的，而这种无限性，又是由有限的东西组成的，这又与系统的层次性原则相统一，系统层次性正是对物质无限性的具体化和丰富。系统论指明一切系统都是由更低层次的结构组成的，而系统又与相关环境组成了更大的系统，而这一点在人的思维领域也必将有所体现，在人的思维的辩证运动中"正如从简单范畴的辩证运动中产生出群一样，从群的辩证运动中产生出系列，从系列的辩证运动中又产生出整个体系"①。科学的发展是体现人类认识和思维能力提高的重要体现，在恩格斯看来，科学的发展充分体现了人类认识与物质世界呈现出的系统层次的一致性，"每一门科学都是分析某一个别的运动形式或一系列彼此相属和相互转化的运动形式的，因此，科学分类就是这些运动形式本身依据其固有的次序的分类和排列，而科学分类的重要性也正是在这里"②。正是由于物质世界的系统性与层次性，使得"名称的意义。在有机化学中，一个物体的意义以及由此而来它的名称，不再仅仅由它的组成来决定，而更多地是由它在它所隶属的系列中的位置来决定。因此，如果我们发现了某个物体属于某个这样的系列，那么它的旧名称就变成了理解的障碍，而必须由一个系列的名称来代替"③。正是基于这种理解，马克思恩格斯也把获得真理的认识过程当作是一个由所有人类来共同完成的系统过程。在这个意义上，"什么是人的思维。它是单个人的思维吗？不是。但是，它只是作为无数亿过去、现在和未来的人的个人思维而存在"④。这也就意味着人类的认识过程是对物质世界永不间断的无限接近，但相对物质世界本身所内在的具体性和复杂性而言又总是不完备的。

　　就真理自身而言，作为物质世界的正确反映，它自身也同物质世界一

---

① 《马克思恩格斯选集》（第1卷），人民出版社1995年版，第140—141页。
② 恩格斯：《自然辩证法》，人民出版社1984年版，第150页。
③ 《马克思恩格斯全集》（第2卷），人民出版社1957年版，第163页。
④ 《马克思恩格斯选集》（第3卷），人民出版社1995年版，第426页。

样是一个多方面、多层次的系统，它是由无数个相对真理组成并不断趋近于绝对真理的辩证过程。真理总是在一定时期，人们对客观事物某一侧面和某一层次、一定深度、广度的规律性的认识，比如恩格斯在谈到自然科学的概念时指出，"自从我们接受了进化论的那个时刻起，我们关于有机体的生命的一切概念都只是近似地和现实相符合。否则就不会有任何变化；哪一天有机界的概念和现实绝对符合了，发展的终结也就到来了"[①]。对于认识社会历史的概念范畴马克思得出了与恩格斯完全一致的结论，"人们按照自己的物质生产率建立相应的社会关系，正是这些人又按自己的社会关系创造了相应的原理、观念和范畴。所以这些观念、范畴也同它们所表现的关系一样，不是永恒的。它们是历史的、暂时的产物"[②]。可见与客观世界是一个过程的集合体相对应，人们对客观世界进行研究、探索也必然是一个系统过程，人们在一定条件下所获得的认识成果，必然只是这一系统过程的一个小部分、一个小阶段，因而必然都具有相对性。另外认识中存在着无限与有限的对立，正如恩格斯所说，"在这里，我们又遇到在上面已经遇到过的矛盾：一方面，人的思维性质必然被看作是绝对的；另一方面，人的思维又是在完全有限地思维着的个人中实现的。这个矛盾只有在无限的前进过程中，至少对我们来说实际上是无止境的人类世代更迭中才能得到解决。……按它的本性、使命、可能和历史的终极目的来说，是至上的和无限的；按它的个别实现和每次的现实来说，又是不至上的和有限的"[③]。作为认识的本性和最终目的，一方面要尽量从所有联系中去认识世界这个无穷嵌套着的复杂系统；另一方面，这个任务要人类无限的前进发展中不断地去解决。

第三节 马克思恩格斯辩证法分析具体问题的系统方法

马克思恩格斯不仅仅把自然、社会、思维乃至世界全体都直接当作是系统，而且在对具体事物的理解上也处处渗透着系统的观点。对于事物性

[①] 《马克思恩格斯选集》（第4卷），人民出版社1995年版，第747页。
[②] 《马克思恩格斯选集》（第1卷），人民出版社1995年版，第142页。
[③] 《马克思恩格斯选集》（第3卷），人民出版社1995年版，第427页。

质的规定性的把握是马克思恩格斯辩证法中重要的内容，而通过研究不难发现，与系统科学的分析问题的原则一样，马克思恩格斯把对事物的性质的认识和对事物的内部各种关系及其与外部的关系的认识紧密地联系在一起。比如，马克思在分析界定经济基础这一概念时说道："相同的经济基础——按主要条件来说相同——可以由于无数不同的经验的事实，自然条件，种族关系，各种从外部发生作用的历史影响等等，而在现象上显示出无穷无尽的变异和程度差别，这些变异和程度差别只有通过对这些经验所提供的事实进行分析才可以理解"[1]。恩格斯在批判海因岑的激进主义时也指出："他不去研究并从总体上把握德国的情况，由此推断什么样的进步措施、什么样的发展以及什么样的办法是必要而又切实可行的，他不去弄清德国各个阶级之间的复杂关系以及它们同政府之间的复杂关系，由此确定应当遵循的政策，总之，他不是使自己适应德国的发展进程，而是十分任性地要求德国的发展进程适应他自己"[2]。可见，马克思恩格斯在分析具体问题的时候，往往都是从事物内外部的各种关系入手的，这与现代系统科学有着异曲同工之处。

现代系统科学认为，事物的性质是由关系决定，或者至少是可以通过关系来描述的，关系是变化着的，某种关系一旦生成即不可逆转。事物及其性质都是生成的，随关系的变化而变化，而不是固有的，因而强调对事物生成过程的认识。而科学曾经流行的原子构成论的研究范式，力图对各类和各个等级的事物实现还原，认为这是理解事物性质唯一正确有效的认识方式。原子构成论研究范式在近代获得了巨大成功，在他们看来，世界就是那么一些大大小小的实体，它们之间的关系是连续的。而以系统科学为代表的整体主义则认为，事物的不同性质恰恰是由关系的不连续性导致的，物质世界不同层次的存在就是关系连续性中断的体现。与原子构成论相反，系统的层次涌现论则认为需要由直接经验把握的不是原始的实体而是关系，关系中断意味着简单的借助逻辑认识世界的方式失效，贝塔朗菲研究的起点就是因为生物有机体中存在一种不知原因无法直接通过数学或逻辑推出的特殊的协调统一的关系。这些关系的产生往往是通过不断地涌现最终稳定下来的，但要注意的是事物新性质涌现并不简单是单向的，而

---

[1]《马克思恩格斯全集》（第25卷），人民出版社1974年版，第892页。
[2]《马克思恩格斯选集》（第1卷），人民出版社1995年版，第197—198页。

往往是双向的。这也是系统之所以呈现出复杂性特征的根本之所在，因为任何一个系统都有着双重身份，一方面作为有诸多要素构成的整体而存在；另一方面又作为更大系统的要素之一而存在。这一双重身份决定了系统整体的性质一方面是由低层次要素协同作用涌现生成的；另一方面又是高层系统的整体约束下形成的。我们可以把这种关系不连续的现象概括为系统高层新质涌现和系统整体作用下要素的新质涌现两种方式。马克思恩格斯对此有着深刻的认识，在分析具体问题中处处渗透着丰富的上述思想。

一 系统整体的新质涌现

我们回到马克思恩格斯那里，现代系统科学所倡导的这样一种对事物性质从关系角度把握的思想其实在已经成为其分析事物性质的一个基本方式，几乎对所有研究事物质的把握两位伟人都采取了系统的方式，揭示了具体事物的系统性存在。所谓事物性质的系统性把握就是指传统所说的"整体大于部分之和"这个古老的命题，但就系统研究而言，这里的"大于"属于价值判断，在这个意义上，整体也可小于部分之和，所以新质涌现主要指系统性质并不只是由其组成要素性质决定的，而主要是由其组成要素的关系以及其与环境的关系决定，也即"关系产生性质"。

这一系统的基本特征在马克思恩格斯的著作中多次表述过，恩格斯在探讨一般物质的构成中指出，世界上的万事万物都是由分子组合而成的，"但它是本质上不同于分子的东西，正如分子又不同于原子一样。正是由于这种差别，作为关于天体和地上的物体的科学的力学，才同作为分子力学的物理学以及作为原子物理学的化学区分开来"。[①] 在化学领域更是处处体现着这一特征，"低级别的同系物只允许原子相互间有一种排列法。但是，当结合成一个分子的原子数目达到每一系列的各自一定的大小时，分子中的原子的组合就可以有多种方式，于是就能出现两种或更多的同分异构体，它们在分子中包含有相等数目的 C、H、O 原子，但是在质上却各不相同"[②]，可见，尽管要素相同，由于组合的方式也就是结构的不同，同样形成不同质的功能。正是由于这个原因质量互变规律表现出复杂的形

---

① 《马克思恩格斯选集》（第4卷），人民出版社1995年版，第313页。
② 同上书，第315页。

式,"这个规律也适用,但它是在非常复杂的条件下起作用的,而且现在我们还往往无法进行量的测定"。① 这里恩格斯所说的"非常复杂的"、无法进行"量的测定的"显然是指物体内在的关系结构,可以看出恩格斯已经把事物内部关系结构的变化看作是形成事物性质改变的主要原因,对此恩格斯列举了大量科学事实:"最简单的例子是氧和臭氧,在这里2∶3引起了二者甚至在气味方面的一些完全相异的属性。化学也只用分子中原子数目的不同去说明其他同素异性体"②,只有一种元素的化学物如此,多种元素的化学物则更是如此,"例如正烷属烃 CnH_2n-n 中:最低的是甲烷 CH_4,是气体;已知的最高是十六烷 $C_{16}H_{34}$,是一种无色结晶的固体,在21℃熔融,在278℃才沸腾。在这两个系列中,每一个新的项都是由于把 CH_2,即一个碳原子和两个氢原子,加进前一个项的分子式而形成的,分子式的这种量的变化,每一次都引起一个质上不同的物体的形成"③。可见,恩格斯用了大量的化学现象试图去描述在自然界普遍存在的关系产生性质这一重要的系统规律,虽然并不是专门的研究,但也体现了恩格斯对这一现象的关注。

生命的产生是地球上物质运动的必然结果,较之低级的无机物的运动而言,生命整体不是由组成要素简单相加所构成这一系统特征表现的就更加明显。恩格斯对此有着明确的表述:"单一的和复合的:这对范畴在有机的自然界中也早已失去意义,不适用了。无论是骨、血、肌肉、细胞纤维组织等等的机械组合,或是各种元素的化学组合,都不表示某个动物(黑格尔《全书》第1部第256页)……有机体既不是单一的也不是复合的,不管它是多么复杂。"④ 可见,在恩格斯看来,任何一个生命体都不是"复合的",也就是说不是各个组成器官简单加和在一起的,而是各司其职、分工协作紧密联结在一起,每一部分都依赖着整体以及其他部分。恩格斯对这种现象的揭示在《自然辩证法》中比比皆是,而且也看到社会领域中这种现象存在的普遍性,比如他借用了拿破仑的例子来说明这一点,"拿破仑描写过骑术不精但有纪律的法国骑兵和当时无疑地最善于单个格斗但没有纪律的骑兵——马木留克兵之间的战斗,他写道:'2个马

---

① 《马克思恩格斯选集》(第4卷),人民出版社1995年版,第312页。
② 《马克思恩格斯全集》(第20卷),人民出版社1971年版,第638页。
③ 《马克思恩格斯选集》(第3卷),人民出版社1995年版,第470页。
④ 《马克思恩格斯选集》(第4卷),人民出版社1995年版,第320—321页。

木留克兵绝对能打赢3个法国兵，100个法国兵与100个马木留克兵势均力敌；300个法国兵大都能战胜300个马木留克兵，而1000个法国兵总能打败1500个马木留克兵。'"① 在这里敌对双方的力量对比并不是仅仅取决于双方人数的多寡，而且取决于双方整体作战能力。法国兵由于纪律严明、配合默契，参战人员数量越多，整体大于部分之和的整体优化效应就体现得越明显；而马木留克兵则与之相反，虽然每一个士兵的单兵作战能力都强于法国兵，但由于缺乏有效的配合，整体的战斗力只是单兵作战能力的简单加和，甚至由于内部的掣肘内耗还会导致出现整体小于部分之和的负效应。

与上面相类似的例子在马克思恩格斯的著作中有很多，这种整体性质涌现的系统观点其实被马克思恩格斯当作分析社会历史现象的一个重要原则来使用。比如在历史唯物主义中，物质生产是整个社会存在与发展的基础，在马克思的理解中它既不是一个抽象的概念，同时"生产也不只是特殊的生产，而始终是一定的社会体即社会的主体在或广或窄的由各生产部门组成的总体中活动着"②。而且，社会中各种形式的劳动随着机器的运用或者是彼此之间的分工协作，使得工人的劳动，"不一定要亲自动手；只要成为总体工人的一个器官，完成他所属的某一种职能就够了。上面从物质生产性质本身中得出的关于生产劳动的最初的定义，对于作为整体来看的总体工人始终是正确的。但是，对于总体工人的每一单个成员来说，就不再适用了"③。这表明在工业化生产的情况下工人必然表现为彼此依赖的一个统一整体，这与农业生产情况下农民的自给自足生产方式是有着根本不同的。值得注意的是，对于这种系统整体新质的涌现有着非常直接的论述，比如恩格斯提到，"许多人协作，许多力量结合为一个总的力量，用马克思的话来说，就造成'新的力量'，这种力量和它的一个个力量的总和有本质的差别"④。马克思也有着同样明确的表述："单个工人的力量的机械总和，与许多人同时共同完成同一不可分割的操作（抬重物等等）时所发挥的机械力，在质上是不同的。协作直接创造了一种生

---

① 《马克思恩格斯选集》（第3卷），人民出版社1995年版，第471页。
② 《马克思恩格斯选集》（第2卷），人民出版社1995年版，第4页。
③ 同上书，第216页。
④ 《马克思恩格斯选集》（第3卷），人民出版社1995年版，第469页。

产力，这种生产力实质上是集体力"①。无论恩格斯所说的"新的力量"，还是马克思所说的"集体力"都是由于"协作"使得参与者彼此紧密联结，产生了远远大于部分之和的新效应，马克思甚至把这种新效应看作是一种对社会产生巨大影响的生产力。

二 系统整体作用下要素的新质涌现

马克思恩格斯关注到了系统整体在内在要素的作用下产生新性质的机制，在这一过程中，要素及其它们特定的关系是原因，系统整体的新性质是结果，这也是通常理解系统方法的一般含义。但要注意的是这并不是系统方法的全部，因为这样的理解只是发现了问题，但并不是分析问题的可行方法，因为系统内部的关系往往是无法清晰描述的。这里相对忽视了系统科学的另外两个重要成果信息论和控制论的理论价值。从信息论和控制论中可以知道，系统内部与系统整体中存在着不断的信息循环。系统内部所形成的特定关系必然通过信息作用表现为整体的性质，而系统整体性质也不是被动的，而是主动的，在与外界环境交互运动中，它会把信息反馈到部分时它们重新调整内在关系。这样就构成了系统整体与部分形成的信息反馈循环，如此反复进行，系统整体和部分就会走向越来越紧密的联结，所以，信息在这里扮演了重要角色，它往往是事物系统性强弱的一个重要指标。上面我们分析了马克思恩格斯对系统整体性质涌现的分析，其实，虽然由于时代的局限，他们还无法深刻的认识信息现象，但他们的系统思想却已经揭示了系统整体对部分的约束，以及在约束下部分新性质的生成现象，这也成为他们认识所有具体事物的基本原则。

对于自然界来说，"部分和整体在有机的自然界中已经是不够用的范畴了。种子的萌发——胚胎和生出来的动物，不能看作是从'整体'中分出来的'部分'，这是错误的解释。只是在尸体中才有部分（注：黑格尔《哲学全书》第135节附释：'不应当把动物的四肢和各种器官只看作动物的各个部分，因为四肢和各种器官只有在它们的统一体中才是四肢和各种器官，它们决不是和它们的统一体毫无关系的。四肢和各种器官只是在解剖学家的手下才变成单纯的部分，但这个解剖学家这时所处理的已不

---

① 《马克思恩格斯全集》（第16卷），人民出版社1964年版，第306页。

是活的躯体，而是尸体。')"① 这里生命整体不能简单分割为部分，各个器官离开"活的躯体"就丧失了原有的性质，失去了整体约束作用下部分涌现出来的性质。

对于社会而言，正是在社会作为一个统一整体系统的意义上，马克思对很多现象的分析都时刻考虑到社会整体对于其内在要素性质的制约，也就是在特定社会系统下，一些社会现象就具有了一定的新的性质，这成为马克思分析社会现象的一个重要的理论原则与理论特色。这点在《资本论》中体现得是非常明显的，一些重要的概念如劳动、商品、价值、货币都是置于特定的社会系统中才得出了对它们更加准确的理解。

在对劳动这一概念的研究中，马克思不仅指出劳动的二重性（即作为创造使用价值的具体劳动和作为创造交换价值的抽象劳动的性质），而且在揭示了劳动在人类社会中的一般形式和功能之后，马克思进一步转到分析资本主义这一特定社会结构的特殊系统条件下劳动的具体形式。即资本主义社会下，系统整体的新性质也对系统内部要素的性质产生了制约作用，这使得生产劳动这一概念的含义和之前已经不同。在资本主义这一特殊社会系统条件下，一方面生产劳动的概念扩大了，这是由于在社会生产条件下劳动过程的协作性质把脑力和体力的劳动结合在一起了；同时，在这种特定的社会系统条件下，这一概念也缩小了，因为劳动只是为资本主义社会的生产目的服务的即剩余价值的生产，"这种生产关系把工人变成资本增殖的直接手段"。② 可见，在马克思看来，不能仅仅把劳动生产的概念和生产工人的概念作为一般的不变概念来理解，在不同的社会生产关系体系的背景下，这些概念的内容必然由于新的整体背景而有了新的性质。劳动生产的含义不仅受到社会生产关系的规定，而且还要受到生产过程本身的规定。任何社会的生产过程，都是由生产、分配、交换、消费等四个环节有机组成的辩证统一体。如果把整个社会生产体系看成一个大系统的话，生产、分配、交换、消费这四个环节就是组成这个大系统的子系统，而生产的性质也是受各个子系统所决定的。正如马克思所说，"我们得到的结论并不是说，生产、分配、交换、消费是同一的东西，而是说，它们构成一个总体的各个环节，一个统一体内部的差别。……当然，生产

---

① 《马克思恩格斯选集》（第4卷），人民出版社1995年版，第320页。
② 《马克思恩格斯选集》（第2卷），人民出版社1995年版，第216页。

就其单方面形式来说也决定于其他要素。例如，当市场扩大，即交换范围扩大时，生产的规模也就增大，生产也就分得更细。随着分配的变动，例如，随着资本的积聚，随着城乡人口的不同的分配等等，生产也就发生变动。最后，消费的需要决定着生产。不同要素之间存在着相互作用。每一个有机整体都是这样"①。

在马克思的价值学说中，商品之为商品是因为其内在所具有的价值，而价值在马克思看来显然不仅仅属于商品，它是每一个商品的基础但又不是作为实物包含在商品之中，"同商品体的可感觉的粗糙的对象性正好相反，在商品体的价值对象中连一个自然物质原子也没有。因此，每一个商品不管你怎样颠来倒去，它作为价值物总是不可捉摸的"②。可见，任何一个简单的商品都体现着自然、社会与人的共同作用，其存在一方面有内在的系统规定性，它的自然属性和人的劳动的具体的结合；另一方面又有着外在的规定性，作为社会系统的一部分在与其他所有商品的非线性关联中显示着自身。而商品正是在这一系统的社会性规定中通过流通打破了直接产品的个人限制乃至地区的限制，并在这个基础上"有整整一系列不受当事人控制的天然的社会联系发展起来"③。在马克思看来，对商品这一概念的认识绝对不能脱离整体的社会系统，因为"商品形式在人们面前把人们本身劳动的社会性质反映成劳动产品本身的物的性质，反映成存在于生产者之外的物与物之间的社会关系"④。可见，在马克思看来任意具体商品都不可能是独立的存在，也不是社会中某一现象的简单结果，而是与社会系统内部众多社会要素的协同作用，其价值的最终确定也是众多自然、社会与人的综合作用所形成的系统的结果，而且是处在不断的动态变化中的。在商品实现其社会价值的同时，它也成为社会整体劳动的一部分，正如马克思所说："不言而喻，每一种商品的价格构成全部流通商品价格总额的一个要素"⑤，"在市场上，全部麻布只是当作一个商品，每一块麻布只是当作这个商品的相应部分。事实上，每一码的价值也只是同种

---

① 《马克思恩格斯选集》（第 2 卷），人民出版社 1995 年版，第 17 页。
② 《马克思恩格斯全集》（第 23 卷），人民出版社 1972 年版，第 61 页。
③ 同上书，第 132 页。
④ 《马克思恩格斯选集》（第 2 卷），人民出版社 1995 年版，第 138 页。
⑤ 《马克思恩格斯全集》（第 23 卷），人民出版社 1972 年版，第 143 页。

人类劳动的同一的社会规定的量的物质化"①，很明显，这个比例部分的大小是一个变化的量，它是随着社会整体系统的变化而变化的。我们可以从马克思给恩格斯写的信中看出他对这一问题的重视："我的书最好的地方是：（1）在第一章就着重指出了按不同情况表现为使用价值或交换价值的劳动二重性（这是对事实全部理解的基础）；……"② 在《资本论》中马克思曾多次的重复过这一思想，这里提到的"对事实全部理解的基础"正是对商品价值性质理解中系统思想的运用。

在与价值研究相关的货币研究上，马克思把其看作是价值的转化形式。在《资本论》中，货币以它的各种各样的功能和具体的历史形式出现在我们面前，对它的研究马克思从它作为社会系统的职能部分即把它置于社会的整体环境下去研究。马克思在《资本论》中指出，货币以观念货币的形式执行价值尺度的职能；以货币符号和贵金属的替代品执行流通手段和支付手段的职能；货币在储藏职能和世界货币的职能中以本身凝聚着社会必要劳动时间的金块形态表现出来。从货币的多样的形态使我们看到了具体物质形态在经济社会系统中的特殊性。很多时候，作为社会要素的货币的职能存在事实上是不以物质实体的方式发挥作用，一般只需要通过一些替代物就可实现它的一些职能，也就是说，货币的真正本质并不是停留在简单的独立的物质体意义上，而是在诸社会要素在社会有机体这个系统中协同作用中使其承担了相应的性质。在社会中尤其在商品社会中由于社会分工的发展，作为生产结果的产品只有通过与货币或其他商品的等价物交换后才能完成，这使得货币成为社会系统中不可或缺的一分子，正如马克思所说，"分工使劳动产品转化为商品，因而使它转化为货币成为必然的事情。同时，分工使这种转化能否成功成为偶然的事情"③。商品所有者想要把产品转化为货币，就要保证消耗在它上面的劳动是对社会有用的消耗，即能够成为社会劳动整体中的一个"真实的环节"，还应该保证社会消费的需求与该商品的生产相一致而不至于商品生产超过社会需求，这也一定意义上体现了货币对于社会整体系统的作用。

另外，马克思关于在机器无形损耗的研究中也体现了这一思想，在研

---

① 《马克思恩格斯选集》（第 2 卷），人民出版社 1995 年版，第 151—152 页。
② 《马克思恩格斯全集》（第 31 卷），人民出版社 1972 年版，第 331 页。
③ 《马克思恩格斯选集》（第 2 卷），人民出版社 1995 年版，第 152 页。

究机器的损耗问题中，提出了与机器的物理状况的变化没有直接关系，并且是"在生产者背后完成"的无形损耗。这种无形损耗取决于社会整体系统的变化，即社会整体系统在特定的发展阶段对于机器的需求是不同的，而且机器本身由于科学技术发展导致的价值贬值等等因素都会产生所谓的无形损耗，这使得"即使原有的机器还十分年轻和富有生命力，它的价值也不再由实际对象化在其中的劳动时间决定，而由它本身的再生产或更好的机器的再生产的必要劳动时间来决定了。因此，它或多或少地贬值了"①。可见，机器的功用与价值并不取决于它本身，而是取决于它所隶属的整个机器体系。同时机器体系的性质又是由整个社会体系的性质决定的，在资本主义社会系统下，由于资本主义特有的生产关系，使它还获得了其本身原本不具有的新的性质，而这些新的性质往往与其原本的性质有着根本的不同。马克思恩格斯对此有过精辟的分析，在他们看来："……机器就其本身来说缩短劳动时间，而它的资本主义应用延长工作日；……机器本身减轻劳动，而它的资本主义应用提高劳动强度；……机器本身是人对自然的胜利，而它的资本主义应用是人受自然力奴役；……机器本身增加生产者的财富，而它的资本主义应用使生产者变成需要救济的贫民；如此等等。"②可见，个别机器本身的存在是作为整个社会生产体系中全部机器的一部分，这些机器的性质也就不仅仅取决于它的构造、用途与形式，而是在社会的整体性、系统性作用下表现出许多新的规定性，体现为机器在生产过程中受社会整体系统的影响，其具体性质与意义也在发生明显的变化，这同样体现了马克思恩格斯对系统整体要素的约束，以及在约束下要素新性质的生成这一系统规律的认识。

---

① 《马克思恩格斯选集》（第2卷），人民出版社1995年版，第209页。
② 《马克思恩格斯全集》（第23卷），人民出版社1972年版，第143页。

第七章　马克思恩格斯的全息建构的非线性思想

系统概念为研究世界的复杂性提供了重要的理论工具，一般而言，复杂性都是从系统的视角出发来界定的，但不同的系统复杂性又不是简单的整体主义范式可以描述的，系统整体主义范式只是揭开了世界复杂性的面纱，当代对复杂性的认识和处理主要是从非线性入手的。非线性已经成为现当代系统理论的基本概念之一。随着系统理论的进一步深化发展，非线性相互作用的重要性也一步步被揭示和强调，早在系统论刚刚提出的时候，贝塔朗菲已经把非线性相关看作是系统整体性的来源和本质。在复杂性探索的第二个阶段即自组织理论研究阶段，非线性已经成为耗散结构理论、协同学、超循环论、突变论等理论中不可或缺的核心概念，普利高津把非线性相互作用看作是形成耗散结构的基本条件；哈肯则认为系统内部的非线性关系制约着自组织系统协同作用的模式。可见，非线性相互作用在系统整体的形成和演化中占有举足轻重的作用。

第一节　系统联系的内在机制：全息建构的非线性相互作用

恩格斯对于事物间相互作用的意义有着深刻的认识："相互作用是我们从现今自然科学的观点考察整个运动着的物质时首先遇到的东西"，并强调指出"自然科学证实了黑格尔曾经说过的话：相互作用是事物的真正的终极原因。我们不能比对这种相互作用的认识追溯得更远了，因为在这之后没有什么要认识的了"[①]。在这里，恩格斯其实明确表达了从事物

---

① 《马克思恩格斯选集》（第4卷），人民出版社1995年版，第328页。

间的相互作用中去考察事物的存在和演化是认识事物的必然途径。

科学的整体发展事实上也是遵循这一认识论原则的，但在最初的发展过程中，当时由于用数学进行精确描述的需要和人类总体认识能力水平的制约，只能把事物之间的复杂相互作用都简化为所谓的线性关系。这种线性相互作用最明显的特征是具有对称性的直接关系，使得发生相互作用的事物之间呈现为两两直接的简单相互作用关系。近代的经典科学研究基本上都是这类简单的线性相互作用关系，对这种关系进行描述的线性方程或线性方程组通常是可以通过简单几个步骤就解出来的。在近代的经典科学中在对世界的本体进行理解时往往认为，这个世界具有某种简单和谐的秩序，一切都是按照严格的因果决定论方式运转，世界上的万事万物的未来趋势具有完全的可预见性。正如牛顿力学第三定律所描述的那样，作用力和反作用力在同一条直线上、大小相等、同时产生也同时消失，除了方向相反之外本质上没有什么区别。正是因为这样，这种线性相互作用可以简单叠加，所以事物的整体性质就是各个要素孤立性质的简单相加，不可能使事物产生任何新质，事物总体上表现为一种僵化状态，当然也就谈不上事物的演化或发展。以这种观点去理解事物之间的联系，也就只能是外在的、机械的，不会增加什么新的内容。这种线性相互作用的观点显然是违背辩证法根本要求的，不仅如此，辩证法也恰恰是在对这种观点的批判中形成和发展的。恩格斯在《自然辩证法》中明确表达了相互作用的非线性特征的思想："无论是骨、血、肌肉、细胞纤维组织等等的机械组合，或是各种元素的化学组合，都不表示某个动物。有机体既不是单一的也不是复合的，不管它是多么复杂。"①

通过前文对马克思恩格斯辩证法的系统性联系的考察，不难发现我们所面对的丰富物质世界同时也可以被看作是系统的世界，万事万物都是多层次的有着复杂内在结构的系统，同时每一系统的个别部分和成分也是系统，也就是说，物质世界中的每一现象既是系统，又是现实各种系统的组成部分。这些都要求我们研究任何个别对象都不能仅仅停留在个别对象的直观把握上，还要将其置于各种内、外部的相互作用中进行更深入、更广泛的研究。随着科学研究的深入，科学认识的重点已经从物理世界转向了生物领域和社会领域，这些领域的比重在现代整体科学体系中日益增加，

---

① 《马克思恩格斯选集》（第4卷），人民出版社1995年版，第321页。

而生物领域和社会领域比起物理世界的对象来说无疑更为复杂,近代科学中盛行的线性相互作用观念所指出的这种相互联系,对说明事物的演化发展日益捉襟见肘。这就要求从认识方式上进行必要的革新,顺应这一要求。当代科学逐渐从对实体的认识转向了对系统的认识、从对事物线性关系的认识转向对事物非线性关系的认识,这也使得科学实现了方法论的革命,进而不断揭示出世界万事万物相互作用的非线性特征。

要真正理解非线性的相互作用,必须突破传统的线性相互作用的理解模式。传统的对相互作用的理解由于受到近代科学机械论的影响,主要是指两个具体事物之间直接的、即时的相互作用,而这种理解的缺陷就是把问题简单化了,没有看到相互作用的复杂性。黑格尔就曾深刻地指出,用这种线性相互作用的观念来理解,就必然导致对不同事物的"独立自在性"和"僵硬外在性"的理解,就必然导致用"僵死的机械的集合体"[①]的观点来看待事物作为一个整体与其内各部分的关系。当我们带着系统的观念来重新理解相互作用时,呈现给我们的就会是一个复杂的普遍联系的世界图景。首先,在现实中任何事物都不能看作可以简化甚至忽视内部相互作用的不变实体,而是充满着内在组成要素复杂相互作用的系统;其次,任何事物都不可能只与外部另一事物作简单的两体相互作用,而往往是多体协同作用;再次,事物与事物之间的相互作用并不都是直接的,而往往是间接的,甚至需要多级中介来完成;最后,事物与事物之间的相互作用并不都是即时发生的,而往往是跨越时间限制的。正是在这个意义上,普遍联系才有了超越时空的意义,不仅使现有的万事万物通过相互作用交织在一起,而且使得历史、现实、未来的众多事物也交织在一起。

为了正视普遍相互作用的复杂性,我们需要引入"中介"的概念,这在恩格斯那里已经有了明确的阐述:"一切差异都在中间阶段融合,一切对立都经过中间环节而互相转移,……除了'非此即彼!',又在恰当的地方承认'亦此亦彼!',并使对立通过中介相联系"[②]。在这里,恩格斯连续用了"中间阶段""中间环节""中介"这些词来表明他对事物间相互作用的间接性或者说是非线性特点的强调,也就是说相互作用需要有中介。而这个中介其实也并不神秘,因为首先在空间意义上现实中相互作

[①] [德]黑格尔:《逻辑学》(下卷),贺麟译,商务印书馆1976年版,第164页。
[②] 《马克思恩格斯选集》(第4卷),人民出版社1995年版,第318页。

用大多具有间接性的特点,在这个意义上任何一个事物的各种变化虽然受到的是直接作用物的作用,但直接作用物又会受到其他作用物的作用,而且这些又呈现为普遍交织的特点,这使得这些直接作用物在这里就充当了中介;其次在时间意义上任一事物都既是过去状态的一个演化结果,又是未来状态的一个开始,那么现有事物就充当了其过去和未来的中介;另外事物之间在空间意义上和时间意义上的相互作用又是交织在一起的。这样,任一事物既是作用物和被作用物,同时还必须承担中介物的角色,万事万物也因此或紧密或疏松地彼此相互作用着,表现出复杂的非线性关系。恩格斯对于中介的重要性在他对数的分析中可以清楚地看到,他把所有的数分为正数、负数和零,他认为:"零是任何一个确定的量的否定",而且"零是具有非常确定的内容的。作为一切正数与负数之间的界限,作为能够既不是正又不是负的唯一真正的中性数,零不只是一个非常确定的数,而且它本身比其他一切被它所限定的数都更为重要。事实上,零比其他一切数都有更丰富的内容"[①]。在这里恩格斯所指"更丰富的内容"正是对中介作用的深刻认识,往往是作为事物过渡的重要环节而出现,从而使万事万物以连续而不是孤立的方式存在和演化。

在现实中,事物之间存在着各种各样的差异,"因为只要我们离开存在是所有这些事物的共同点这一简单的基本事实,哪怕离开一毫米,这些事物的差别就开始出现在我们眼前"[②]。任一事物都在差异的基础上通过复杂的内部和外部的相互作用将自己的某些特征带给其他事物,这同时也是不断形成中介物的过程。被作用之物作为中介物往往也有着自身独立的结构、状态和性质;但是,作为被作用物,它总会与作用物存在不可分割的关系。在这个意义上,它又不是一个纯粹的独立之物,而是作用物的相关之物,携带了作用物的一定特征,二者在一些基本特性上有着较强的相关性。任何事物都通过这种方式在其作用之物上显示着自身,而且要注意的是,这个过程不可能只是单向的,而是相互的,被作用物同时也将自身的某些特性反馈给作用物,也就是说它们之间是互为中介的。在复杂的相互作用过程中,任一事物都会通过各种方式把自己的特征传递给周围的事物,又经过中介的作用间接传递给没有与它产生直接作用的其他事物,随

[①] 恩格斯:《自然辩证法》,人民出版社1971年版,第238页。
[②] 《马克思恩格斯选集》(第3卷),人民出版社1995年版,第383页。

着这种形成中介物过程的发生，通过中介物的传递和交换，在本来不相关的事物之间建立了某种方式的相互作用，在这种相互作用中参与作用过程的事物都会发生某些变化，这使得事物之间的相互作用呈现为以中介为纽带的长程的、间接的方式，或者说超越时空的非线性方式。

由于现实中万事万物皆处于普遍的相互作用之中，所以任何事物都必须同时扮演三个角色：作用物、被作用物、中介。在现实的相互作用过程中，这三个角色是同时进行的，事实上就是同一个过程。这从现代信息论的角度来描述就是：异化信息的信源、同化信息的信宿、以自身变化的"痕迹"来保留信息的载体。这样我们在描述非线性相互作用时就自然引入了信息的概念。引入信息的意义在于我们就可以克服仅仅从实在意义上去描述相互作用，因为这无法清楚地揭示相互作用的长程相关特征与超越时空的特征。根据信息哲学的创始人邬焜教授的理解，这种以实在世界为载体，虽作为实在世界的自身显示但又不可简单还原至实在世界的存在形式即间接存在就是信息。① 通过无法直接感知的信息的同化和异化作用，任一具有可感知性的实在物体却发生着不断的变化，而这种变化又进一步通过信息传递影响该物的内部及其外部环境，造成了相互作用过程的相关各种因素的协同作用，在信息的作用下进行着整体建构，使相互联系着的众多事物呈现出一定的整体特征。而这种整体特征因为相互联系着的所有参与者往往不是两个而是多个，而且不仅仅是直接联系着的而更多的是通过信息间接联系着的，这使得相互联系往往具有了超越时空的特点。参与相互作用的事物之间必然引起彼此的某种"痕迹"的变化，通过这种变化，一方面，使彼此产生了某种相互规定的关系；另一方面，又通过"痕迹"的形式使得所有事物都不再仅仅具有当下存在的意义，而是与自身的历史与未来建立了某种相关关系。任一事物既是作为实在物体的自身，又是作为显示着他物同时在一定范围被他物所改变的信息体，这也意味着任一事物通过空间维度的变化展现着时间维度的变化，同时，也通过时间维度的变化展现着空间维度的变化。在这里，时间与空间实现了统一，也就意味着事物之对自身历史、现状、未来的全息性就是这样在这种复杂的相互作用中建构起来了。

---

① 邬焜：《信息哲学——理论、体系、方法》，商务印书馆2005年版，第205页。

第二节 自然、社会与人的非线性全息建构

在马克思恩格斯之后的马克思主义对辩证法的理解中，存在明显的分歧，要么以恩格斯的自然辩证法为理论依据从本体论意义去理解辩证法，把辩证法归结为一种物质本体论，这以所谓正统的苏联的马克思主义哲学研究为代表；要么从社会历史和人的角度出发，认为苏联的所谓正统的马克思主义严重曲解了马克思，马克思的辩证法并没有物质本体论的维度，进而也否认了自然界存在辩证法。他们往往强调辩证法只存在于社会与人之中，这以"西方马克思主义"的研究为代表，例如，卢卡奇就曾经指出："自然是一个社会范畴……自然是按照形式和内容，范围和对象性应该意味着什么，这一切始终都是受社会制约的"[1]，另外一位西方马克思主义的重要代表人物斯密特也认为马克思所理解的自然，"决不是在无中介的客观意义上，即决不是在本体论的意义上来理解这种人之外的实在"[2]。可以说卢卡奇和斯密特的观点基本上代表了西方马克思主义对于辩证法研究的主流态度，他们与苏联的哲学研究往往形成鲜明的对比，否认恩格斯对于马克思主义辩证法的贡献甚至割裂了两位创始人的理论联系。以上两种对马克思恩格斯辩证法的研究无疑都忽视了自然、社会与人之间的非线性全息建构的复杂相互作用，而仅仅把辩证法局限于某个孤立的领域之中，是无法对世界复杂自觉与反思的辩证本性进行深刻认识的。

我们回到恩格斯那里，它对自然、社会与人的内在统一关系有着明确的态度："我们一天天地学会更正确地理解自然规律，学会认识我们对自然界的习常过程所作的干预所引起的较近或较远的后果。……人们就越是不仅再次地感觉到，而且也认识到自身和自然界的一体性，而那种关于精神和物质、人类和自然、灵魂和肉体之间的对立的荒谬的、反自然的观点，也就越不可能成立了"[3]。马克思在反对费尔巴哈时虽然明确指出了旧唯物主义的错误，强调对人的主体实践活动对自然的影响，提出了

---

[1] ［匈］卢卡奇：《历史与阶级意识》，杜章智、任立等译，商务印书馆1992年版，第318—319页。

[2] ［德］施密特：《马克思的自然概念》，欧力同、吴仲译，商务印书馆1988年版，第14页。

[3] 《马克思恩格斯选集》（第4卷），人民出版社1995年版，第384页。

"人化自然"的观点,但这并不意味着他否定理解问题时的自然维度,只是和恩格斯进行了分工,两者观点的结合才更能体现他们共同的思想。就恩格斯而言,很多西方马克思主义认为他的自然辩证法有回到旧唯物主义之嫌,这样的理解恰恰是由于割裂了马克思和恩格斯的理论联系,事实上,恩格斯的辩证法的理论视域不仅仅局限于自然界,只是由于和马克思的分工,他的研究侧重点在自然科学领域,在《自然辩证法》之中,恩格斯就已经展开了人的问题的研究,并探讨了人的起源,这一部分事实上起到了连接的作用,使得唯物辩证法在体系上得以完整。

在对自然的理解中,我们借用当代最有影响力的复杂性研究者之一莫兰的思想来对马克思恩格斯的辩证法思想进行理解。莫兰非常认同恩格斯把人类学扎根于生物学,再把生物学扎根于物理学的合理性,认为人类现象在物理学中有其起源:前者不仅是从后者获得了物质质料,而且更重要的是承接了某种基本的组织形式,这种组织形式的进一步复杂化才导致了生物和人类现象的发生。在《自然之为自然》中,莫兰吸取了现代系统科学自组织理论的相关思想,试图用组织这一带有主观性色彩的概念去改变主客二分的解释世界的传统模式,并通过隐喻把整个世界描述为众多有组织能力的机器,从而在时间维度上把自然、生命、社会与人紧密联结起来。

马克思其实也并非把自然消解在人与社会之中,而忽视其独立存在的意义,正如他所说,"抽象思维本身是无,绝对观念本身是无,只有自然界才是某物"[1],而且,"没有自然界,没有感性的外部世界,工人什么也不能创造。"[2] 他不仅看到了人与自然都有着自身特有的规定性,彼此不能简单划归,也看到了彼此在差异基础上不可分割的全息映射关系,在他看来人的物质生活和精神生活须臾离不开自然界,"不外是说自然界同自身相联系"[3],正是在这个意义上,"人直接就是自然存在物",而自然界又"是表现和确证人的本质力量所不可缺少的、重要的对象"[4]。正是基于这样的理解,马克思把人类"社会经济基础的发展"当作"自然史的过程"来看待。马克思相关的这些阐释都使我们不能将自然界排除在辩

---

[1] 《马克思恩格斯全集》(第42卷),人民出版社1979年版,第177页。
[2] 《马克思恩格斯选集》(第1卷),人民出版社1995年版,第92页。
[3] 马克思:《1844年经济学哲学手稿》,人民出版社2000年版,第56—57页。
[4] 同上书,第105页。

证法的研究之外，而必须把它纳入到辩证法的理解之中，因为这种与社会内在全息的自然界也许今天并未进入到人的实践之中，还没有成为"人化自然"的一部分，但是随着人类实践的深入，它们会慢慢逐步走进人和社会的发展之中。

虽然恩格斯受时代局限不可能对系统问题做深入研究，但与莫兰相同，恩格斯同样把世界看作是一个不断运动着的系统整体，"整个自然界构成一个体系，即各种物体相联系的总体……它们是相互作用着的，而这种相互作用就是运动"[1]。这里虽然恩格斯并没有用到"组织"这个词，仅仅把相互作用理解为运动，这很容易让我们把相互作用的运动简单化，但是恩格斯清楚地看到了运动本身所具有的复杂性："在物质的固有的特性中，最重要的特性就是运动，它不仅表现为机械的和数学的运动，而且主要表现为物质的冲动、生机、紧张，或者用雅科布·伯麦的术语来说，是物质的痛苦"[2]，这里的"运动""联系"还有我们非常熟悉的"矛盾"，不难发现恩格斯所指这种联系不仅是简单的、机械的相互作用，更重要的是"趋向、生命力、紧张"，也就是自然界的不断自组织生成。在这里恩格斯与莫兰虽然表述不同，但在对自然的解释上基本观点是相近的，都认为自然界不断地通过复杂的联系作用不断更新生成着自身，也都认为人类同样也是自然界自我更新、自我生成的产物，是自然界演化的结果，正如恩格斯所说；"人也是由分化而产生的。不仅从个体方面来说是如此——从一个单独的卵细胞分化为自然界所产生的最复杂的有机体，而且从历史方面来说也是如此"[3]。

马克思恩格斯不仅仅看到从自然到人与社会这一单向过程，否则就有回到旧唯物主义之嫌，但这一过程决不能被忽视，重要的在他们看来是该过程不是单向的而是双向的，即从人与社会到自然这个递归过程同样不能忽视，这样才能达到对它们关系的真正的辩证认识。正如莫兰所说，"在此我们可以更明确地表述一遍他1844年手稿中已提出的观点，即我们是自然的产物，自然是人类社会的产物。借助于递归的观点，我们进一步明白了以上两个相反的命题是互补的而不是不共戴天的，条件当然是它们都

---

[1] 《马克思恩格斯选集》（第4卷），人民出版社1995年版，第347页。
[2] 《马克思恩格斯选集》（第3卷），人民出版社1995年版，第698—699页。
[3] 《马克思恩格斯选集》（第4卷），人民出版社1995年版，第273页。

被统合进了一个关于知识的组织——生产理论的实践之中"①。人与社会一经产生就不可能完全服从于自然的支配,而是不断通过实践使自然"人化",这是马克思恩格斯的自然观与旧唯物主义自然观的明显不同,正如恩格斯所说:"现在整个自然界也融解在历史中了"②。以费尔巴哈为典型代表的旧唯物主义者们看不到人与自然之间存在着的真实的辩证关系,只是看到了自然独立于社会的一面,而忽视了自然、社会与人内在融合、全息建构的一面,对于这一点马克思在批评包括费尔巴哈在内的一切旧唯物主义时明确指出了他们理解的缺点在于:"只是从客体的或者直观的形式去理解,而不是把它们当作感性的人的活动,当作实践去理解,不是从主体方面去理解"③,在此基础上,明确了自己的观点:"没有看到,他周围的感性世界决不是某种开天辟地以来就直接存在的、始终如一的东西,而是工业和社会状况的产物,是历史的产物,是世世代代活动的结果"④。也就是说,随着人类文明的进步,与人有着紧密关联的自然界已经深深地打上了人类的烙印,已经与人类内在融合为一体了。可见,与莫兰的复杂性思想相似的是,马克思恩格斯已经把自然的社会化与社会的自然化看作是不可分割的两个过程,二者互相生成,在承认自然界在发生学意义上优先地位的同时,同样关注了作为和人与社会融为一体并与之交互作用的自然,在这里二者何者优先无论在逻辑还是在现实中都是无法确定的。在这里,不仅人与社会是自然的产物,而且自然也是在人类社会的干扰、作用和影响下生成变化着的。这样就形成了从人与社会到自然的递归,在现实中持续进行就表现为莫兰所讲的"循环",马克思虽然没有深入论述,但他却有着极其类似的观点:"这种自然宗教或对自然界的特定关系,是由社会形式决定的,反过来也是一样。"⑤ 所以我们对这一问题的理解一定要有两个向度,既要看到由自然向人与社会的过渡,又要看到人与社会向自然的过渡,而且这两个过程就如同作用力与反作用力一样是同时进行的,而且是相辅相成的。

---

① [法]埃德加·莫兰:《方法:天然之天性》,吴泓缈、冯学俊译,北京大学出版社2002年版,第303页。
② 《马克思恩格斯选集》(第4卷),人民出版社1995年版,第344页。
③ 《马克思恩格斯选集》(第1卷),人民出版社1995年版,第54页。
④ 同上书,第76页。
⑤ 同上书,第82页。

这样，在自然、人与社会的回环建构过程中，从本体意义上去寻找最初的本原也只剩下了发生学归根结底的意义，在现实演化中三者一经生成就互为原因也互为结果，再价值意义去追寻何者具有更高的价值性在这里也显得有些空洞，也就是说马克思恩格斯并非要把自然划归为社会的一个部分来处理，也不是要把人与社会划归为自然的一个部分来处理，这样必然带有简单机械性的特点。自然、人与社会在反复的循环建构中实际上是既有着自身的相对独立性又彼此全息映射、协同演化的。当然强调它们的统一性并非是把它们看作是浑然一体，不分彼此，三者的内在统一也是基于三者彼此差异的统一，正如恩格斯所说，"而历史和自然史所以不同，仅仅在于前者是有自我意识的机体的发展过程"①。从复杂性的角度来看，自然、社会与人都是有着自身特有的组织方式的系统，不可简单的彼此划归，根据莫兰的两重性逻辑，它们彼此独立甚至在现实中彼此还存在对立与冲突，但同时又是相互协同、全息映射的。这与马克思恩格斯的矛盾思想是一致的，只是我们在的理解往往强调了两体之间的矛盾，而忽视了矛盾在多元作用中的复杂性表现。比如恩格斯在探讨财富源泉的问题时针对仅仅把劳动看作是财富唯一源泉的观点时强调指出："其实，劳动和自然界在一起它才是一切财富的源泉，自然界为劳动提供材料，劳动把材料转变为财富"②，在这一点上马克思持有同样的观点："在实践上，人的普遍性正表现为这样的普遍性，它把整个自然界……变成人的无机的身体。自然界，就它本身不是人的身体而言，是人的无机的身体。"③ 在这里马克思用"无机的身体"很好地说明了自然与人即相互独立又相互依存的关系，而且也进一步说明了自然、社会与人三者全息协同的建构关系，"社会是人同自然界的完成了的本质的统一，是自然界的真正复活，是人的实现了的自然主义和自然界的实现了的人道主义"④。可见，通过三者全息的协同建构，自然、社会与人紧密融为一体，离开其中任何一方对其他两方面的理解都是不准确的。

这种全息协同建构，不仅表现在空间意义上，还体现在不断展开的历史过程之中即时间意义上，"历史的每一阶段都遇到一定的物质结果，一

---

① 《马克思恩格斯选集》（第4卷），人民出版社1995年版，第344页。
② 同上书，第373页。
③ 《马克思恩格斯选集》（第1卷），人民出版社1995年版，第45页。
④ 《马克思恩格斯全集》（第42卷），人民出版社1979年版，第122页。

定的生产力总和，人对自然以及个人之间历史地形成的关系，都遇到有前一代传给后一代的大量生产力、资金和环境，尽管一方面这些生产力、资金和环境为新的一代所改变，但另一方面，它们也预先规定新的一代的生活条件，使它得到一定的发展和具有特殊的性质。由此可见，这种观点表明：人创造环境，同样环境也创造人"①。这里的环境显然即包括社会的，又包括自然的，马克思恩格斯这里其实也表述了"自然"与"人与社会"相互创造的复杂性思想，这样，自然就像纽带一样把不同代人的生产与生活方式联系起来，成为人类历史不可或缺的重要参与者，正是在这个意义上，"人同自然界的关系直接就是人和人之间的关系"②。

莫兰表达了与马克思恩格斯相近的思想，"没有独立于人的自然，也就是说，它不可能脱离人的感知、人的逻辑、人的文化和社会而存在"③，并在此进一步指出了他的理论目标与传统的取消主体或客体以实现世界的统一性的简单做法不同，"此处的目标决不是黑格尔式的，即在系统世界建立理念系统的一统天下。而是要在认识的组织和组织的认识之间寻找隐秘的、异常的连接"④。这里所谓"隐秘的、异常的连接"我们可以在恩格斯的《自然辩证法》找到与此相似的思想，他认为人的思维的发展正是在人和自然的关系处理中逐渐完善的，是人和自然双向建构的结果，"人的思维的最本质和最切近的基础，正是人所引起的自然界的变化，而不仅仅是自然界本身"⑤。这一点在马克思那里体现得尤为明显，他认为人类通过感觉、直观和思维等方式去认识自然的能力正是在于自然界的不断作用中形成的，正如马克思所说："人的感觉、感觉的人性，都只是由于它的对象的存在，由于人化的自然界，才产生出来的。五官感觉的形成是以往全部世界历史的产物。"⑥ 在这里可以清楚地看到，在人类产生以后，自然、社会与人的发展，虽有着自身的规定性，不可彼此划归，但又彼此相互生成转化、内在渗透融合，呈现为互为因果前提、基础与条件；历史、现实与未来关系的多重全息映射，要真正理解这种关系就必须打破

---

① 《马克思恩格斯选集》（第1卷），人民出版社1995年版，第92页。
② 《马克思恩格斯全集》（第42卷），人民出版社1979年版，第119页。
③ ［法］埃德加·莫兰：《方法：天然之天性》，吴泓缈、冯学俊译，北京大学出版社2002年版，第141页。
④ 同上书，第143页。
⑤ 《马克思恩格斯选集》（第4卷），人民出版社1995年版，第329页。
⑥ 《马克思恩格斯全集》（第42卷），人民出版社1979年版；第126页。

以往科学与人文的对立并建立二者的联合来共同揭示复杂性的奥秘。

很多学者往往忽视从"自然到社会与人"和"从社会与人到自然"这一双向辩证过程而只强调其中之一,这也一定意义上导致了后来研究中的分歧,割裂了马克思恩格斯的理论联系。莫兰曾经把自己的复杂性思想概括为三个基本原则:两重性逻辑;循环;全息。① 结合两重性逻辑原则,"自然到社会与人"和"从社会与人到自然"这样看似对立的原理事实上是相互补充的;结合循环的原则,自然、社会与人又是一个持续反复递归循环建构的现实过程,是具体的丰富的,更是真实的;结合全息原则,自然、社会与人并没有清晰的界限,而是彼此相互嵌套、相互蕴含、相互生成,成为一个统一的动态整体。结合莫兰的复杂性思想,我们会发现马克思恩格斯的辩证法思想其实内在融合为一体的,单纯从自然的角度或单纯从人与社会的角度去解读,都会造成理论上的歧义,这对我们重新理解马克思恩格斯的辩证法有着重要的理论意义。

第三节　自然界非线性的全息建构

恩格斯在对自然的辩证理解中,强调近代科学"把自然界中的各种事物和各种过程孤立起来,撇开宏大的总的联系去进行考察"②,在这里恩格斯明确强调要克服近代科学的局限性,就要从自然界"宏大的""总的"联系去理解,要把所有自然界的事物与过程联结起来进行考察。可以想象在恩格斯所设想的自然图景里,所有的自然物都总的联系在一起,当然如果仅仅用简单的两两直接相互作用,是无法描述这种"宏大的"自然界非线性全息建构的图景的。

一　自然界空间意义上的非线性全息建构

自然界万事万物的普遍相互作用在恩格斯看来都是自然界总的联系的一部分,而且这种总的联系又表现为有无穷层次的更小的总的联系,甚至作为自然界中某个有机生命体,正如恩格斯所说,"一个有机生物的个别部分的特定形态,总是和其他部分的某些形态息息相关,哪怕在表面上和

---

① [法] 埃德加·莫兰:《我的精灵》(法文版), Stock 出版社 1994 年版, 第212页。
② 《马克思恩格斯选集》(第3卷), 人民出版社 1995 年版, 第360页。

这些形态似乎没有任何联系"①。正是这样,事物的存在性质往往无法在传统可感知实在意义上明确规定,因为无论是质量和能量,使事物的区别仅仅限于量的范围,因为在实在意义上,"一切所谓物理力,即机械力、热、光、电、磁,甚至所谓化学力,在一定的条件下都可以互相转化,而不会损失任何力"②。这使得我们再去用观念去把握不同事物的性质差异的时候,发现,"最后,各种自然力的同一性及其相互转化,这种转化使范畴的一切固定性都终结了"③。这使得我们不得不从自然物的内在与外在关系中也就是其作为系统的结构中去把握一个事物的性质,而这些非实在的不可感知的因素是我们理解事物与事物之间有着界限的根本方式,尽管这些非实在因素仍然必须以可感知的实在为载体,但是在自然界的现实存在中。它们的非实在的内外部关系似乎比实在因素更稳定,更容易把握,比如整体的生态环境中,具体的生命体生生灭灭,但它们所形成的整体生态环境却可以相对稳定的保持,从而在一定程度上规定具体物种存在和发展的具体性质和数量。

我们不能苛求马克思恩格斯对信息问题有深刻的认识,这毕竟是现代科学才关注的问题,但是恩格斯确实已经意识到了自然界的全息现象,并有了一个粗线条的描述:"任何一个有机体,在每一瞬间都是它本身,又不是它本身;在每一瞬间,它同化着外界供给的物质,并排泄出其他物质;在每一瞬间,它的机体中都有细胞在死亡,也有新的细胞在形成;经过或长或短的一段时间,这个机体的物质便完全更新了,由其他物质的原子代替了,所以,每个有机体永远是它本身,同时又是别的东西"④;"物质在其一切变化中仍永远是物质,它的任何一个属性任何时候都不会丧失"⑤。这里恩格斯虽然没有使用信息的概念,但这些表述却已经清楚表达了全息的思想。对于这一问题我们还可以从恩格斯对生物学的关注中看出端倪,恩格斯在认真研究了当时生物学的发展后,曾经明确指出了生物在进化过程中所表现出来的全息现象:"形态学上的各种形态在一切发展阶段上的重现:细胞形态〔在 Gastrula(原肠胚)中已经有两种主要的细

---

① 《马克思恩格斯选集》(第4卷),人民出版社1995年版,第376页。
② 同上书,第269页。
③ 同上书,第303页。
④ 《马克思恩格斯选集》(第3卷),人民出版社1995年版,第361页。
⑤ 《马克思恩格斯选集》(第4卷),人民出版社1995年版,第279页。

胞形态]——一定阶段上的体节形成：环节动物，节足动物，脊椎动物。——在两栖类动物的幼虫中，海鞘幼虫的原始形态重现了"①，这段话中恩格斯所描述的一些生物学特征在生物后续演化中重现的现象所表现出的全息思想同当代生物学的一些全息理论表现出了高度的契合。值得注意的是马克思也有着对这种全息的深刻阐释，比如他认为太阳"是植物的对象，是植物不可缺少的，确证它的生命的对象，正像植物是太阳的对象，是太阳唤醒生命的力量的表现一样"②。按照我们通常的理解，太阳对植物的影响是一种因果关系，而马克思却认为它是太阳本身的一种"表现"，是太阳表明自己是什么的一种手段，并且按照这种方式作为太阳的信息体是太阳的一部分。为了阐明这一点，马克思作了补充："一个存在物如果在自身之外没有自己的自然界，就不能是自然存在物，就不能参加自然界的生活。"③ 这表明自然界中像太阳和植物这样的任何存在物在它们自身之外都有它们的自然界，它们的关系在马克思这里都被认为是属于彼此的，或者说它们是内在全息的。

传统理解物质间的相互作用往往仅限于物质和能量这些可感知实在，而世界各个层次系统（或用恩格斯的话——总体的）形成在可感知实在层面是无法清晰阐释的，带有者强烈的神秘的超验色彩。当我们引入了全息的视角，这一问题才有了清晰的答案，事物的总体性恰恰是由于事物之间及事物内部普遍的非线性全息建构来实现的。当代信息科学告诉我们，由于事物对信息的不断同化和异化，必然会形成对信息的反馈回路，而不断地信息反馈回环就实现了系统整体的建构。回到恩格斯，我们惊奇地发现，恩格斯对这一问题也有着相应的阐释，这主要体现在他对因果现象的解释中："原因和结果这两个概念，只有应用于个别场合时才适用；可是，只要我们把这种个别的场合放到它同宇宙的总联系中来考察，这两个概念就联结起来，消失在关于普遍相互作用的观念中，而在这种相互作用中，原因和结果经常交换位置；在此时或此地是结果，在彼时或彼地就成了原因，反之亦然。"④ 而这种现象普遍地存在于自然界之中："正如我们已经指出的，动物通过它们的活动同样也改变外部自然界，虽然在程度上

---

① 恩格斯：《自然辩证法》，人民出版社1984年版，第289页。
② 马克思：《1844年经济学哲学手稿》，人民出版社2000年版，第106页。
③ 同上。
④ 《马克思恩格斯选集》（第3卷），人民出版社1995年版，第361页。

不如人的作为。我们也看到：由动物改变了的环境，又反过来作用于原先改变环境的动物，使它们起变化。因为在自然界中任何事物都不是孤立发生的。每个事物都作用于别的事物，并且反过来后者也作用于前者，而在大多数场合下，正是由于忘记了这种多方面的运动和相互作用，就妨碍了我们的自然研究家看清最简单的事物。"① 而且，在生命有机体那里，这点体现得尤为明显："但是手并不是单独存在的。它只是整个具有极其复杂的结构的机体的一个肢体。凡是有益于手的，也有益于手所服务的整个身体，而且这是以二重的方式发生的。"②

二 自然界时间意义上的非线性全息建构

如果仅仅在空间尺度上理解非线性全息建构的现象，那么就把这一复杂现象大大简化了，事物之间的相互作用往往会有时间维度的意义，历史往往作为"痕迹"保存在当下的空间中对现存事物的存在演化形成重要影响，所以对相互作用的理解不应仅限于对当下的把握，而把过去和未来排除在外，正如恩格斯所说："诸宇宙在无限时间内永恒重复的先后相继，不过是无数宇宙在无限空间内同时并存的逻辑补充。"③ 恩格斯从康德—拉普拉斯的星云假说与当时地质学的发现中，已经明确地指出了在历史的"痕迹"中时间与空间内在的统一起来："如果地球是某种生成的东西，那么它现在的地质的、地理的和气候的状况，它的植物和动物，也一定是某种生成的东西，它不仅在空间中必然有并存的历史，而且在时间上也必然有前后相继的历史。"④ 我们可以看到，这里曾经在过去实在存在的事物虽然消失了，但它又以非实在的形式存在于后续的空间结构中，对于这种我们靠感官无法直接把握并且不能简单用传统"物质"观念去理解的非实在现象，我们将其看作是过去已消失的实在存在物的自身显示，即信息。

在上述这个意义上，传统的存在观就必须转化为一种过程观，正如恩格斯所说，"自然界不是存在着，而是生成并消逝着……地质学产生了，它不仅指出了相继形成起来的逐一重叠起来的地层，并且指出了这些地层

---

① 《马克思恩格斯选集》（第4卷），人民出版社1995年版，第381页。
② 同上书，第375—376页。
③ 同上书，第278页。
④ 同上书，第267页。

中已经死绝的动物的甲壳和骨骼,以及已经不再出现的植物的茎、叶和果实。必须下决心承认:不仅整个地球,而且地球今天的表面以及生活于其上的植物和动物,也都有时间上的历史"①。这里恩格斯着重阐述了地球上一切事物时间上的历史,事实上是明确把事物的存在看作是一个现实展开的过程。这主要是因为地球上的一切自然物在空间意义上是普遍相互作用并全息映射在这一过程中。对于过去而言,许多事物虽然已经消失,但它们的痕迹也即它们的信息却会以各种方式保存下来,对于其他事物的演化与发展继续起着一定的作用。恩格斯对自然界在时间意义上的全息问题也有过比较清晰的表述:"孩童的精神发展是我们的动物祖先、至少是比较晚些时候的动物祖先的智力发展的一个缩影,只不过更加压缩了。"②这段论述中所说的"缩影"所体现出来的思想与当代全息理论关于自然演化历史、现实与未来的全息关系的理论可谓是不谋而合。因为孩童的精神发展正是在对生物历史重演再现的过程中展开的,生物进化的历史都以信息的方式或多或少的(信息在复制、存储的过程中存在着耗散的问题)存储在每个生命个体之中。对于这种历史演化的全息关系,马克思也有着类似的观点,"人体解剖对于猴体解剖是一把钥匙,反过来说,低等动物身上表露的高等动物的征兆,只有在高等动物本身已被认识之后才能理解"③。

时空转化的信息凝结并不仅仅是针对过去的历史而言,它还指向未来:"不论这个循环在时间和空间中如何经常地和如何无情地完成着,不论有多少亿个太阳和地球产生和灭亡,不论要经历多长时间才能在一个太阳系内而且只在一个行星上形成有机生命的条件,不论有多么多的数也数不尽的有机物必定先产生和灭亡,然后具有能思维的脑子的动物才从它们中间发展出来,并在一个很短的时间内找到适于生存的条件,然后又被残酷地消灭,——尽管如此,我们还是确信:物质在其一切变化中仍永远是物质,它的任何一个属性任何时候都不会丧失,因此,物质虽然必将以铁的必然性在地球再次毁灭物质的最高的精华——思维着的精神,但在另外的地方和另一个时候又一定会以同样的铁的必然性把它重新产生出来。"④

---

① 《马克思恩格斯选集》(第4卷),人民出版社1995年版,第267—268页。
② 同上书,第383页。
③ 《马克思恩格斯选集》(第2卷),人民出版社1995年版,第23页。
④ 《马克思恩格斯选集》(第4卷),人民出版社1995年版,第279页。

这表明，事物现存的时空结构本身就一定程度上规定着事物未来演化的方向。当然这种未来演化的过程绝不是完全决定论式的，它有着多种可能，对于其中的某一种可能性无论方式和方向的选择都依赖一定的相关条件。

自然界的这种在时间尺度上的全息现象必须引起我们关注，恩格斯曾提醒我们："在今天的生产方式中，面对自然界以及社会，人们注意的主要只是最初的最明显的成果，可是后来人们又感到惊讶的是：人们为取得上述成果而做出的行为所产生的较远的影响，竟完全是另外一回事，在大多数情况下甚至是完全相反的。"① 我们在实践中，经常带着线性思维去关注我们实践活动带来的直接结果，而忽视由于时间尺度的全息现象的存在，这种结果必然会以我们不易察觉的方式在时间领域产生更加深远的影响，而且这些影响更多不是我们实践所设想的目的，当代的自然环境由于人类的实践活动所造成的诸多问题事实上也证实了恩格斯的判断。当然，自然界体现出的这种非线性的复杂性在恩格斯看来并不是不可认识的，重要的是我们要对自然的复杂性要有自觉的意识，只有这样，"如果说我们需要经过几千年的劳动才多少学会估计我们的生产行为的较远的自然影响，那么我们想学会预见这些行为的较远的社会影响就更加困难得多了……但是，就是在这一领域中，经过长期的、往往是痛苦的经验，经过对历史材料的比较和研究，我们也渐渐学会了认清我们的生产活动的间接的、较远的社会影响，因而我们也就有可能去控制和调节这些影响"②。

这样，当我们对普遍联系进行复杂性的理解时，一方面带给我们一个丰富化、多样化的自然界，从上面的论述我们不难发现，非线性全息建构不同于简单的线性作用关系的实质在于，非线性相互作用能够通过不断的全息建构产生出不同层次的系统，而不同层次的系统因为有着自身特定的信息反馈回路而表现为一个有着特定性质的整体，自然界呈现出形态各异的具体物质形态，表现为多元化和多样化；另一方面也带给我们一个统一的自然界，一切事物无论何时何地，由于非线性的全息现象的存在，都与其他一切事物或是紧密或是疏松地联结在一起，这样自然界的万事万物联结为一体，自然界表现为统一性。

---

① 《马克思恩格斯选集》（第4卷），人民出版社1995年版，第386页。
② 同上书，第384—385页。

第四节　人类社会非线性的全息综合建构

从全息建构的非线性联系的角度去分析社会历史，就会发现，社会作为一个有机系统的发展变化，其内在比起自然界更加丰富和复杂，在不同的层次上存在着诸多次级的社会系统。例如社会大系统之中，包含生产力、生产关系、政治制度、国家行政、意识形态、价值观念、阶级、人口、等等，而每一次级系统中又包含着更小的系统，同级系统之间、不同层次的系统之间、每一系统内部的各种因素之间都存在着各种各样、或紧或密的联系，彼此之间都因此相互交织贯通、内在渗透融合的全息映射着。这些高层次与低层次的系统相互作用、彼此渗透、交叉往复的全息建构，引出无数条相互作用之线，联结成无数错综复杂的交互联系网络，这种社会联系网络是异常复杂和宏大的，其中任何一点的变化，都或多或少会引起其他点的变化，并一定程度影响着整个社会的起伏变动。而我国对社会这种复杂的非线性辩证关系的认识由于长期受到斯大林模式的影响也经历了一个逐渐深化的过程。

马克思运用辩证法的思想深入分析了他所在的社会经济系统，众所周知，他的辩证法思想是指向现实社会的，而现实社会又是复杂的，各种社会经济因素往往是处于一种普遍相互融合之中。我们往往因为概念的简单抽象而割裂了它们内在的联系，所以马克思提醒我们："在研究经济范畴的发展时，正如在研究任何历史科学、社会科学时一样，应当时刻把握住：无论在现实中或在头脑中，主体——这里是现代资产阶级社会——都是既定的；因而范畴表现这个一定社会即这个主体的存在形式、存在规定、常常只是个别的侧面。"[1] 那么，如何怎样才能全面地理解马克思也给出了我们明确的答案，在批判蒲鲁东时，马克思指出他所提出的经济学范畴是"实在的、暂时的、历史的社会关系的抽象"，应该"表现它的各种关系的范畴以及对于它的结构的理解"[2]，并且它们"仅仅在这些关系存在的时候才是真实的"[3]。从这里可以看出，马克思把每个经济学范畴

---

[1]《马克思恩格斯选集》（第2卷），人民出版社1995年版，第24页。
[2] 同上书，第23页。
[3]《马克思恩格斯选集》（第4卷），人民出版社1995年版，第536页。

所指代的对象都理解为社会系统的一个要素，它与社会其他要素密切的联系在一起，构成了一个独特的结构。正是在这个意义上，马克思赋予了所有具体的社会要素一种全息的属性。比如说资本，马克思曾经把它描述为"剥削雇佣劳动的财产，只有在不断产生出新的雇佣劳动来重新加以剥削的条件下才能增殖的财产"①。这里资本与劳动的关系被看成资本本身的一部分，而且这种关系中还应该包括作为"不变资本"和"可变资本"的机器与工人，同时"资本就必然地同时是资本家……资本的概念中包含着资本家"②，不仅如此，"它是社会某一部分人所垄断的生产资料"③，以及"货币""商品"，甚至"吸收创造价值的力的价值"也是资本。从这些不同描述中我们会发现，并不是马克思在制造逻辑的混乱，而是在他看来，诸多社会的要素诸如财产、雇佣劳动、工人、工作、产品、商品、生产资料、资本家、货币和价值之间存在着复杂的相互依存、融合、嵌套的全息映射关系。

推而广之，我们会发现马克思所分析的所有具体社会经济要素都是被放在这种全息融合的关系中去考察的，把我们原来仅仅看成是外在存在的因素都当作它们的内在因素而包含在它们本身当中，比如马克思在谈到生产与消费的关系的时候，批评了有些经济学家没有对二者的联系给予足够的重视："这种责备的立足点恰恰是这样一种经济观点，即把分配当作与生产并列的独立自主的领域"；而马克思的态度却是明确的："生产直接是消费，消费直接是生产。"④ 按照通常的理解，一个社会要素往往具有至少逻辑意义上的独立性，与其他社会要素仅仅是外在的联系，而这种外在联系并不会影响到该社会要素的原有属性，所以我们可以将一个社会要素抽取出来进行独立研究。但马克思看来，这种关系确是内在于每个要素的，所以当一个关系发生大的变化时，要素本身也会变成某种别的东西。例如，如果雇佣劳动消失了即工人与资本家的关系改变了，资本也就不存在了；反过来也是一样，"一旦没有资本，也就不再有雇佣劳动了"⑤。最重要的是随着这种关系的改变，资本主义社会中所有社会要素都会失去它

---

① 《马克思恩格斯选集》（第1卷），人民出版社1995年版，第286页。
② 《马克思恩格斯全集》（第30卷），人民出版社1974年版，第508页。
③ 《马克思恩格斯选集》（第2卷），人民出版社1995年版，第577页。
④ 同上书，第9页。
⑤ 《马克思恩格斯选集》（第1卷），人民出版社1995年版，第289页。

们原来的意义。

到这里，我们仍然没有真正理解到马克思在分析资本主义社会经济系统真正复杂的一面，因为马克思还有着深刻的时间维度的全息映射视野。因为考虑到任何系统都是一个过程，非线性的联系往往表现为超空间的形式，也就是说，我们需要既看到每一个社会要素与自身的过去和未来有着内在联系，又要看到每一个社会要素与周围要素的过去和未来有着内在联系，对于这一点马克思有着深刻的认识，比如他在谈到家庭问题的时候说："现代家庭在萌芽时，不仅包含着奴隶制，而且也包含着农奴制，因为它从一开始就是同田野耕作的劳役有关的。它以缩影的形式包含了一切后来在社会及其国家中广泛发展起来的对立"①，另外他指出，"血缘家庭已经绝迹了。甚至在历史所记载的最粗野的民族中间，也找不出一个可以证实的例子来。不过，这种家庭一定是存在过的，如今还在整个波利尼西亚通行的，夏威夷的亲属制度使我们不能不承认这一点，因为它所表现的血缘亲属等级只有在这种家庭形式之下才能产生；家庭后来的全部发展，使我们不能不承认这一点，因为这一家庭形式作为必然的最初阶段决定着家庭后来的全部发展"②。这里所蕴含的历史与未来关系全息的思想是清晰可见的。

相关的例子还有很多，我们再以资本论为例，对马克思来说，理解资本同样要理解资本现在是什么，过去是什么和将会成为什么。正是基于这样一种理解他这样论述货币和商品，"在生产过程之前，货币和商品仅仅从自己的目的来说，从可能性来说，从自己的使命来说，才是资本"，也是通过这种方式，我们可以从产品中看到形成产品的劳动，也可以从劳动中看到它将成为的产品。按照这种理解，现在变成了从过去延伸到未来的连续体的一部分。在这里一切社会变化都被看成了潜在的即将实现，和已经存在的过程的未来展开，当然这种变化的载体仍然是关系，是关系在时间维度的展开和变化。而这种变化往往是抽象的概念所无法清晰描述的，同一社会要素在马克思那里往往被赋予不同的名称，比如资本和利息；再比如劳动力、商品和可变资本。这也意味着同一社会要素在不同时空背景下有着不同的价值和意义，但这些又是内在关联的。

---

① 《马克思恩格斯选集》（第4卷），人民出版社1995年版，第55页。
② 同上书，第34页。

由于在时间维度上的不断同化和异化着自身和外界的信息，使得社会要素也不断改变着自身以适应变动不居的环境。马克思在使用概念时所表达的含义往往是不稳定的，他在任何确定时间对构成社会现实的相互关系的理解都反映在他所使用的概念上，但这些相互关系却处在不断的变化之中。对于这种抽象概念对现实事物的非线性全息关系的复杂性所表现出来的表达方面的局限性，马克思有着清晰的认识，所以他在使用概念的时候表现出了非常明显的灵活性，这一点恩格斯清楚地告诉我们，我们不应该指望"到马克思的著作中"找到任何"不变的、现成的、永远适用的定义"。[①] 恩格斯对于社会历史时间意义上的全息同样有着深刻的理解，比如在谈到以往社会对于现在的意义时强调："只有奴隶制才使农业和工业之间的更大规模的分工成为可能，从而使古代世界的繁荣，使希腊文化成为可能。没有奴隶制，就没有希腊国家，就没有希腊的艺术和科学；没有奴隶制，就没有罗马帝国。没有希腊文化和罗马帝国所奠定的基础，也就没有现代的欧洲。我们永远不应该忘记，我们的全部经济、政治和智力的发展，是以奴隶制既成为必要、同样又得到公认这种状况为前提的。在这个意义上，我们有理由说：没有古代的奴隶制，就没有现代的社会主义。"[②] 这说明在恩格斯看来，人类文明的任何一个阶段在时间上也许会消失，它的很多特征却会永远保留在未来的社会的研究过程中。

可见，马克思恩格斯虽未必知道对非线性、信息这些概念有过专门的思考，但通过他们的具体论述不难看出，整个社会历史内部的所有因素无论是在空间维度还是在时间维度都在进行着复杂的全息建构的非线性作用。

第五节　社会生产形式非线性的全息综合建构

马克思恩格斯在对历史的解释中，把生产概念置于核心和基础的地位是不争的事实，但我们往往会受简单性思维的影响对其进行简化理解，常见的是把生产理解为物质资料的生产。这种理解就把马克思的社会辩证法变成了简单机械的经济决定论，随着对该问题在理论和实践中认识的深

[①]《马克思恩格斯全集》（第25卷），人民出版社1974年版，第17页。
[②]《马克思恩格斯选集》（第3卷），人民出版社1995年版，第524页。

化，这种理解的片面性日益显现出来，很多学者对此都进行了深入的探讨。邬焜教授从复杂性的视角对此提出了自己的看法，认为马克思和恩格斯的生产理论不能简单理解为物质资料的生产，而应该从"全面生产理论"的意义上把人自身的生产、精神生产以及社会关系的生产都纳入到对生产的理解中。①

由于各种原因使我们对于社会生产的理解往往限于物质资料的生产，回到马克思恩格斯，他们所理解的生产显然不仅局限于物质生活资料的生产，恩格斯就曾经指出，生产形式并不局限于我们通常理解的生产——生产资料和生活资料的物质生产，还包括另外的内容，正如他所说："另一方面是人自身的生产，即种的蕃衍。"② 可见人自身的生产同样是人类生产活动中不可或缺的组成部分，因为"全部人类历史的第一个前提无疑是有生命的个人的存在"③。从恩格斯的相关表述中不难理解人自身的生产就是指人类自身世世代代的繁衍，当然这里除了生理意义上的繁殖后代还应该包括人的培养和教育等活动，没有这个意义上的生产，人类社会的存在与发展是无法想象的，也就是说，人自身的生产同物质资料的生产一样也是社会存在和发展的基本前提和必要条件。除了物质生产和人自身的生产之外还有"思想、观念、意识的生产"④，这指的是精神生产也就是人类创造精神形态产品的活动与过程。马克思对此进行了深入探讨，把精神生产区分为两种基本形式：一种基本形式是常见的书籍、绘画这些精神产品的生产，这些"具有离开生产者和消费者而独立的形式"；另外一种基本形式是"产品和生产行为不能分离"⑤，也就是说，产品在精神生产者在生产中被他人或自己直接用来消费掉了，比如表演艺术、教师、医生等等情况。另外，马克思除了以上三种生产外还提出了"交往形式本身的生产"⑥，这些"交往形式"或者说交往关系都是在"直接从生产和交往中发展起来的"⑦，"个人相互交往的条件……是由这种自主活动产生出

---

① 邬焜：《论马克思和恩格斯"全面生产理论"的复杂性特征》，《中国人民大学学报》2006年第6期，第86—92页。
② 《马克思恩格斯选集》（第4卷），人民出版社1995年版，第2页。
③ 《马克思恩格斯选集》（第1卷），人民出版社1995年版，第67页。
④ 同上书，第72页。
⑤ 《马克思恩格斯全集》（第48卷），人民出版社1985年版，第62页。
⑥ 《马克思恩格斯选集》（第1卷），人民出版社1995年版，第123页。
⑦ 同上书，第131页。

来的"①。也就是说，从生产关系或者说更宽泛意义的交往关系自身的产生和发展过程的意义上，生产关系或交往关系只能是生产活动不可分离的一部分，或者说是内在于生产活动过程本身。

结合上述马克思恩格斯关于人类生产形式的多样性的阐释，他们的"全面生产"的理论就呈现给我们，在他们看来，上述四种具体的生产活动虽然有着各自的规定性，在表现形式上存在明显差异，但在社会生产的整体运行过程中并不是各自为战的，而是处在彼此内在融合的全息非线性相互作用之中，呈现出明显的"你中有我，我中有你"的特点。正是在这种非线性的全息相互作用，使得人类社会生产就形式而言呈现出多样性、统一性与整体性等特点。对于上述四种具体生产活动形式的多样统一、内在融合、全息建构的非线性关系，马克思恩格斯虽然并没有用现代科学中的语言进行描述，但仔细分析不难发现他们对此有着清晰而深刻的理解。

首先对于整个社会而言最重要的是物质生活资料的生产，这是整个人类社会存在的基础，因为"为了生活，首先就需要吃喝住穿以及其他一些东西"②，只有这个问题得以解决，人类的其他活动才有了保障。但这绝不是人类社会的唯一活动，与物质生活资料的生产同时进行的还必须包括人自身的生产，"每日都在重新生产自己的生命的人们开始生产另外一些人，即繁殖"③，这里所指的人自身的生产包括两个方面：一方面指的是"重新生产自己的生命"即自己维持自身生命所必需的活动；另一方面则指的是"生产另外一些人"即种的繁衍。在马克思恩格斯看来，物质生产和人自身生产具有内在融合、全息渗透的统一性关系，因为任何生产者要进行生产活动首先必须保持自身作为自然生命体的正常维持和延续，当然我们这里不仅是指生命或生理意义上的维持和延续，而且还指人必须通过各种形式的教育才能真正成为具有生产能力的现实生产者；同时，单个的人作为一个生命体同其他动物一样生命是有限的，而人类整体的生产活动却是持续不断在向前推进的，所以人生命的生产同样是人类整体生产活动中不可分割的一部分。我们往往由于物质生活资料的生产的直

---

① 《马克思恩格斯选集》（第 1 卷），人民出版社 1995 年版，第 123 页。
② 同上书，第 79 页。
③ 同上书，第 80 页。

接性而给予了更多的关注，但事实上人类自身的生产在一定历史阶段或条件下同样具有某种决定性的意义，这在人类社会早期体现的较为明显。而且这两种生产活动形式往往是紧密连接在一起，在一定历史条件下人类社会不仅是受整体劳动水平或者说受物质生产能力的影响，还要受到代表人类生命生产水平的家庭发展程度的影响，一般来说，"劳动越不发展，劳动产品的数量、从而社会的财富越受限制，社会制度就越在较大程度上受血族的关系支配"①，也就是说，二者之间存在着相互制约的关系，会呈现出社会整体作用下的此消彼长的非线性关联。

物质生活资料的生产、人自身的生产又是与精神生产融合在一起进行的，因为"思想、观念、意识的生产最初直接与人们的物质活动，与人们的物质交往，与现实生活的语言交织在一起"②。这里马克思恩格斯用了"交织在一起"来说明精神生产与其他两种生产形式的内在融合或者说全息渗透的关系，因为就社会中每一个具体的人而言，如前文所述，很难与现实社会的物质生产活动截然分开，社会越是发展这一点体现的越是明显。就社会整体的精神现象而言也是如此，"表现在某一民族的政治、法律、道德、宗教、形而上学等的语言中的精神生产也是这样"③。可见，马克思在这里已经把精神生产当作物质资料生产活动的前提，当作贯穿于物质资料生产的整体过程中的不可或缺的组成部分来理解，在这个意义上，人所有的物质资料的生产活动之中，就必然同时伴随着精神生产的活动，甚至二者本身就是同一个过程可能更为准确。总之，对于上述这三种生产形式，绝不是彼此孤立的三个部分，或依次完成的三个阶段，虽然有着各自的规定性，但又紧密融合为一体，因为，"从历史的最初时期起，从第一批人出现时起，这三个方面就同时存在着，而且现在还在历史上起着作用"④。

除了上述所说的这三个方面，我们还要注意的是"一方面是自然关系，另一方面是社会关系……这种共同活动方式本身就是'生产力'"⑤。也就是说，无论是哪种具体的生产活动都直接表现为两种关系即"自然

---

① 《马克思恩格斯选集》（第4卷），人民出版社1995年版，第2页。
② 《马克思恩格斯选集》（第1卷），人民出版社1995年版，第72页。
③ 同上。
④ 同上书，第80页。
⑤ 同上。

关系"和"社会关系",这种人与自然的关系以及人与人的交往关系的形成同样是与生产活动本身融为一体的,因为根据马克思恩格斯的论述,无论是人与自然的关系以及人与人的交往关系都不是外在于生产活动的,而是生产活动过程的一部分。在这个过程中人们的交往关系或者说是生产关系本身就是现实生产活动的具体内容,马克思在分析不同民族之间以及其各自内部的关系的时候曾经指出:"不仅一个民族与其他民族的关系,而且这个民族本身的整个的内部结构也取决于自己的生产以及自己内部和外部的交往的发展程度"①。正是因为这样,人们的生产关系甚至更广泛意义的交往关系或社会关系在现实的生产过程中同物质生活资料、精神产品等一同被生产出来了,正如马克思所说,"这些一定的社会关系同麻布、亚麻等一样,也是人们生产出来的"②。在此基础上,相应地生产出政治关系、社会结构乃至于国家这些上层建筑,因为在马克思看来,"社会结构和国家总是从一定的个人的生活过程中产生的"③。

我们不否认历史唯物主义强调从物质资料生产出发来解释人类的社会历史,但这并不意味着对物质资料生产外的其他形式的生产活动可以忽略不计,这样就把问题简单化了。从前面的分析中可以看出在马克思恩格斯的理解中,物质生产活动中同时就交织和渗透着其他形式的生产活动,人类社会中多种形式的生产活动组成了一个相互关联的整体。人类社会中多种多样的需要(不仅是物质需要)都必须从人类多种形式的生产活动中生产出来,而且值得注意的是,这些生产活动又作为经验或者说是文明成果进行着代际传承,成为后续人类生产活动的现实基础,从而把整个人类社会的生产活动在整个历史过程中联结为一体。对此马克思有着非常精辟的概括:"从直接生活的物质生产出发阐述现实的生产过程,把同这种生产方式相联系的它所产生的交往形式也即各个不同阶段的市民社会理解为整个历史的基础,从市民社会作为国家的活动描述市民社会同时从市民社会出发阐明意识的所有各种不同的理论的产物和形式"④,这里马克思不仅看到了各种生产形式在空间意义上的交织、渗透与融合也就是全息建构,而且看到了这些生产形式在时间意义上也是互相生成的,形成了全息

---

① 《马克思恩格斯选集》(第1卷),人民出版社1995年版,第68页。
② 同上书,第141页。
③ 同上书,第71页。
④ 同上书,第92页。

回环建构的模式，任何一种生产形式及其产品在人类前进的历史过程中都是其他的生产形式及其产品的基础和条件，这使得人类的整体生产活动在历史中联为一体。

可见，在马克思看来作为社会基础的生产形式并不局限于物质资料的生产，而是多样的。不仅如此，它们之间往往是通过非线性的全息建构连接成为一个整体，彼此协同的推动整个社会向前演化和发展。也正是由于多种生产形式的普遍交织、渗透和融合的非线性关系，因此不应当把多种生产形式看作是时间上或逻辑上前后继起的不同阶段，而应当看作是一个统一过程中的四个方面或因素。它们的区分仅仅限于理论研究的需要，而在现实社会中无论从空间维度还是时间维度上来说都是彼此渗透、不可分割的，这充分体现了人类社会生产活动的众多形式内在融合的非线性全息建构的特点。

第八章 马克思恩格斯的自组织生成与演化思想

当我们深入考察马克思恩格斯如何对普遍联系的复杂性进行理解之后，又必须面对另外一个问题。因为在恩格斯看来，辩证法不仅仅关注普遍联系，"辩证法"还"是关于自然、人类社会和思维的运动和发展的普遍规律的科学"[1]；"辩证法就归结为关于外部世界和人类思维的运动的一般规律的科学"[2]，可见，运动和发展的观点是马克思恩格斯辩证法的重要组成部分，其实这也是对世界复杂性认识的重要一环。现代科学革命的展开过程同样如此，在把系统、信息、控制这些概念引入各个学科之后，随着对各个领域共有的系统现象进一步深入研究的基础上，以"自组织理论"为核心的新的复杂性理论在20世纪70年代以后也蓬勃发展起来。自组织理论的相关成果告诉我们，自组织性是一切系统的普遍属性，物质世界中的任何系统都处于一定自组织的演化过程中，无论是系统的结构与功能还是系统本身，都是系统所固有的自组织性在一定条件下，一定阶段上的表现与结果，这也同时回答世界万事万物的系统整体特征如何而来的问题，其理论落脚点是探讨系统有序结构的生成，回答世界的秩序如何而来，这是系统科学深入发展的必然结果，也是对世界的复杂性不断自觉与探索的一个新的阶段。

第一节 发展：系统自组织生成与演化的过程

在通常的理解中，发展是和运动、变化属于同一序列的范畴，但发展

---

[1] 《马克思恩格斯选集》（第3卷），人民出版社1995年版，第484页。
[2] 《马克思恩格斯选集》（第4卷），人民出版社1995年版，第243页。

并不等同于变化和发展，而仅仅指前进性、上升性的运动和变化或者说是由低级到高级、由简单到复杂的进化。也就是说运动本身是有趋向性的，而对事物运动趋向的描述仅仅从可感知的实在层面是无法得到清晰解释的，因为无论质量和能量都无法成为确定运动趋向的尺度，质量和能量的多寡并不决定事物是否高级、复杂或低级、简单。要寻找这个运动趋向的尺度我们仍然要回到恩格斯，在他那里运动已经被当作相互作用而理解，"这些物体处于某种联系之中，这就包含了这样的意思：它们是相互作用着的，而这种相互作用就是运动。"[1] 这既向我们表明，任何运动都存在于事物的内部和外部因素的相互联系和作用之中；也告诉我们任何现实联系和相互作用本身都是现实的过程。也就是说，联系和运动是内在一体的。要理解运动的趋向性或者说是发展，我们仍然要回到联系的问题上来。

从前面的论述中可以看出无论是当代的复杂性研究还是马克思恩格斯的辩证法均把世界描述为无数个无穷嵌套、全息非线性相关的系统，并且每个系统同时又是由无数个无穷嵌套、全息非线性相关的子系统构成。每个系统都有着自己不可分解与还原的新性质，这种新性质表现为结构，体现着众多要素在相互作用中所形成稳定的有序状态。但由于内在要素与环境的不断变化这种稳定有序的状态只能是相对的，正如恩格斯所说，"一个事物是它自身，同时又在不断变化，它本身有'不变'和'变'的对立。"[2] 但这种变化并非漫无目的随意产生并随意消失，由于系统内在不断的信息反馈与建构使其表现为有着一定自主能力的活动，也就是说系统的运动是有方向性的，正如恩格斯所说，"在它面前，不存在任何最终的东西、绝对的东西、神圣的东西；它指出所有一切事物的暂时性；在它面前，除了生成和灭亡的不断过程、无止境地由低级上升到高级的不断过程，什么都不存在"[3]。这里所说的方向性是指系统在给定的条件下走向稳定有序结构状态，并从低级有序结构状态走向高级有序结构状态的一种自组织现象。所以，一般来说，运动变化就是事物内外部相互作用方式，即结构的变化，而相应的发展就是事物内外部相互作用方式，即结构有序

---

[1] 《马克思恩格斯选集》（第4卷），人民出版社1995年版，第347页。
[2] 《马克思恩格斯全集》（第20卷），人民出版社1971年版，第672页。
[3] 《马克思恩格斯选集》（第4卷），人民出版社1995年版，第217页。

性生成、增长，也就是系统的自组织生成和演化的过程，具体表现为在内外部相互作用中系统对内部要素和外部环境作用能力的生成和增强。

近代科学思维方式的重要特征是机械决定论式的。其根本原则是对世界进行简单性解释，为了实现这个目的就必须把动态的现象进行静态处理，把内在统一的复杂现象进行分割处理，从而在世界演化问题上采取了因果决定论的解释模式。通过自组织理论我们可以看到现实世界一定意义上表现出来的简单有序状态，无论是空间上的还是时间上的，都并非原本就有的，而是在复杂的内外部相互作用过程中通过自组织生成的。世界并非是沿着因果决定论的模式从一种有序结构走向另一种有序结构，而是可以从无序中生成有序，从有序程度较低的状态通过"自己运动"走向有序程度较高的状态。这对本体意义上的简单性原则无疑是一次巨大的冲击。但自组织理论在世界观意义上同早期的系统论一样仍不是完备的，因为任一新结构的生成过程同时也意味着另一结构的瓦解，事物在演化中也不可能无止境的走向更高的有序状态，如果片面地强调也会回到追求简单性的道路上。但这无疑是对简单性批判的深入，同时是对复杂性自觉的坚实一步。

我们带着系统自组织理论重新回到马克思恩格斯著作的时候，我们发现马克思恩格斯的辩证法思想对此有着明确的揭示："我们所面对着的整个自然界形成一个体系，即各种物体相互联系的总体……这些物体处于某种联系之中，这就包含了这样的意思：它们是相互作用着的，而这种相互作用就是运动。"[1] 从马克思恩格斯的描述中，我们不难发现：运动是由构成系统的诸要素之间动态的相互联系和相互作用形成的，这样一来，我们在马克思恩格斯那里看到的运动不仅仅是从单个实体的角度去理解，而是从众多事物的相互作用中去理解，而且是从"相互联系的总体"运动中去理解。对于一般具体物质形态而言，"在物质的固有的特性中，最重要的特性就是运动，它不仅表现为机械的和数学的运动，而且主要表现为物质的冲动、生机、紧张，或者用雅科布·伯麦的术语来说，是物质的痛苦"[2]。在这里，恩格斯把运动形象的比作物质的"痛苦"，很显然把运动不是看作简单的依靠外力而作用的机械或物理的被动运动，而是把运动看

---

[1] 《马克思恩格斯选集》（第4卷），人民出版社1995年版，第347页。
[2] 《马克思恩格斯选集》（第3卷），人民出版社1995年版，第698—699页。

作是有着内在结构的整体在外界作用下形成自己特有的整体新性质的运动。而且,"运动形式的变换总是至少发生在两个物体之间发生的一个过程,这两个物体中的一个失去一定量的一种质的运动(例如热),另一个就获得相当量的另一种质的运动(机械运动、电、化学分解)。因此,量和质在这里是双方相互适应的"①。在这里马克思恩格斯的论述尽管已经隐含了一定对运动的系统自组织性的认识,即任何具体运动都至少是由两个具体的物质形态进行参与,并且处在相互依存相互作用的统一结构的稳定有序的整体之中,有着紧密的相关性,运动的结果是要到达"双方相互适应",即通过这种协同达到一种稳定的有序状态或者说形成某种稳定的结构。

就我们所处的整个世界来说,无论是微观世界还是宏观世界、无论是无机界还是有机界、无论是自然界还是人类社会,都处于这种永不停息的不断生成新的有序结构即系统整体的过程之中。由于所处时代实践和认识水平的限制,马克思恩格斯对物质世界自组织生成与演化的描述不可能达到现代系统组织理论那么深入与细致,只能是粗线条的,但依然向我们展现了一幅整个物质世界通过自组织生成与演化不断走向丰富多彩的历史画卷。正如恩格斯所说:"一个伟大的基本思想,即认为世界不是既成事物的集合体,而是过程的集合体,其中各个似乎稳定的事物同它们在我们头脑中的思想映象即概念一样都处在生成和灭亡的不断变化中,在这种变化中,尽管有种种表面的偶然性,尽管有种种暂时的倒退,前进的发展终究会实现,——这个伟大的基本思想,特别是从黑格尔以来,已经成了一般人的意识,以致它在这种一般形式中未必会遭到反对了。"②

第二节 宇宙的自组织生成与演化过程

恩格斯通过概括其所处时代的科学成果确立了马克思主义的辩证自然观,在其中已经明确表达了整个自然界自组织生成与演化的思想,正如他所说:"这些中间环节只是证明:自然界中没有飞跃"③,这里所说的"没

---

① 《马克思恩格斯选集》(第4卷),人民出版社1995年版,第312页。
② 同上书,第244页。
③ 同上书,第369页。

有飞跃"指的整体自然界在传统科学的质量和能量的意义上并没有质的变化；而恩格斯又进一步指出："自然界本身是由真正的飞跃所组成"①，"真正的飞跃"是指自然界通过内外部各种因素的协同作用自发彼此适应并生成出新的关系，并在一定条件下稳定下来形成新的结构，而新的结构的出现就意味着拥有新性质的新事物的产生。当然新结构的出现在一定的内外部条件作用下仍然要不断地自我更新以适应内外部的变化。正是基于这样的理解，恩格斯向我们揭示了自然界不断生成变化的自组织图景。

一 太阳星系与地球的自组织生成与演化

为了揭示整个自然界生成、演化与发展的实质，恩格斯首先结合他所能掌握的新的科学理论成果探讨了太阳星系的起源问题，他特别关注了同以往对太阳星系形成的理解有着明显不同的星云假说："康德一开始他的学术生涯，就把牛顿稳定的和经过有名的第一推动后永恒不变的太阳系变成了历史的过程，即太阳和一切行星由旋转的星云团产生的过程。同时，他已经做出了这样的结论：太阳系的产生也预示着它将来不可避免的灭亡"，这使得"……认为自然界在时间上没有任何历史的那种观念，第一次被动摇了。……自然界显然是处在永恒的运动中，可是这一运动总好像是同一过程的不断重复。康德在这个完全适合于形而上学思维方式的观念上打开了第一个缺口……"②。正是根据星云假说，恩格斯认为今天宇宙中天体的形成是"从旋转的、炽热的气团中，经过收缩和冷却"③逐步发展而来的，在这里恩格斯对宇宙的演化持有了比较明确的生成论态度，而且在他看来这个形成过程是宇宙间各种物质通过复杂的协同运动导致的结果。此外，在否定克劳修斯的"热寂说"的同时，恩格斯还预言："放射到宇宙空间中去的热一定有可能通过某种途径（指明这一途径，将是以后某个时候自然科学的课题）转变为另一种运动形式，在这种运动形式中，它能够重新集结和活动起来。"④ 同时恩格斯也高度评价了拉普拉斯在太阳系生成问题上的贡献，认为"拉普拉斯以一种至今尚未被超越的方法详细地证明了一个太阳系是如何从一个单独的气团中发展起来的；以

---

① 《马克思恩格斯选集》（第4卷），人民出版社1995年版，第369页。
② 《马克思恩格斯选集》（第3卷），人民出版社1995年版，第397页。
③ 《马克思恩格斯选集》（第4卷），人民出版社1995年版，第271页。
④ 同上书，第278页。

通过分析不难发现，恩格斯把整个太阳星系看作是一个系统，其形成与演化过程就是系统自组织生成与更新的过程，这里的系统的要素主要指的是太阳星系内大小不同的各个天体，"在这样形成的各个天体——太阳以及行星和卫星上，最初是我们称为热的那种物质运动形式占优势。甚至在今天太阳还具有的那种温度下，也是谈不上元素的化学化合物的；对太阳的进一步的观察将会表明，在这种场合下热会在多大程度上转变为电和磁；在太阳上发生的机械运动不过是由于热和重力发生冲突而造成的，这在现在几乎已成定论。单个的天体越小，便冷却得越快。首先冷却的是卫星、小行星和流星，正如我们的月球早已死灭了一样。行星冷却较慢，而最慢的是中心天体"[2]。不同的天体在整个过程中因各自不同的特点协同发挥作用。不仅如此，甚至微观世界的各种元素也参与其中，并成为太阳星系形成的必要条件："随着进一步的冷却，相互转化的物理运动形式的交替就越来越占有重要地位，直到最后达到这样一点，从这一点起，化学亲和性开始起作用，以前化学上的呆性元素现在在化学上相继发生分化，获得了化学性质，相互发生化合作用。这些化合作用随着温度的下降（这不仅对每一种元素，而且对元素的每一种化合作用都产生不同的影响），随着一部分气态物质由于温度下降先变成液态、然后又变成固态，随着这样造成的新条件，而不断地变换。"[3] 正是经过包括宏观世界和微观世界的各种因素的漫长的协同作用，不断的相互适应，今天的有着稳定结构的太阳星系才最终形成并仍然在继续演化着。

而在太阳星系形成的过程中，"当行星有了一层硬壳而且在其表面上有了积水的时候，行星固有的热同中心天体传递给它的热相比就开始越来越处于次要地位。它的大气层变成我们现在所理解的气象现象的活动场所，它的表面成为地质变化的场所，在这些地质变化中，大气层的沉降物所起的沉积作用，同来自炽热而流动的地球内部的慢慢减弱的外张作用相比越来越占有优势"[4]。同时，在太阳星系的形成过程中，地球作为这个

---

[1] 《马克思恩格斯选集》（第4卷），人民出版社1995年版，第272页。
[2] 同上。
[3] 同上。
[4] 同上。

大系统要素的小系统在整个太阳星系的整体作用下，不断自发调整内部各种物质的关系并逐渐形成了稳定的结构。不仅恩格斯，马克思也对地球的自组织形成进行过专门论述，他指出："自然发生说是对创世说的唯一实际的驳斥。"[①] 从马克思对自然发生说的肯定态度来看，马克思和恩格斯一样，把地球在内的整体自然界看作是一个自组织生成的过程。而与地球的生成与演化过程协同完成的还有地球这个大系统中的各个子系统，比如地球内部的地质层、生物界以及气候环境等等更小的子系统同样也在进行着自身的自组织生成与演化以适应地球乃至整个太阳星系的变化。在这个基础上，恩格斯又进一步说明地球上的一切自然物都是地球这个总体系统演化过程的一部分，同样在地球的整体作用下表现为一个个具体的演化过程："自然界不是存在着，而是生成着和消逝着……地质学产生了，它不仅揭示了相继形成的和逐次重叠起来的地层，而且指出了这些地层中保存着已经死绝的动物的甲壳和骨骼，以及已经不再出现的植物的茎、叶和果实。必须下决心承认：不仅整个地球，而且地球今天的表面以及在这一表面上生存的植物和动物，也都有时间上的历史。"[②]

二 从无机物到有机物再到人的自组织生成与演化

恩格斯在解释太阳星系和地球的生成问题中蕴含了丰富的系统自组织生成与演化的思想，同时，面对一直以来困惑着人类认识的生命与人的起源问题，他所进行的分析中同样蕴含了丰富的系统自组织生成与演化的思想。我们同样从恩格斯的相关论述中可以清楚地看到这种对生命自组织生成的明确表述："生命是整个自然界的一个结果，这和下面这一情况一点也不矛盾：蛋白质，作为生命的唯一的独立的载体，是在自然界的全部联系所提供的特定的条件下产生的"[③]。在这里恩格斯把生命看作是自然界通过自组织生成与演化的必然结果，尤其是他提到生命的出现是自然界"全部联系所提供的特定的条件下产生"，这与现代复杂性科学的系统自组织理论在思想原则上是相同的。并且恩格斯高度赞扬了化学研究的发展对这一问题的解决的重要作用："从拉瓦锡以后，特别是从道尔顿以后，

[①] 《马克思恩格斯全集》（第42卷），人民出版社1979年版，第130页。
[②] 《马克思恩格斯选集》（第4卷），人民出版社1995年版，第267—268页。
[③] 同上书，第307页。

化学的惊人迅速的发展从另一方面向旧的自然观进行了攻击。由于用无机的方法制造出过去只能在活的机体中产生的化合物,就证明了适用于无机物的化学定律对有机物是同样适用的,而且把康德还认为是无机界和有机界之间的永远不可逾越的鸿沟大部分填平了。"① 化学的特点就在于在一定条件下可以不断组合不同微观的化学元素并形成它们稳定的关系即结构,也就不断产生着有着越来越复杂结构的化合物,这本身就是由无数个自组织过程构成。作为这种不断地自组织过程的结果,作为所有生命赖以存在的基础即蛋白质也就生成了,恩格斯根据当时的自然科学成果对此也进行了专门的阐述:"一旦温度降低到至少在相当大的一部分地面上不再超过能使蛋白质生存的限度,那么在存在其他适当的化学的先决条件的情况下,就形成了有生命的原生质。"② 在蛋白质形成之后,生命的自组织生成与演化进程就提上了日程。

生命的产生决不是一蹴而就的。恩格斯进一步向我们揭示了这一过程的内在机制,尽管由于时代认识水平所限,这一揭示还比较模糊:"一旦温度降低到至少在相当大的一部分地面上不再超过能使蛋白质生存的限度,那么在存在其他适当的化学的先决条件的情况下,就形成了有生命的原生质。这些先决条件是什么,今天我们还不知道,这是不足为怪的,因为直到现在连蛋白质的化学式都还没有确定下来,我们甚至还不知道化学上不同的蛋白体究竟有多少,而且只是在大约十年前才认识到,无结构的蛋白质执行着生命的一切主要机能:消化、排泄、运动、收缩、对刺激的反应、繁殖"③,在此基础上,经过了非常漫长的过程,可以想象其间自然界经过多少次反复的组合建构,最终生成了特殊的物质形态,即细胞,这同时就意味着生命的出现,并开始了生命领域的演化。生命一经产生,其运演变化的自组织特征无疑较之无机界更加明显,"生命是蛋白体的存在方式,这种存在方式本质上就在于这些蛋白体的化学成分的不断的自我更新"④,同时,"这种过程是它的体现者——蛋白质所固有的、生来就具备的,没有这种过程,蛋白质就不能存在"⑤,在这里恩格斯由于时代的

---

① 《马克思恩格斯选集》(第4卷),人民出版社1995年版,第269页。
② 同上书,第272—273页。
③ 同上。
④ 《马克思恩格斯选集》(第3卷),人民出版社1995年版,第422页。
⑤ 同上书,第423页。

限制不可能对这一系统自组织做更深入的论述，但把生命现象看作是作为其组成部分的蛋白体的不断的"自我更新""自我完成"就已经体现了深刻的自组织思想，而且这种生命过程不仅是微观组成部分的自组织运动，而且是其宏观组成部分或者说是器官的自组织运动，而且彼此之间紧密协作以实现持续的平衡，这里的持续平衡就是指形成了特定的稳定结构，恩格斯甚至看到了这种稳定结构也同样处在自我调整之中，使生命体体现为"运动和平衡的活的统一"[1]。

另外，现代系统自组织理论并非认为系统的演化完全取决于内部因素，而是强调系统与环境间的协同演化。就生命现象而言，其作为一个整体系统的自组织生成与演化同样受更大系统及地球的生成与演化的影响，对此，恩格斯同样有着深刻的认识："地球表面和各种生存条件的逐渐改变……导致物种的变异性"[2]，而且，不同的地区的气候环境对生命的演化也会起到至关重要的作用，"在某一已知地区的地理、气候等等条件逐渐变化（例如，中亚细亚的干燥化）的情况下，也是一样"[3]。不仅如此，所有有机体不仅在空间上而且在时间上联为一体，正如恩格斯所说："一方面，由于有了比较自然地理学，查明了各种不同的植物区系和动物区系的生存条件；另一方面，不同的有机体按照它们的同类器官相互进行了比较。不仅就它们的成熟状态，而且就它们的一切发展阶段进行了比较。这种研究越是深刻和精确，那种固定不变的有机界的僵硬系统就越是一触即溃。不仅动物和植物的单个的种之间的界线无可挽回地变得越来越模糊，而且冒出了像文昌鱼和南美肺鱼（注：文昌鱼（Amphioxus）是一种有些像鱼形的小动物，是非脊椎动物到脊椎动物之间的一种过渡形态，产于许多海洋）。"[4] 生命不断的自组织生成创生了无数新的物种，而人类则是目前为止生命演化的最高结果，或者说人类也是自然界不断自组织生成的一个结果，对此恩格斯有着比较详细的论述："我们根据古生物学档案的完整类比材料可以假定，最初发展出来的是无数种无细胞的和有细胞的原生生物，其中只有加拿大假原生物（注：加拿大假原生物是在加拿大发现的一种化石，曾被看作最古的原始机体的遗骸。1878 年德国动物学家

---

[1] 《马克思恩格斯选集》（第4卷），人民出版社1995年版，第364页。
[2] 同上书，第268页。
[3] 同上书，第371页。
[4] 同上书，第269—270页。

卡·牟比乌斯否定关于这种化石的有机起源的意见。）留传了下来；在这些原生生物中，有一些逐渐分化为最初的植物，另一些则分化为最初的动物。……最后又发展出了这样一种脊椎动物，在它身上自然界获得了自我意识，这就是人。"[1] 这样恩格斯就给我们粗线条的勾勒出了从无机物到生命再到人的自组织生成与演化的历史进程，这里恩格斯由于时代的局限还无法对这样的自组织机制进行深入分析，但他这里所使用的"分化"一词已经有了明确的生成论意蕴。

这里要注意的是，恩格斯并非把人类的出现完全归功于自然界或者说生物界，从系统自组织理论的角度，任何新事物的出现都是内外部因素协同作用的结果，自然界与生物的演化对于人类来说只是起到一个自然基础的作用。人类的形成更多是由构成人类系统的诸多内在的属人要素协同作用来完成的，当然在这个过程中环境也会起到诱发引导的作用，对此恩格斯作了详细的说明："经过多少万年的搏斗，手脚的分化，直立行走得以最终确定下来，……手的专业化意味着工具的出现，而工具意味着人所特有的活动，意味着人对自然界的具有改造作用的反作用，意味着生产。狭义的动物也有工具，然而这只是它们的身躯的肢体，蚂蚁、蜜蜂、海狸就是这样；动物也进行生产，但是它们的生产对周围自然界的作用在自然界面前只等于零。只有人才办得到给自然界打上自己的印记，因为他们不仅迁移动植物，而且也改变了他们的居住地的面貌、气候，甚至还改变了动植物本身，以致他们活动的结果只能和地球的普遍灭亡一起消失。"[2] 可见，人类的产生是在外部环境的作用下，"手脚分化""语言的发展""大脑的发展"以及"工具的出现"等等这些人类所特有的众多要素通过漫长的、复杂的协同作用最终自组织生成了人类。值得注意的是，从恩格斯的表述中我们可以清楚地看到，这些人类产生的重要条件或要素之间没有严格的时间或逻辑上的先后关系，而是协同建构的关系；也就是说，对于人类的产生恩格斯绝不是采取线性因果的理解方式，而是渗透着一定超循环建构的自组织思想。

在这里马克思恩格斯从宏观的角度揭示了包括无机界、有机界、生物界，以至整个自然界都处于永不停息的运动中，都呈现为各个层级的物质

---

[1] 《马克思恩格斯选集》（第4卷），人民出版社1995年版，第273页。
[2] 同上书，第273—274页。

系统在一定条件下走向一定稳定结构并使其不断完善的自组织现象。整个自然界的自组织使得自然界本身的整体性不断加强，也使得其内在各个部分的整体性也不断增强，在现实中就表现为新的物质形态和新的物种不断出现，其实就自然界原初质料意义而言并没有太大变化，真正变化的是关系或者说是结构。马克思恩格斯向我们揭示了从太阳星系和地球的形成，从生命的出现再到人类出现，所有这些过程都是自然界通过自组织不断使自身丰富多彩，并在此基础上实现各个层次上的内在统一，正因为这样，"这样一来，不仅有可能来说明有机自然产物中的现存者，而且也为认识人类精神的前史，为追溯人类精神从简单的、无结构的、但有感受刺激能力的最低级有机体的原生质起直到能够思维的人脑为止的各个发展阶段奠定了基础"①。

第三节　人类社会整体自组织生成与演化的一般过程

随着自然界的自组织演化，最终通过漫长的内外部因素的系统作用产生了人类，而人类的产生也揭开了人类社会的自组织生成与演化的序幕。在这里我们仍然要强调，自然界的自组织演化进程并没有结束，而我们人类"整个所谓世界历史不外是人通过人的劳动而诞生的过程，是自然界对人来说的生成过程"②，也就是说人类社会仍然是整体自然界或者说是宇宙演化的一个层次、一个部分。尽管人类社会是现今能够发现的最复杂的系统，但是他仍要受到自然整体演化的制约和限制，因为人首先是作为自然物而存在，"因此第一个需要确定的具体事实就是这些个人的肉体组织制约，以及受肉体组织制约的他们与自然界的关系"③。但是，要注意的是这并不是要把人还原为自然物或简单从自然环境去理解人，这就有回到旧唯物主义之嫌，马克思也指出了对于这一问题应采取的正确方式："任何历史记载都应当从这些自然基础以及它们在历史进程中由于人们的活动而发生的变更出发。"④

当代科学的自组织理论告诉我们，任何系统的自组织都依赖于一定的

---

① 《马克思恩格斯选集》（第4卷），人民出版社1995年版，第305—306页。
② 《马克思恩格斯全集》（第42卷），人民出版社1979年版，第131页。
③ 《马克思恩格斯全集》（第3卷），人民出版社1960年版，第23页。
④ 同上书，第23—24页。

内外部复杂的相互作用，就外部环境而言，系统必须是开放的。人类社会的演化很大程度上取决于人和自然关系的变化上，或者我们从简单化意义上把这称之为生产力，而这其实代表了社会系统外部环境与内在社会要素的变化，人类的主要的进步就在于不断地把外部环境中的因素不断转化为社会系统内在的因素，这也是社会能够不断自组织进化的根本原因。正如恩格斯所说，"蒙昧时代是以获取现成的天然产物为主的时期；人工产品主要是用作获取天然产物的辅助工具。野蛮时代是学会畜牧和农耕的时期，是学会靠人的活动来增加天然产物生产的方法的时期；文明时代是学会对天然产物进一步加工的时期，是真正的工业和艺术的时期"①。当然人与自然的关系仅仅是社会历史的一个方面，但这个方面却与其他众多方面相互协同组织形成了人类社会，自然在这个意义上也是作为人类社会的一部分而存在，"他们只有以一定方式共同活动和相互交换其活动，才能进行生产。为了能进行生产，人们相互之间便发生一定的联系和关系；只有在这些社会联系和社会关系的范围内，才会有他们对自然界的影响，才会有生产"②。从这个意义上，社会是人在同自然界相互作用过程中根据不同的人在这一过程中所起作用的不同形成的人与人的特定关系，而历史正是人同自然关系不断变更过程中，人与人的关系从简单走向不断复杂有序的自组织演化过程。

对于社会历史而言，无论其发展到多么高级的形态，作为社会的主体都无法摆脱与自然的关系，都必须不断从自然那里获得基本的生存资料，用马克思的话来说，人类历史的过程无论在什么时候，"为了生活，首先就需要吃喝住穿以及其他一些东西"③。而这些就构成了人类历史发展的不可或缺的一些基本要素，在人类生产力水平不高的情况下，这些问题也是社会存在的意义之所在，离开这些就无法正确认识社会历史。而历史就是在为更好的解决这些问题而不断改进人与自然以及人与人的关系的过程，而这两种关系在不同阶段的具体形式就构成了其相应的社会形态的系统基核，并以此为吸引中心将其他社会要素以系统方式组合起来。马克思的社会辩证法的思想具体深刻地揭示了这些过程的内在机制，但是我们要

---

① 《马克思恩格斯选集》（第 4 卷），人民出版社 1995 年版，第 24 页。
② 《马克思恩格斯选集》（第 1 卷），人民出版社 1995 年版，第 344 页。
③ 同上书，第 79 页。

注意的是上述两种关系也就是生产方式固然重要，但它并不是社会的全部，社会是由众多社会因素共同构成的，包括政治、法律、哲学、宗教、文学、艺术等等现象。这些社会要素的变化并不都是仅仅取决于生产方式的变化，它们同样是在一种复杂的动态关系互相影响着的，正如马克思所说，"它们又都互相作用并对经济基础发生作用。并非只有经济状况才是原因，才是积极的，其余一切都不过是消极的结果"①。对于社会系统整体来说，经济基础无疑是系统构建的根基和中心，起到系统基核的作用，但系统整体却不能简单划归为经济基础，有些时候，在特定的内外部条件下，其他社会因素也会对系统的整体存在和发展产生根本性的影响。

马克思在分析社会历史过程中，把生产力和生产关系这两类社会要素当作揭秘整个社会历史的钥匙来分析。而其中生产力的变革是整个社会呈现出这种系统整体结构更迭的主要原因，因为"不论生产的社会形式如何，劳动者和生产资料始终是生产的因素。但是，二者在彼此分离的情况下只在可能性上是生产要素。凡要进行生产，它们就必须结合起来。实行这种结合的特殊方式和方法，使社会结构区分为各个不同的经济时代"②。而与此同时，由社会各集团之间的社会经济关系、所有制关系和管理关系等等组成的生产关系也自然得因为"劳动者和生产资料结合的特殊方法"的变化而变化着，这种社会各种关系以此为内核整体协同的变化也使得社会表现为系统性的存在。"劳动者和生产资料结合的特殊方法"一方面体现着人和自然的关系表现为生产力；另一方面又体现着人和人的关系表现为生产关系，其在一定时期稳定下来并对社会起基础性作用就成为了该时期在社会中占统治地位的关系，这种占统治地位的关系的形成、巩固和完善就构成了该时期的经济基础，而所形成的新的经济基础正是为了克服旧有的经济基础的矛盾从旧有的经济基础内部生成而来的。正如马克思所说，"新的生产力和生产关系不是从无中发展起来的……而是在现有的生产发展过程内部和流传下来的、传统的所有制关系内部，并且与它们相对立而发展起来的"③。

与此同时，各种社会要素以这种经济基础为中心自组织生成为一个社

---

① 《马克思恩格斯选集》（第4卷），人民出版社1995年版，第732页。
② 《马克思恩格斯选集》（第2卷），人民出版社1995年版，第279页。
③ 《马克思恩格斯全集》（第46卷）（上），人民出版社1979年版，第235页。

会整体,在这一过程中,以往的社会要素都会不断改变着自身以适应新的经济基础,同时社会整体还会把自身需要的一些新的社会要素创造出来,而这个过程反过来又会使新的社会系统整体性进一步加强与完善。正如马克思所说:"这种有机体制本身作为一个总体有自己的各种前提,而它向总体的发展过程就在于,使社会的一切要素从属于自己,或者把自己还缺乏的器官从社会中创造出来。有机体制在历史上就是这样向总体发展的。"[1] 从这段话可以看出,马克思在这里把社会不同时期的差别看作是整体内在关系的差别,而社会的根本变革就是整体内在关系的根本改变,而这种根本改变就是一个社会有机体整体自我产生和自我不断完善发展的自组织过程。这种社会的自组织一方面由于内在要素的不断变化而不断生成并完善着新的社会结构;另一方面在完善新的社会结构过程中,又必然使原有社会要素发生适合整体的新变化,这就形成了一个循环,保持社会永远处于自我更新与自我调整之中。

马克思对不同社会生产形态的系统特点(或用马克思的话——有机体制)进行论述时强调,决定着各种社会要素实际意义、作用和比重的不是那种社会要素不变的"自然地位",而是取决于这些社会要素在其所在具体社会形态内部结构中占有什么地位,"在一切社会形式中都有一种一定的生产决定其他一切生产的地位和影响,因而它的关系也决定其他一切关系的地位和影响。这是一种普照的光,它掩盖了其他一切色彩,改变着它们的特点。这是一种特殊的以太,它决定着它里面显露出来的一切存在的比重"[2]。比如,在封建社会里,农业生产居于社会生产中的主导地位,城市和城市的关系也是模仿农村的模式,工业也仅仅表现为具有农业特点的传统手工业的形式。为了强调这种社会整体关系的生成性,针对资产阶级经济学家否定资产阶级的生产关系是在以往的生产活动中历史地被生产出来的,马克思认为他们是试图将这种生产关系神圣化和永恒化,强加于现存社会的生产力之上,"经济学家所以说现存的关系(资产阶级生产关系)是天然的,是想以此说明,这些关系正是使生产财富和发展生产力得以按照自然规律进行的那些关系。因此,这些关系是不受时间影响的自然规律。这是应当永远支配社会的永恒规律。于是,以前是有历史

---

[1] 《马克思恩格斯全集》(第46卷)(上),人民出版社1979年版,第235—236页。
[2] 《马克思恩格斯选集》(第2卷),人民出版社1995年版,第24页。

的，现在再也没有历史了。以前所以有历史，是由于有过封建制度，由于在这些封建制度中有一种和经济学家称为自然的、因而是永恒的资产阶级社会生产关系完全不同的生产关系"①。

可见，资本主义社会的生产关系乃至整个组织模式是在农业社会的基础上通过反复的自组织生成的，而且在继续演化着。正是通过这样的自组织过程，原来的农业逐渐成为工业的一个部门，商品生产和交换成为主导，工业生产方式也逐渐渗入农村，农村无论在生产方面还是在日常生活条件方面都按照工业生产方式的模式进行改变。由此可见，社会系统的基核形成也就是新的社会系统形成的过程，因为其一旦确立了新的社会生产模式或新的社会结构的优越性，就必然同化和改造旧的社会中传承下来的那些社会要素和材料，并通过不断的整合纳入到新的社会系统中来，形成更为高级的系统。所谓高级指的是新的社会系统在处理社会内外部矛盾上更加高效。这其中当然也包括旧有的上层建筑以及相应的社会意识形态逐渐被系统基核所同化而不断去适应新的社会系统，而这也不过是我们前面所讲的社会系统基核形成的一系列的重复而已。

当然这里我们并不是要彻底的无视马克思恩格斯对经济决定作用的相关论述。早年的马克思恩格斯确实强调了物质与经济因素对历史发展的决定性作用，对于非经济因素在社会历史发展中所起作用的论述并不多。虽然在总结巴黎公社起义的经验时，马克思曾对上层建筑的历史作用进行了特别的关注，对于历史发展过程中的非经济因素的作用进行了一些深刻的阐述，但相对来说是比较零散的，正是这一原因使得许多学者把马克思恩格斯对历史的剖析理解为一种线性的经济决定论。针对这种观点，恩格斯曾明确指出唯物史观并不是线性的经济决定论："如果有人在这里加以歪曲，说经济因素是唯一决定性因素，那么他就是把这个命题变成毫无内容的、抽象的、荒诞无稽的空话。"② 在此基础上恩格斯进一步指出了社会中其他社会要素对社会的重要作用，"经济状况是基础，但是对历史斗争的进程发生影响并且在许多情况下主要是决定着这一斗争的形式的，还有上层建筑的各种因素"③。恩格斯所说的上层建筑的各种因素指的就是各

---

① 《马克思恩格斯选集》（第1卷），人民出版社1995年版，第151页。
② 《马克思恩格斯选集》（第4卷），人民出版社1995年版，第696页。
③ 同上。

种各样的政治的、法律的、哲学的以及宗教的观念形态和现实形态，这些并非仅仅被动地接受经济基础带来的变革，相反这些社会要素在恩格斯看来事实上同经济因素一样是创造历史的参与者，是与社会历史中的经济因素一起协同交互作用共同构成了社会历史的发展。如果单单从经济一个角度考虑就使这一复杂过程被大大简化了，恩格斯对于这一问题进行了专门的强调，他指出："这里表现出这一切因素间的相互作用……否则把理论应用于任何历史时期，就会比解一个最简单的一次方程更容易了。"① 显然恩格斯并非用经济决定论来理解社会历史的发展，而是把社会历史发展看作一种社会众多要素参与的自组织过程，当然在社会总体发展意义上一般情况下经济基础作为一个社会存在的基础在社会系统的自组织演化中起着比其他社会要素更重要的作用。

基于这样一种认识，恩格斯在更大的范围内全面考察了社会历史进程中各种因素的交互作用，明确地提出了社会历史的发展表现为一个总的合力的自然过程的思想。在恩格斯看来，社会历史演化发展是由社会历史中的各种力量协同作用的结果，"这样就有无数互相交错的力量，有无数个力的平行四边形，由此就产生出一个合力，即历史结果，而这个结果又可以看作一个作为整体的、不自觉地和不自主地起着作用的力量的产物"②。恩格斯所用的"相互交错""合力""作为整体"等等说法虽然与现代系统自组织理论的语言方式有着很大不同，但二者所表达的思想却是高度一致的。"虽然都达不到自己的愿望，而是融合为一个总的平均数，一个总的合力，然而从这一事实中决不应做出结论说，这些意志等于零。相反地，每个意志都对合力有所贡献，因而是包括在这个合力里面的"③。这里可以清晰地看出，社会历史的变化发展在马克思恩格斯看来显然不是由某种所谓的"第一推动力"的单一原因决定的，其动力来源于社会中无数个因素的协同作用，是包含自然的、社会的、经济的、政治的、文化的、心理的等众多因素的，整个社会历史的变化发展正是所有这些社会因素通过复杂的交互作用共同导致的结果。同时，需要注意的是构成历史合力的各个部分之间绝不是简单的累加成和的关系，它们之间是一种有机的

---

① 《马克思恩格斯选集》（第4卷），人民出版社1995年版，第696页。
② 同上书，第697页。
③ 同上。

联系，彼此作用着、协同着，交织在一起共同对社会大系统起作用。因而，马克思恩格斯是把许许多多因素作为一个相互联系的整体来看的，它是从整体上全面考察、分析和把握历史进程中各种因素的运动、变化及其相互作用的。

历史合力的思想表明在马克思恩格斯看来，社会并不是可以随便改变的、机械的个人简单结合成的巨大机器，而是一个活的发展着的有机体。这个有机体的产生和发展是一个系统自组织生成与演化的过程。社会作为一个复杂的大系统并不是一个静态的死结构，而是自身不断处在内外部因素不断交互作用，在力量对比变化中不断调整自身结构的活的有机系统，并使自身不断地由低级向高级变化发展。作为复杂系统而存在的社会，其内部是由不同层次、不同复杂性的各类子系统构成的，这些子系统的有机结合才构成整体社会这个总体系统，这些子系统从属于社会，彼此之间协调相互作用，通过交互作用不断生成和完善彼此之间的作用模式，进而生成和完善整体社会系统。但也要注意，马克思也提醒我们各个子系统也具有相对的独立性，"每一种生产关系都是特殊的社会机体，它有自己的产生、活动和向更高形式过渡即转化为另一种社会机体的特殊规律"[①]，在此基础上这些子系统一方面作为所在更大系统的要素执行着自身担负的特殊功能，同时也一样在内外部相互作用中不断生成和完善着自身的整体性质。

第四节 人类社会自组织生成与演化的具体过程

马克思恩格斯对于一般历史规律的把握并不是简单从他们所处时代的社会状况进行概括，还重点研究了人类早期社会、资本主义工业生产系统与"世界历史"的产生与发展的问题，而这些分析中都渗透着深刻的自组织思想。

一 人类早期社会的自组织生成与演化

马克思恩格斯不仅从一般意义上阐释社会的自组织演化发展的一些基本特征，但为了更好地揭示历史发展的趋势，马克思恩格斯考察了当时生

[①] 《马克思恩格斯全集》（第24卷），人民出版社1972年版，第357页。

物学、人类学、古生物学、语言学以及古代史学的具体科学成果，科学地分析了人类早期的历史，比较详尽地阐释了人类社会早期从血亲家庭部落到氏族、从氏族到部落联盟、进而到国家的各个不同阶段的自组织形成与演化过程。

恩格斯看来，人类社会最初是由有着紧密血缘关系的血亲家庭开始的，在那个时代作为人类生产活动的一部分即"人自身的生产"由于近亲遗传的生物学缺陷面临着巨大危机，面对原先社会系统内部的巨大矛盾，原先的社会组织模式通过内在的自然选择的方式（这里必然是一种信息反馈回环的自组织方式）逐步进行，"如果说家庭组织上的第一个进步在于排除了父母和子女之间相互的性关系，那么，第二个进步就在于对于姊妹和兄弟也排除了这种关系。这一进步，由于当事者的年龄比较接近，所以比第一个进步重要得多，但也困难得多"①。正是这样，原来的社会组织模式正是在对原有社会组织模式的局限性的克服中被自然建构出来了，"这一进步的影响有多么大，可以由氏族的建立来做证明，氏族就是由这一进步直接引起的，而且远远超出了最初的目的，它构成地球上即使不是所有的也是大多数野蛮民族的社会制度的基础，并且在希腊和罗马我们还由氏族直接进入了文明时代"②。而这一新的社会组织模式是由清楚的亲属制度所体现的，"父亲、子女、兄弟、姊妹等称呼，并不是单纯的荣誉称号，而是代表着完全确定的、异常郑重的相互义务，这些义务的总和构成这些民族的社会制度的实质部分"③。而这种新的社会组织模式自身的优越性自然迅速得到反馈，对人类早期社会产生了重要影响，"在这种越来越排除血缘亲属结婚的事情上，自然选择的效果也继续表现出来。用摩尔根的话来说就是：'没有血缘亲属关系的氏族之间的婚姻，生育出在体质上和智力上都更强健的人种；两个正在进步的部落混合在一起了，新生代的颅骨和脑髓便自然地扩大到综合了两个部落的才能的程度。'这样，实行氏族制度的部落便必然会对落后的部落取得上风，或者带动它们来仿效自己"④，通过这样的自复制与自同构的方式最终在人类社会确立下来，并成为后续人类社会发展的重要基础，"在这一阶段上，

---

① 《马克思恩格斯选集》（第4卷），人民出版社1995年版，第34页。
② 同上书，第35页。
③ 同上书，第25页。
④ 同上书，第44页。

我们发现氏族制度已经完全形成"①,成为人类社会系统组织模式自我更新的重要一步。

氏族制度确立以后为人类社会组织模式的进一步发展提供了基础,"我们也看到,氏族作为社会单位出现以后,氏族、胞族和部落这整个社会组织就怎样以几乎不可抗拒的必然性(因为是天然性)从这种单位中发展出来"②。恩格斯详细论述了部落作为人类社会相比氏族来说作为新的组织模式是从氏族的发展而来的,并强调了部落存在的必要性,"一个部落分为几个氏族,通常是分为两个;随着人口的增加,这些最初的氏族每一个又分裂为几个女儿氏族,对这些女儿氏族来说,母亲氏族便是胞族;部落本身分裂成几个部落,在其中的每一个部落中,我们多半又可以遇到那些老氏族",这些部落又因为它们仍然有的血缘纽带从而形成部落联盟,而部落联盟作为一个社会组织新的形式有着自身存在的特殊意义,有着一定的内外部作用能力,"部落联盟至少是在个别情况下把亲属部落联合在一起。这种简单的组织,是同它所由产生的社会状态完全适应的。它无非是这种社会状态所特有的、自然长成的结构;它能够处理在这样组织起来的社会内部一切可能发生的冲突。对外的冲突,则由战争来解决"③。但恩格斯也已经看到了部落联盟由于内在的各种矛盾必然走向灭亡并被新的社会组织模式所取代:"但我们不要忘记,这种组织是注定要灭亡的。它没有超出部落的范围;部落联盟的建立就已经标志着这种组织开始崩溃,这一点我们在后面将会看到,易洛魁人征服其他部落的企图也表明了这一点。……这种自然形成的共同体的权力必然要被打破,而且也确实被打破了。不过它是被那种使人感到从一开始就是一种退化,一种离开古代氏族社会的纯朴道德高峰的堕落的势力所打破的。最卑下的利益——无耻的贪欲、狂暴的享受、卑劣的名利欲、对公共财产的自私自利的掠夺——揭开了新的、文明的阶级社会;最卑鄙的手段——偷盗、强制、欺诈、背信——毁坏了古老的没有阶级的氏族社会,把它引向崩溃"④,这也意味着随着人类早期社会的进一步发展,以血缘等自然关系为基础的社会组织模式对出现的众多的新的社会因素很难进行有效的组织

---

① 《马克思恩格斯选集》(第4卷),人民出版社1995年版,第158页。
② 同上书,第94页。
③ 同上书,第158页。
④ 同上书,第96—97页。

与协调。

正是在这些早期社会的众多社会因素导致古代氏族制度的社会组织模式或者说社会结构逐渐开始瓦解,"这样,我们看到,在英雄时代的希腊社会制度中,古代的氏族组织还是很有活力的,不过我们也已经看到,它的瓦解已经开始:由子女继承财产的父权制,促进了财产积累于家庭中,并且使家庭变成一种与氏族对立的力量;财产的差别,通过世袭贵族和王权的最初萌芽的形成,对社会制度发生反作用;奴隶制起初虽然仅限于俘虏,但已经开辟了奴役同部落人甚至同氏族人的前景;古代部落对部落的战争,已经逐渐蜕变为在陆上和海上为攫夺牲畜、奴隶和财宝而不断进行的抢劫,变为一种正常的营生,一句话,财富被当作最高的价值而受到赞美和崇敬,古代氏族制度被滥用来替暴力掠夺财富的行为辩护"①。在古代氏族制度瓦解的同时,各种新的社会因素进行着复杂的相互作用,一种更加高级的社会组织模式即国家的出现就成为必然结果,"所缺少的只是一件东西,即这样一个机关,它不仅保障单个人新获得的财富不受氏族制度的共产制传统的侵犯,不仅使以前被轻视的私有财产神圣化,并宣布这种神圣化是整个人类社会的最高目的,而且还给相继发展起来的获得财产从而不断加速财富积累的新的形式,盖上社会普遍承认的印章;所缺少的只是这样一个机关,它不仅使正在开始的社会分裂为阶级的现象永久化,而且使有产者阶级剥削无产者阶级的权利以及前者对后者的统治永久化。而这样的机关也就出现了。国家被发明出来了"②,国家较之氏族在对社会各种因素进行组织与协调的能力方面显然更加有效。随着国家这种新的社会组织模式从原有社会组织模式生成出来,其内在的私有制、阶级等众多社会要素也相应地被生成出来,"在以血族关系为基础的这种社会结构中,劳动生产率日益发展起来;与此同时,私有制和交换、财产差别、使用他人劳动力的可能性,从而阶级对立的基础等等新的社会成分,也日益发展起来;这些新的社会成分在几个世代中竭力使旧的社会制度适应新的条件,直到两者的不相容性最后导致一个彻底的变革为止。以血族团体为基础的旧社会,由于新形成的各社会阶级的冲突而被炸毁;代之而起的是组成为国家的新社会,而国家的基层单位已经不是血族团体,而是地区团

---

① 《马克思恩格斯选集》(第4卷),人民出版社1995年版,第106—107页。
② 同上书,第107页。

体了。在这种社会中,家庭制度完全受所有制的支配,阶级对立和阶级斗争从此自由开展起来,这种阶级对立和阶级斗争构成了直到今日的全部成文史的内容"[①]。国家一经产生,作为一种对社会这个复杂系统有效的组织模式在历史中不断自我完善一直发展到现在。

二 资本主义工业生产系统的自组织生成与演化

社会历史无疑是宇宙演化的一个部分,是在某种自然基础上演化生成的。但社会历史却有着自身的独特性,这种独特性从系统自组织科学角度是指其内在所拥有的不同自然的新的系统基核,在这个意义上,社会历史就是人类从自然因素起主导的系统向以社会因素起主导的系统演化的过程。马克思恩格斯所处的社会状态正值资本主义工业生产系统确立并逐渐走向完善的阶段,这也成为马克思恩格斯分析社会历史现象的最主要的素材,马克思恩格斯对这一过程进行了非常深入的分析,其中蕴含了丰富的系统自组织思想。社会历史过程中同时作为社会系统要素的自然因素和社会因素在社会系统中关系和地位的变化成为马克思恩格斯分析的重点。

社会历史是从原始人生活的简单的社会形式开始的,这些原始人在很大程度上同其他动物一样依附着自然,早期的社会形式仍然在很大程度上是可以看作是自然因素起主导作用的系统形式。作为真正社会意义的系统只是处在萌芽阶段,其真正显现出其独立性经历了一个漫长的过程,"世界史不是过去一直存在的;作为世界史的历史是结果。……出发点当然是自然规定性;主观地和客观地。部落、种族等"[②]。人类的自然规定性和对自然的依赖性在马克思看来不仅是人的生物学状态,不仅是猿向人转变的"起点",而且是社会历史中的一个重要因素,在社会历史中一直起着重要作用,尤其是在社会历史的初期。最早的种族和部落是人类的早期的社会形态,主要表现为带有强烈自然特征的血缘亲族的关系,虽然这与动物的群体已经有了不同,但"人的孤立化,只是历史过程的结果。最初人表现为种属群、部落体、群居动物……"[③]。从社会生产的角度来说,最初阶段的生产在很多方面仍然表现直接采集现成的自然产品,正如马克

---

① 《马克思恩格斯选集》(第4卷),人民出版社1995年版,第2页。
② 《马克思恩格斯选集》(第2卷),人民出版社1995年版,第28页。
③ 《马克思恩格斯全集》(第46卷)(上),人民出版社1979年版,第497页。

思所说,"个人的生产行为最初难道不是直接采集现成的、自然界本身也已为消费准备好的东西来再生产他自身的躯体吗"①。随着社会历史的进程,到了奴隶社会与封建社会,社会系统中的非自然的因素才慢慢有了发展,非自然的社会因素对于社会系统的作用逐渐加强,但这种生产仍然带有强烈的自然的特点,而且持续了很长时间。由于当时社会生产对于土地等直接自然条件的依赖,使得社会作为一个独立于自然的系统还无法明确显现出来,尽管社会意义上的系统基核即社会的分工协作和相应的社会整体性的形式在原始社会就已经形成了,但由于上述对自然的直接依附以及在此基础上形成的分散的自然经济的统治地位使得社会作为一个真正"社会"意义上的整体系统显现出来仍然需要一个长久的过程,这个过程中人仍然被"贬低为一个自然主体"。从人的需求和生活方式多方面看,在很多方面仍然表现为自然的生命物,因此,人类在很漫长的早期的历史进程中只能被看作是社会历史的客体而不是社会历史的主体,尽管在这个过程中积累了一定的物质和精神的文明,但"从前的一切所有制形态都为大部分的人类带来苦难,使他们成为奴隶或成为纯粹的劳动工具。历史的发展、政治的发展、艺术、科学等等,都是在他们上面的上流社会之内表演的"②。这样,在漫长的很多世纪里物质的与精神的文明成果对占社会多数的劳苦大众即文明的真正创造者来说仍然是可望而不可即的东西。他们的命运是从事繁重的简单重复的劳动,而其社会生活也被简化为满足"自然主体"的必不可少的需要。

马克思把这种带有强烈的"自然的"特征的社会形态称为"劳动同劳动的物质前提的天然统一",在这种条件下,人们把自己与自然的统一看作是自己生命活动的自然前提,这种"自然的"特征为主导的社会形态是人类持续几千年的农业文明下自然经济的本质特征,对广泛而深入的社会联系即分工协作没有强烈要求,但是,"如果个人生产他的直接的生活手段,例如在大多数情况下,在自然发生的农业关系照旧持续着的那些国家的样子,那么他的生产就没有社会的性质,而且他的劳动也不是社会的劳动"③。事实上,预示着新的社会形态也是真正社会意义的系统的形

---

① 《马克思恩格斯全集》(第 46 卷)(上),人民出版社 1979 年版,第 492 页。
② 同上书,第 88 页。
③ 同上书,第 450—451 页。

成在这个过程中已经必然地出现了,比如已经有了社会的阶级分化并在此基础形成的一定为交换而进行的生产,虽然只是占有很小的比重,但正是这些现象的萌芽与不断发展使得社会新的系统基核及在此基础上形成的新的社会结构成为历史的必然产物。

代替封建制度的资本主义正是"要以物质生产的全面变革和发展为前提",以自然制约为主要特点的生产形式迅速瓦解了,进而"资本主义社会的经济结构是从封建社会的经济结构中产生的。后者的解体使前者的要素得到彻底的解放"①。资本主义所有制的发展逐渐蔓延到了整个生产领域,这种发展导致了这样的结果,就连以往旧的生产形式的主要拥护者即土地所有者也"清扫土地上的过剩人口,把大地的儿女从养育他们的怀抱里拉走"②。生产方式的这种根本变革的实质和直接结果就是劳动的普遍分工和普遍交换,"……典型形式的雇佣劳动,即作为扩展到整个社会范围并取代土地而成为社会立足基地的雇佣劳动,起初是由现代土地所有权创造出来的……这不外是雇佣劳动从城市转到农村,即雇佣劳动扩展到整个社会的范围"③。而正是这一变化,使得社会系统发生了质的变化,其内在关系由以前的自然为主导变为了以社会分工协作为主要特征的社会因素来主导,"这样就在每一种产业的地基下面挖去它自然生长的基地,而且把它的生产条件从它自身之内转移到一般的社会联系里去……这就是资本发展的趋势。一切产业的基础便是一般的交换,便是世界市场,因而便是世界市场所由构成的全部活动,贸易、欲望等等"④。由此可见,在自然经济为主导的社会里,农业和土地财产是这种社会形态的系统基核,而手工业、古老的加工工业以及商业这些都只是作为这个基核的附属产物来存在,是为这个基核服务的。而资本主义的逐渐确立使得社会生产方式发生了根本变化,各个生产部门在社会生产中的地位也发生了翻天覆地的变化。

可以说在自然经济形态下,社会也有着分工,正如马克思所说:"整个社会内的分工,不论是否以商品交换为媒介,是各种社会经济形态所共

---

① 《马克思恩格斯全集》(第46卷)(上),人民出版社1979年版,第782页。
② 同上书,第234页。
③ 同上。
④ 同上书,第465页。

有的。"①但是，社会分工又有着不同的形式，"到目前为止的一切生产的基本形式是分工，一方面社会内部的分工；另一方面是每个生产机构内部的分工"，在资本主义社会形成的初期，个别生产机构主要是工厂手工业，"而工场手工业分工却完全是资本主义生产方式的独特创造"②。

随着生产力发展，原来自然经济内部的手工业逐渐过渡到资本主义的工场手工业，真正以分工协作为特征的社会因素主导的生产组织方式在社会内部自组织生成了。对此马克思进行了专门的阐述："工场手工业的产生方式，它由手工业形成的方式，是二重的。一方面，它以不同种的独立手工业的结合为出发点，这些手工业非独立化和片面化到了这种程度，以致它们在同一个商品的生产过程中成为只是互相补充的局部操作。另一方面，工场手工业以同种手工业者的协作为出发点，它把这种个人手工业分成各种不同的特殊操作，使之孤立，并且独立化到这种程度，以致每一种操作成为特殊工人的专门职能。因此，一方面工场手工业在生产过程中引进了分工，或者进一步发展了分工；另一方面它又把过去分开的手工业结合在一起。但是不管它的特殊的出发点如何，它的最终形态总是一样的；一个以人为器官的生产机构"③。

伴随着生产机构内部的分工不断细化，也同时意味着生产过程中的协作不断地发展。对于协作，马克思恩格斯都给予了描述，恩格斯说："许多人协作，许多力量结合为一个总的力量，用马克思的话来说，就造成'新的力量'，这种力量和它的一个个力量的总和有本质的差别。"④马克思表达了完全相同的理解并做了补充，"且不说由于许多力量融合为一个总的力量而产生的新的力量。在大多数生产劳动中，单是社会接触就会引起竞争心和特有的精力振奋，从而提高每个人的个人工作效率"⑤。正是这种生产分工基础上的协作，创造了财富增长的"超自然"的源泉，这一过程其实就是生产系统朝着创造财富能力增强的方向不断自组织演化的过程，尽管起初仅限于生产部门内部，但是"协作……就它的简单性

---

① 《马克思恩格斯全集》（第23卷），人民出版社1972年版，第397页。
② 《马克思恩格斯全集》（第23卷），人民出版社1972年版，第397页。
③ 同上书，第375页。
④ 《马克思恩格斯选集》（第3卷），人民出版社1995年版，第469页。
⑤ 《马克思恩格斯全集》（第23卷），人民出版社1972年版，第375页。

和简单形式来说,它始终是它的一切较发展的形式的基础和前提"①。这种能够产生出巨大整体效用的分工协作必然走向"较发展的形式",分工的细化导致了生产的产品无论从质上还是量上都有了很大的不同。这进一步导致了商品交换的复杂程度的增加,从而使这种新生成的高效的社会生产组织方式快速高效的辐射、渗透到社会的各个领域,发生着系统自组理论所说的自组织、自反馈、自复制、自扩散,进而使得"受分工制约的不同个人的共同活动产生了一种社会力量,即扩大了的生产力"②。

这样新的社会形态的系统基核就初步确立起来,在这种情况下,一方面是雇佣劳动和大规模生产;而另一方面则是产生社会成员普遍联系和相互依赖的普遍的劳动分工和普遍的交换,而这二者恰恰就是新的社会形态的系统基核。正如马克思所说,"表现为分工体系的社会生产有机体,它的量的构成,也像它的质的构成一样,是自发地偶然地形成的。所以我们的商品占有者发现:分工使他们成为独立的私人生产者,同时又使社会生产过程以及他们在这个过程中的关系不受他们自己支配;人与人的互相独立为物与物的全面依赖的体系所补充"③。在此基础上,其他诸如农业、科学、商业等等社会要素都被这个新的系统基核所产生、吸引和支配,并为它服务。围绕着上述系统基核建立起来的新的历史阶段,社会生产的整体性程度有了极大的提高,并逐渐完善为一个发达的和完整的系统。当然,以自然经济为主导的原始社会、奴隶社会与封建社会也有着自己特殊的整体性和向整体性发展的特殊形式,社会要素在这种整体性制约下也有着特定的结构。马克思恩格斯虽并未对此进行深入考察,但是在这种自然经济条件下,生产更多的主要是人与自然个体间线性关系为特征,即个别个人的独立的生产,彼此之间的依赖性很小,并没有实现真正意义上的社会整体性而更多的是像单个原子加和起来的线性系统,而非有着内在组织能力的发达的"有机"系统。在这个意义上,只有在具有发达的劳动分工的社会生产中,每一个社会成员都依赖于全体其他社会成员的生产,而所有人又都依赖于每一个人的生产,所有社会成员彼此相互补充,并且因此形成一种有机的整体特征,在其中社会成员、社会中的各种因素都以整

---

① 《马克思恩格斯全集》(第47卷),人民出版社1979年版,第291页。
② 《马克思恩格斯选集》(第1卷),人民出版社1995年版,第85页。
③ 《马克思恩格斯选集》(第2卷),人民出版社1995年版,第152页。

体为中介的相互的依赖。随着社会这种系统整体性的不断增强，劳动的社会分工也就更发达，社会需求也就更加多样化，同时作为个别人的生产就变得越来越片面。虽然社会中的个别生产者自己的自主性和独立性逐渐丧失，但与此同时社会生产也朝着专业化、合作化、一体化的方向发展，这种系统整体产生的效应也使得人类生产以前所未有的速度向前发展。

在马克思恩格斯看来资本主义的工业生产系统的初步形成是以工场手工业的形式来完成的，但这种工业生产系统的进一步完善确是由机器大工业生产来实现的。在工场手工业阶段，由于分工的不断细化，创造了各种专门化的生产工具，并逐步把它们联结为机器，为向大工业阶段的过渡提供了必要的物质技术条件，正如马克思所说："工人之间的分工越来越细，于是，从前完成整件工作的工人，现在只做这件工作的一部分。这种分工可以使产品生产得更快，因而也更便宜。分工把每个工人的活动变成一种非常简单的、老一套的机械操作，这种操作利用机器不但能够做的同样出色，甚至还要好得多。"① 那么，随着社会生产进一步发展，工场手工业走向机器大工业也就成为了自然而然的过程，而机器大工业本身也是一个不断自我更新完善的自组织系统，经过了一个从低级到高级的发展过程，"简单的工具，工具的积累，合成的工具；仅仅由人作为动力，即由人推动合成的工具，由自然力推动这些工具、机器；有一个发动机的机器体系；有自动发动机的机器体系——这就是机器发展的进程"②。而在马克思所处的时代，"它的最完善的形式就是能制造机器的自动机，这种自动机消灭了大工业的手工业和工场手工业的基础，从而使机器生产第一次具备了完善的形式"③，这个过程其实一直延续到现在。但是，需要注意的是机器大工业的形成与完善的过程绝不能简单地归结于机器的发明和完善，马克思在分析这一问题的时候并没有仔细地分析作为机器本身的发明和完善的具体过程，而是把它看作社会的整体过程之中的一个要素，正如马克思所说，"由此可见，生产方式和生产资料总在不断变更，不断革命化；分工必然要引起更进一步的分工；机器的采用必然要引起机器更广泛的采用；大规模的生产必然要引起更大规模的生产"④，也就是说，机器

---

① 《马克思恩格斯选集》（第1卷），人民出版社1995年版，第231页。
② 同上书，第165页。
③ 《马克思恩格斯全集》（第16卷），人民出版社1964，第315页。
④ 《马克思恩格斯全集》（第6卷），人民出版社1961年版，第501页。

大工业的形成与发展同样是有众多社会要素协同参与的自组织生成与演化过程。

三 世界历史的自组织生成与演化

马克思恩格斯对于他们所处时代的社会状况进行了重点的分析，但这并不意味着他们对历史的考察仅限于他们所处的时代，他们进行社会历史研究的立足点其实是人类社会发展的总体进程，他们的真正目的是从人类社会整体，即世界性意义上把握整个人类历史的发展规律和趋势。纵观马克思恩格斯对社会历史的研究，其视域纵贯整个人类历史过程，当然我们不能苛求他们对每一个历史阶段都有着深入细致的研究，但他们已经从大体上给我们呈现了整个人类社会历史或者说"世界历史"演化的进程。无论是研究社会一般发展规律，还是以英国等发达资本主义国家作为典型来研究资本主义社会的特殊发展规律，还是研究早期人类社会的发展规律，他们的视野始终是"世界历史"。马克思恩格斯的"世界历史"思想与现代系统自组织理论的思想原则是吻合的，所谓"世界历史"就是人类社会中不同民族、不同国家、不同地区乃至不同领域都不断超越国家、地区、文化等因素的限制，逐渐走向联系更加紧密的过程。事实上就是整个人类社会作为一个系统整体通过内外各种因素的作用生成与演化的过程，根据现代系统自组织理论的相关成果，人类社会无论从哪个角度都越来越不可分割，整体性将会越来越明显，当今时代的全球化进程就是最好的明证。

当今时代，随着世界经济、政治、文化的一体化趋势，全球化成为历史发展的必然结果，社会历史再也不简单的是某一个民族或国家的事情，而具有了世界的意义，现时代的社会历史已经完全表现为世界史。回到马克思恩格斯那里，他们在科学的揭示了社会历史发展规律后，在此基础上科学地预示了世界历史的到来。而这种世界历史的形成，仍然是各民族内部各因素与各民族之间通过复杂的非线性联系自组织形成的，对此马克思恩格斯有着明确的表述："历史向世界历史的转变，不是'自我意识'、宇宙精神或者某个形而上学怪影的某种纯粹的抽象行动，而是完全物质的、可以通过经验证明的行动"[1]。在这里马克思恩格斯明确指出，世界

---

[1] 《马克思恩格斯选集》（第1卷），人民出版社1995年版，第89页。

历史的形成是社会历史自身发展的必然结果，而不是外来力量强加的结果，是由各民族相互之间的相互影响所推动的，"各民族的原始封闭状态由于日益完善的生产方式、交往以及因交往而自然形成的不同民族之间的分工消灭得越是彻底，历史也就越是成为世界历史"①，这里已经蕴含了深刻的系统自组织思想。在这里作为社会基础的生产方式将自身内在的分工模式从单个民族扩展到整个世界，从而使生产变为世界的生产，以生产为基础的各个社会要素出现新的分化。要注意的是这种新的分化是跨越单个民族在世界范围内的分化，这远比单个民族内部的分化要复杂很多。而这些新分化的社会要素又在整个世界范围的意义上重新整合，进而形成世界意义上的新的组织模式并不断进行更新完善，这其实就是世界历史的展开过程。

马克思恩格斯预示世界历史的到来不仅是从一般社会发展的历史规律中得出的对未来人类历史趋势的判断，也是通过对其当时所处时代社会历史环境及资本主义在形成与发展中的一些特点进行深入分析的结果。在马克思恩格斯看来，在他们所处的时代世界历史的形成就已经有了一些明显的迹象，并对世界历史及其内在的组织模式的初步形成进行了深入的探讨："它的商品的低廉价格，是它用来摧毁一切万里长城、征服野蛮人最顽强的仇外心理的重炮。它迫使一切民族——如果它们不想灭亡的话——采用资产阶级的生产方式；它迫使它们在自己那里推行所谓的文明，即变成资产者。一句话，它按照自己的面貌为自己创造出一个世界。"② 也就是说，这种先进的生产力所形成的新的社会组织模式，以它体现在众多方面的优越性，必将复制扩散到世界各个民族甚至于是"最野蛮"的民族。换句话说，当社会形态发展到资本主义社会的时候，人类的生产活动以及以此为基础的各种交往关系已经不再简单的是一个民族、一个国家或一个地区内部的事情，它有了更高级的、更发达的形式，即世界意义的生产以及世界意义的交往关系。这种世界意义的生产与交往关系无论从整体模式还是内在的诸多社会要素的复杂性程度而言都远远超过了以往任何历史时期，这也决定了世界历史的形成与进化都是在复杂的、交互的各种矛盾中进行的，这一自组织生成与演化过程是异常复杂的，也必然伴随着各种沉

---

① 《马克思恩格斯选集》（第1卷），人民出版社1995年版，第88页。
② 同上书，第276页。

重的代价。在资本主义社会早期,正如马克思恩格斯所批判的那样存在着很多不合理之处,但还是为世界历史的形成起到了一定的积极作用,"一方面要造成以全人类互相依赖为基础的普遍交往,以及进行这些交往的工具;另一方面要发展人的生产力,把物质生产变成对自然力的科学统治。资产阶级的工业和商业正为新世界创造这些物质条件,正像地质变革创造了地球表层一样"[①]。也就是说,资本主义社会成为创造世界历史这一人类社会更大系统的自组织过程中的一个重要环节,在这个意义上这一过程对于一些落后的国家来说可以说是一种社会发展的推动力量,当然这种发展对于他们来说更多是以一种"苦难"的形式来完成的,往往会付出沉重的代价。

从马克思恩格斯对世界历史初步形成的分析可以看出,在他们看来,人类社会在发展中越是进步,就越成为一个有着更强组织能力的大系统。这个世界意义的社会大系统把各个民族、各个国家无一例外的包纳其中,当然,当今时代对于这样一个大系统而言仅仅是形成的初级阶段,但其基本组织模式已经初现端倪,伴随着全球化的进程,世界历史也必然通过其内部的所有民族、各个国家、各个地区以及在不断更新的生产力基础上所形成的各种新的交往关系等诸多因素的非线性相互作用下,不断地通过自组织机制实现自身总体组织模式的更新,从而推动世界历史不断进步。在这个意义上,只有从世界历史的角度才能真正把握唯物史观的基本理论,对此马克思进行了专门的强调,他指出:"各民族之间的相互关系取决于每一个民族的生产力、分工和内部交往发展的程度。这个原理是公认的。然而不仅是一个民族与其他民族的关系,而且这个民族本身的整个内部结构都取决于自己的生产以及自己内部和外部的交往的发展程度。"[②] 马克思的这段话表明,世界各民族的相互关系的性质和某个民族内部的社会性质虽然仍然在一般意义上决定于生产力水平,但由于世界范围内的分工和各自内部交往的发展程度的不同,生产力对整个社会的决定作用在现实中就表现出了极其复杂的形式。这也就意味着,世界历史的形成与发展过程是与世界各民族的社会进步紧密相连的。人类社会进入世界历史阶段后,任何一个民族都不可能脱离世界整体的发展而独立地发展,其历史发展进

[①] 《马克思恩格斯选集》(第1卷),人民出版社1995年版,第773页。

[②] 同上书,第68页。

程必然越来越紧密地融入整个世界历史的发展进程之中,成为世界历史不可分割的一部分。

这样,马克思恩格斯向我们揭示了从人类的产生直至世界历史的形成并继续发展的自组织生成与演化的整体过程,其基本特征就是使人类社会内在各部分、各要素之间走向日渐紧密的整体联系,时至今日,整个世界已经逐渐融为一体,人类社会的每一个社会要素乃至每一个人都被纳入到这一世界意义的整体联系之中。当然对于任何一个系统来说,内外部因素越是复杂越是需要更加高级的整体组织模式,整个人类社会作为一个无比复杂的巨大系统在自身的发展中也必将不断生成更加高级的社会整体组织模式并不断的使之完善。

第九章 马克思恩格斯生成与演化的不确定性思想

自组织系统理论给我们描绘了一幅新结构不断取代旧结构并持续走向更加有序的系统有序演化图景,那么这样不断地有序化是否是世界演化的唯一模式和终极方向,是否还有别的模式和方向就成为复杂性科学不得不回答的问题。自组织理论在20世纪80年代对这个问题给予了回答,就是自组织临界性的发现,而随后,混沌学、分形学说等现代科学的新理论使"我们正越来越多地觉察到这样的事实,即在所有的层次上,从基本粒子到宇宙学,随机性和不可逆性起着越来越大的作用"①。不仅如此,现代科学进一步表明,"我们发现我们自己处在一个可逆性和决定性只适用十分有限的简单情况,而不可逆性和随机性却占据统治地位的世界之中"②。以往被看作是科学敌人的随机性、偶然性等不确定性因素重新在科学中获得了尊重,并被当作世界及其演化过程的重要部分甚至是主要部分成为复杂性研究的主要对象。辩证法同样研究世界的运动、演化与发展,那么马克思恩格斯的相关论述中是如何理解不确定性问题的,这同样需要我们进行深入的考察。

第一节 自组织生成与演化:确定性与不确定性统一的过程

通过对马克思恩格斯对世界的自组织演化过程的阐释,让我们看到不

---

① [比]普里戈金、[法]斯唐热:《从混沌到有序》,曾庆宏、沈小峰译,上海译文出版社1987年版,第26页。
② 同上书,第40页。

仅世界在空间意义上通过非线性全息建构有机联系在一起，形成由无数无穷嵌套、相互交织的系统组成的总系统。这个总系统和内在的所有子系统始终处在自组织生成和演化过程中，通过自组织的方式不断推陈出新，走向更加多元、更加丰富多彩，并在新生成的事物与原有众多事物的复杂作用中不断生成新的组织模式以实现更高意义上的统一，进而将世界在时间上把过去、现在和未来联结在一起，使世界体现为一个过程。从这个意义上讲，自然界和人类社会乃至整个世界绝不是"偶然事件"的随意堆积和无规则运动，而是在一定意义上"有章可循"的，有着确定性的一面，不承认这一点，连最起码的概念都失去了意义，"整个科学就会化为乌有。科学的所有部门都曾需要有种概念作为基础：人体解剖学和比较解剖学、胚胎学、动物学、古生物学、植物学等等，离开种概念还成什么东西呢？这些科学部门的一切成果不仅会发生问题，而且会干脆被废弃。……因而就等于否定有生命的自然界中的一切内在必然性，等于把偶然性的混沌王国普遍宣布为有生命的自然界的唯一规律"①。马克思恩格斯所有研究的目的也是要发现隐藏在复杂现象背后的规律，"辩证法的规律是从自然界和人类社会的历史中抽象出来的"②。

但这并不意味着马克思恩格斯所揭示的规律是可以一劳永逸的解释所有问题的规律，这只有在世界在本体意义上是简单的前提下才是可能的，对此恩格斯明确指出："概念并不无条件地直接就是现实，而现实也不直接就是它自己的概念。"③ 也就是说，规律与概念形式上的简单确定性并不代表其所指谓的具体的现实世界是同样简单确定的，马克思对于这一点也做了强调，认为"具体之所以具体，因为它是许多规定的综合，因而是多样性的统一"④。具体的现实世界不仅有着简单确定的一面，而且有着复杂的一面，其中充满了偶然性、随机性等不确定因素，而且这些不确定因素也是世界生成演化中不可或缺的，是世界存在的一部分。

虽然揭示了自然和人类历史的具有普遍意义的规律性，但是对于这种规律性，马克思恩格斯一直保持着极度清醒的意识，如恩格斯就曾经非常明确地说："整个人类历史还多么年轻，硬说我们现在的观点具有某种绝

---

① 《马克思恩格斯选集》（第 4 卷），人民出版社 1995 年版，第 327 页。
② 同上书，第 310 页。
③ 同上书，第 744 页。
④ 《马克思恩格斯选集》（第 2 卷），人民出版社 1995 年版，第 18 页。

对的意义，那是多么可笑"①。在《反杜林论》中，恩格斯同样强调，"我们还差不多处在人类历史的开端，而将来会纠正我们的错误的后代，大概比我们有可能经常以极为蔑视的态度纠正其认识错误的前代要多得多"②。这种清醒的认识其实已经体现在马克思恩格斯辩证法与机械决定论对规律理解的本质区别上。机械决定论强调严格的因果性、必然性，但是否定偶然性。在机械唯物主义者看来，一切事情都是之前规定好的，现在都是过去必然的结果，只要能够掌握事物出现的必要条件，就可以推知它的过去和将来是什么样，就是说一切事物的发生都是决定论的。这样，只要知道这个物体在什么位置、动量多大、方向是什么，就可以推断出之后某个时间它在什么位置，就像天体的运行一样，我们可以算得出来什么时候要日食，什么时候要月食，也就是什么时候地球、月球和太阳成为一条直线，这都是可以准确算出来的。无可否认，机械决定论从粗粒化意义上在一定领域内是有效的，但认为整个宇宙的各种现象的发生都是这样，这就把机械力学夸大了。这个世界不是一个机械的世界，不都是机械运动，而是非常复杂的，还有化学的、生物的、人类社会的运动。即使是力学运动也还有宏观世界与微观世界之分，而且力学运动也摆脱不了偶然性，也会出现各种各样的偏离，计算不可能绝对准确。机械决定论的错误是不言而喻的，由于彻底地把偶然性、随机性这些世界本身具有的内容抛到世界之外，就不可能看到世界自组织生成演化的创新和不可还原的特性，这样的世界虽然也是处于运动之中的，但这种运动从总体来说不可能有创新和发展。马克思恩格斯对规律的理解是一种生成论的思想，任何规律都不是以纯粹的形态和刻板的模式出现的，而"是以一种极其错综复杂和近似的方式，作为从不断波动中得出的、但永远不能确定的平均情况来发生作用"③。

在恩格斯看来，"辩证的思维方法同样不知道什么严格的界线，不知道什么普遍绝对有效的'非此即彼！'，它使固定的形而上学的差异互相转移，除了'非此即彼！'，又在恰当的地方承认'亦此亦彼！'，并使对立通过中介相联系，这样的辩证思维方法是唯一在最高程度上适合于自然

---

① 《马克思恩格斯选集》（第3卷），人民出版社1995年版，第456页。
② 同上书，第426页。
③ 《马克思恩格斯全集》（第25卷），人民出版社1974年版，第181页。

观的这一发展阶段的思维方法"①。在适当的地方承认"非此即彼"就是承认了世界万事万物有着一定确定性的界限，有着各自的独立性，同时又在适当的地方承认"亦此亦彼"就是认为世界万事万物之间的界限只有相对确定的意义，存在着一定的不确定性，所以不确定性问题是马克思恩格斯辩证法思想中不可或缺的一部分。在我国有些学者甚至提出了把"不确定性"概念与辩证法中的"矛盾"概念进行融合，最有代表性的是金观涛教授，在《发展的哲学——论"矛盾"和"不确定性"》一文提出了将"不确定性"作为矛盾规律更为合理的表达的思想，以实现从不确定性思想角度对辩证法进行全新的理解，在他看来，"辩证法的万物发展的这一个基本原理可以用另外一条基础性原理来取代，这就是世界的不确定性背景"②，在此基础上他进一步指出"可以把矛盾等价于不稳定性和不确定性"③。金观涛教授的观点或许仍需要深入分析与论证，但至少说明现代复杂性科学所揭示的系统演化的不确定性思想与马克思恩格斯辩证法所强调矛盾思想在很大程度上有着相似之处，至少存在着很大的交集，二者都是对于世界同时存在确定性与不确定性特征的一种解释方式。其实在现实世界的演化过程中，无论是从矛盾运动还是从系统运动的角度，都体现为确定性与不确定性统一的过程。

第二节 自然界生成与演化的不确定性

不确定性是系统存在与演化的一个重要特征，马克思恩格斯清醒地认识到有着确定性特征的自然规律在现实表现中往往是不确定的。自然界的生成与演化过程，都并非简单的从无序走向确定有序，并不断走向更加确定有序的过程，也存在着从确定有序走向不确定、无序的过程，而且不确定性因素在现实演化中也起着不可或缺的重要作用，确定性和不确定性在现实世界的演化中是同时存在并且是相辅相成的。

一 自然规律现实表现的不确定性

恩格斯的自然辩证法承认并强调自然界的规律性，这表明他坚信自然

---

① 《马克思恩格斯选集》（第4卷），人民出版社1995年版，第318页。
② 金观涛：《我的哲学探索》，上海人民出版社1987年版，第43页。
③ 同上书，第208页。

界具有确定性的一面,并努力通过对自然科学进行概括总结,试图在最一般的层面寻找到世界内在的规律。自然规律作为人们对客观世界的主观反映,在现实中表现出来的不确定性一方面是由于人类认识本身的复杂性与不确定性;另一方面是由于自然界现实的存在与演化过程并不是严格服从因果必然性支配,而是充满了复杂性与不确定性的。恩格斯的自然辩证法虽然承认规律,但由于世界的复杂性使得他一方面努力探求着确定性的一面,试图在最一般的层面寻找到世界内在规律;另一方面又始终都对世界的简单确定性保留着怀疑的态度,正如他所说,"想把历史的发展和复杂情况的全部多样性的丰富内容一律概括在'生存斗争'这一干瘪而片面的说法中,是极其幼稚的。这等于什么也没有说"①。这看似矛盾,却恰恰是对辩证法复杂性自觉精神的真正把握,当然这并不是说他否认规律的存在,自然辩证法也是在探寻世界万事万物运演变化中最一般的规律。这看似矛盾,却恰恰是对辩证法复杂性自觉精神的真正把握。

人类的认识面对的是一个确定性与不确定性并存的复杂世界,用埃德加·莫兰的话来说,"有序无序互相混淆,互相呼应,互相需要,互相打击,互相否定"。② 现代科学对世界进行的复杂性探索并非单方面强调世界的不确定性,而是试图从简单确定性中看到复杂性与不确定性,进而从复杂性与不确定性中继续探寻确定性。而且人类认识在任何一个历史阶段都受到这一历史阶段认识水平的限制,这就决定了人类的认识过程必将是没有终点但又必须朝着终点不断向前推进的无止境的苦旅。正如他所说:"对无限的东西的认识受到双重困难的困扰,并且按其本性来说,只能通过一个无限的渐近的前进过程而实现。这已经使我们有足够的理由说:无限的东西既是可以认识的,又是不可以认识的,而这就是我们所需要的一切。"③ 正是基于这种认识,恩格斯提出:"这就是说:凡是人们可以纳入规律、因而是人们认识的东西,都是值得注意的;凡是人们不能纳入规律、因而是人们不认识的东西,都是无足轻重的,都是可以不加理睬的。这样一来,一切科学都完结了,因为科学就是要研究我们不认识的东

---

① 《马克思恩格斯选集》(第4卷),人民出版社1995年版,第372页。

② [法]埃德加·莫兰:《方法:天然之天性》,吴泓缈、冯学俊译,北京大学出版社2002年,第67页。

③ 《马克思恩格斯选集》(第4卷),人民出版社1995年版,第342页。

西。"① 这里恩格斯已经明确地表达了科学研究应该正视那些无法简单处理的复杂现象，因为"如果我们要谈论对于从星云到人的一切物体都同样适用的普遍的自然规律，那么留给我们的也就只有重力，也许还有能量转化理论的最一般的提法，即通常所说的机械的热理论。但是，如果把这个理论普遍地彻底地应用到一切自然现象上去，那么这个理论本身就会变成一个宇宙系统从产生到消灭的过程中相继发生的变化的历史表现，也就是说变成一部历史，在这部历史中，在每个阶段上都有不同的规律，即同一普遍运动的不同的表现形式起支配作用，从而作为始终具有普遍效力的东西留下来的就只有运动了"②。

正是在对充满不确定性的自然界复杂一面深刻认识的基础上，恩格斯深入批判了杜林所提出的"终极真理"，并明确指出了把自然规律理解为简单确定的"终极真理"的错误。他把自然科学的研究分为两个大的领域或者说两个大的部分，"第一个部分包括所有研究非生物界的并且或多或少能用数学方法处理的科学，即数学、天文学、力学、物理学、化学。如果有人喜欢对极简单的事物使用大字眼，那么也可以说，这些科学的某些成果是永恒真理，是最后的终极的真理，所以这些科学也叫作精密科学，然而决不是一切成果都是如此。由于变数的应用以及它的可变性被推广于无限小和无限大，一向非常循规蹈矩的数学犯了原罪；它吃了智慧果，这为它开辟了获得最大成就但也造成谬误的道路。数学上的一切东西的绝对适用性、不可争辩的确证性的童贞状态一去不复返了……而在物理学和化学方面，人们就像处在蜂群之中那样处在种种假说之中。情况也根本不可能不是这样。我们在物理学中研究分子的运动，在化学中研究分子的原子构成，如果光波的干扰不是一种虚构，那我们绝对没有希望在某个时候亲眼看到这些有趣的东西"③。恩格斯所说的自然科学的第一部分在这里主要是指无机界，恩格斯充分强调了相关自然科学研究中出现的无法简单化的不确定问题。而作为另一部分的关于有机界的自然科学所研究的是自然界更加高级的物质形态，无疑较之无机界而言有着更加明显的复杂性，这也使得这一类的自然规律在现实中必然显示出更加明显的不确定性

---

① 《马克思恩格斯选集》（第 4 卷），人民出版社 1995 年版，第 324 页。
② 同上书，第 338—339 页。
③ 《马克思恩格斯选集》（第 3 卷），人民出版社 1995 年版，第 428 页。

特征。正如恩格斯所说:"第二类科学是研究活的有机体的科学。在这一领域中,展现出如此错综复杂的相互关系和因果联系,以致不仅每个已经解决的问题都引起无数的新问题,而且每一个问题也多半都只能一点一点地、通过一系列常常需要花几百年时间的研究才能得到解决;此外,对各种相互联系作系统理解的需要,总是一再迫使我们在最后的终极的真理的周围造起茂密的假说之林。……因此,谁想在这里确立确实是真正的不变的真理,那么他就必须满足于一些陈词滥调,如所有的人必定要死,所有的雌性哺乳动物都有乳腺等等"①。通过对自然科学的不同领域的分析,自然界相对高级的物质形态尤其是生命,自然规律在现实中必然显示出更加明显的不确定性特征,简单确定性思维指导下的近代科学范式在这一领域的研究中已经日益显得捉襟见肘,而现代系统科学正是在这一领域中实现了科学范式的变革。通过对自然科学的不同领域的分析,恩格斯否定了这种单方面强调简单性与确定性特点的"终极真理",对任何我们研究所发现的自然规律,在现实表现中都必然会呈现出不确定和不完善的一面,都需要进一步地深化,真理作为对世界复杂性自觉与反思地认识成果必然具有相对性特征。

恩格斯所处的时代自然科学已经取得了巨大的成绩,并代替了神学在人类思想领域逐渐占据了主导地位,甚至很多科学家认为关于世界方方面面知识的科学大厦已近乎完成,"自然是简单的"成为那个时代人类对自然界认识的一个基本信条。在这种对自然简单理解的基础上,人类为了满足自己的需要把自然当成自己的工具和手段对其展开了随心所欲的掠夺。对此恩格斯则清醒地表明了自己的观点:"不仅所要掌握的这个领域几乎是无穷无尽的,而且就是在这整个的领域内,自然科学本身也正处在急剧的变革过程中,以致那些即使把全部空闲时间用来干这件事的人,也很难跟踪不失"②,并且由此推断由于世界的无限性及内在所具有的偶然性与不确定性,使得任何"永恒的自然规律也越来越变成历史的自然规律"③。可见,丰富而具体的自然界是无法简单还原为一般性的抽象理论的,任何一种一般性的抽象理论都会存在着把充满不确定性的复杂世界简单化的倾

---

① 《马克思恩格斯选集》(第3卷),人民出版社1995年版,第428—429页。
② 同上书,第351页。
③ 《马克思恩格斯选集》(第4卷),人民出版社1995年版,第338页。

向。在这个意义上,任何规律更多的只是在人类的认识领域理想化的理论抽象,在现实世界中的表现往往是复杂与不确定的。恩格斯在此基础上进一步推断由于自然界本身具有的无限性及内在所具有的以不确定性为特征的复杂性,任何自然规律在无限复杂与不确定的自然界面前都将暴露出自身的局限性,并通过不断变革自身把人类对自然界的认识不断引向深化。科学自产生以来的发展历史充分印证了这一点。人类认识史所发现的所有自然规律,在现实表现中都必然会呈现出不确定和相对性的一面,都需要随着人类认识水平的提高进一步地深化。自然规律作为对自然复杂性自觉与反思地认识成果,必然具有不确定性和相对性的特征。

二 自然界生成演化过程的不确定性

根据现代系统科学,一切事物都可以看作是物质世界这个整体大系统中不同层级的子系统。这也就意味着物质世界中的每一个事物或每一个系统都存在着内部各要素之间的复杂作用,并受到复杂的外部环境的影响。这种处在复杂系统联系中的事物之间存在的就不再是简单确定的一对一的单向线性关系,而是复杂的多对多交互作用与多级中介递推循环作用的非线性网络关系。自然界的多样性、统一性正是由不断通过量变与质变展现出来的无穷的层次表现出来的。每个层次无论在空间维度上还是在时间维度上都是自然界这个系统整体的一个环节。自然界这种复杂的非线性交互作用也使得自然界存在与演化过程中必然呈现出不确定性的特征。

自然规律在现实中表现出来的不确定性使我们必须承认,大自然本身并不是服从因果必然性支配的世界,对此恩格斯有着明确的说明,"原因和结果这两个概念,只有应用于个别场合时才适用;可是,只要我们把这种个别的场合放到它同宇宙的总联系中来考察,这两个概念就联结起来,消失在关于普遍相互作用的观念中,而在这种相互作用中,原因和结果经常交换位置;在此时或此地是结果,在彼时或彼地就成了原因,反之亦然"[①]。对于因果关系的复杂理解表明恩格斯对自然界各个领域的生成与演化中的偶然性与不确定性特征有着清醒的认识,对此恩格斯曾经进行了阐释:"在这里任何一个场合下都谈不上探索因果链条,因此,我们在一个场合下比在另一场合下一点也不更聪明一些,所谓必然性仍旧是一句

---

① 《马克思恩格斯选集》(第3卷),人民出版社1995年版,第361页。

空话，因而偶然性依然如故。只要我们不能证明豌豆荚中豌豆的粒数是以什么为根据，豌豆的粒数就依旧是偶然的，而且，即使断言这件事情在太阳系的原始构造中是预先早就安排好了的，我们也没有前进一步"①。可见，在恩格斯看来，偶然性等不确定性因素在现实世界中根本无法消除，而且存在现实世界中的任何一个角落，比如"某一地区内并存的各个有机的和无机的种和个体的多样性，还可以说是立足在坚不可摧的必然性之上，但是就个别的种和个体来说，这种多样性依然如故，仍是偶然的。就个别的动物来说，它生在什么地方，遇到什么样的生活环境，什么样的敌人和有多少敌人威胁着它，这都是偶然的。一粒种子被风吹到什么地方去，这对于母株是偶然的；这粒种子在什么地方找到发芽的土地，这对于子株也是偶然的；确信在这里一切也都是立足在坚不可摧的必然性之上，这是一种可怜的安慰。在一定的地域，甚至在整个地球上，自然界的各种对象杂陈混出，哪怕是出自自古就有的种种原初的规定，但这种现象却依旧如故，仍是偶然的。"② 恩格斯对自然界偶然性等不确定性因素的关注表明他所试图建构的自然图景绝非像近代科学那样把偶然性、随机性等排除在世界之外的，而是把这些当作自然界的一种固有的内容来理解。

另外，自然界的这种不确定性还体现在事物与事物并不存在严格确定的边界，它们之间的界限通常是模糊的、不确定的。在现代系统科学的理解中，客观系统在各种复杂的内部因素与外部环境共同作用下必然使自身处于动态的演化过程之中。这使得客观系统的边界不是严格的、清晰的、确定的，反而通常是模糊的、不确定的。作为当代最有影响力的复杂性研究者之一，法国思想家埃德加·莫兰认为："它不确定是因为人们很难划定它的边界，不可能真正把它从与它有联系的系统之系统的系统中分离出来，……何处是整体？答案只能是含混的，多样和不定的。"③ 也就是说，系统边界的模糊性也导致了系统整体、结构及功能等的不确定性。就最简单的无机物而言，"自从最后的'真正'气体也被液化以来，自从证实了物体可以被置于一种难以分辨是液态还是气态的状态以来，聚集状态就丧

---

① 《马克思恩格斯选集》（第4卷），人民出版社1995年版，第325页。
② 同上书，第325—326页。
③ [法] 埃德加·莫兰：《方法：天然之天性》，吴泓缈、冯学俊译，北京大学出版社2002年版，第124页。

失了它以前的绝对性质的最后残余"①。无机物的界限尚且不能严格的确定,有机界和生命界的生成和演化过程中这一特征则体现得更为明显,"自从用进化论观点从事生物学研究以来,有机界领域内固定不变的分类界线——消失了;几乎无法分类的中间环节日益增多,更精确的研究把有机体从这一纲归到另一纲,过去几乎成为信条的那些区别标志,丧失了它们的绝对效力;我们现在知道有卵生的哺乳动物,而且,如果消息确实的话,还有用四肢行走的鸟"②。也就是说,正是事物间的这种模糊的、不确定的界限使得自然界作为一个统一整体的演化过程成为可能并拥有了无限的演化空间。恩格斯已经由此清楚地看到了近代科学那种对事物进行简单确定分类的研究方式已经暴露出自身的局限,科学在后续的发展中也充分证明了恩格斯的判断。越来越多的交叉学科与横断学科的出现,尤其是复杂性科学的兴起,都表明自然科学本身已经在不断反思自身,越来越关注自然界的复杂性与不确定性特征。

恩格斯对这种不确定性的自觉不仅反映在对人的认识领域的考察中,而且强调在人类改造自然的过程中要对此有足够的警觉。在当时多数科学家和哲学家都认为自然界的神秘面纱已经被我们揭开,认为我们已经可以征服自然的情况下,恩格斯在总结他所处时代自然科学的发展状况时并没有如此乐观,反而是基于对自然界不确定性为特征的复杂性充分认识的基础上保持了谨慎的态度,而且强调在人类改造自然的过程中要对这种不确定性要有足够的重视与警觉,并提出了忠告:"我们不要过分陶醉于我们人类对自然界的胜利。对于每一次这样的胜利,自然界都对我们进行报复。每一次胜利,起初确实取得了我们预期的结果,但是往后和再往后却发生完全不同的、出乎预料的影响,常常把最初的结果又消除了。"③ 面对当今时代日益严重的生态破坏、资源枯竭、环境污染等众多全球性问题,追根溯源,正是由于在很长一段历史时期人类片面强调了自然界简单确定性的一面,而忽视了自然界复杂而不确定的一面。从我们饱受这些各种各样的全球性问题带来的痛苦,强调与自然和谐共处,坚持可持续发展道路的现时代视角来看,建立在恩格斯对自然界复杂性与不确定性理解基

---

① 《马克思恩格斯选集》(第3卷),人民出版社1995年版,第351页。
② 同上书,第352页。
③ 《马克思恩格斯选集》(第4卷),人民出版社1995年版,第383页。

础上的这一忠告在当时来说是极其难能可贵的。

三 不确定性在自然界生成演化过程中的重要作用

在近代经典科学的理解中，随机性、偶然性等不确定性因素是自然界存在与演化中原本不应有的"噪音"。但是，如果自然界中万事万物在质与量上都是确定的话，自然界的演化过程尤其是生物界的进化过程就是无法解释与想象的。现代科学尤其是复杂性科学对此进行了深入研究，在埃德加·莫兰看来，"所有物质形式，从原子到恒星，从细菌到人类，它们在组织过程中都需要无序；所有其组织作用和被组织的东西在改造工作中都在增大着无序（熵增）"[①]。也就是说，自然界内在的这种不确定性使得自然界作为一个统一整体的演化过程也并不是单一确定的，而是拥有了无限多样的可能性。在这个意义上不确定性是自然界不断走向更加丰富多彩的重要前提，而且自然界中无处不在的偶然性和不确定性因素事实上也是在自然演化过程中内在生成的。现代科学所呈现的自然界的演化过程既不是热力学第二定律描述的单纯从有序走向无序的过程，也不是生物进化论所描述的单纯从无序中走向有序的过程，而是体现着确定性的有序与体现着不确定性的无序相互依存、相互生成与转化的。在这个意义上，确定性与不确定性都是系统演化过程不可或缺的重要因素，并且是不可分割的、相互补充的在发挥作用。

在自然界的演化过程中处处体现着偶然性和不确定性，不仅如此，自然界中无处不在的偶然性和不确定性因素事实上也是在自然界内在演化过程中生成的，演化过程不仅是一个从无序生成有序的过程，也是从有序中生成无序的过程。对此恩格斯也有着深刻的理解，就无机世界而言，"在地球上，运动分化为运动和平衡的变换：个别运动趋向平衡，而总体运动又破坏个别的平衡。岩石进入静止状态，但是剥蚀、海浪、河流、冰川的作用不断地破坏这个平衡。蒸发和雨、风、热、电和磁的现象也造成同样的景象"[②]，这里的"趋向于平衡"体现着无序生成有序的过程，而"破坏平衡"则体现着有序生成无序的过程。在有机物和生命的世界里，如

[①] ［法］埃德加·莫兰：《方法：天然之天性》，吴泓缈、冯学俊译，北京大学出版社2002年版，第67页。

[②] 《马克思恩格斯选集》（第4卷），人民出版社1995年版，第363—364页。

果把生命的产生看作是其内在特定组织模式的生成的话，那么这个生成过程也同样伴随着内在特定组织模式解体走向无序也即死亡，正如恩格斯所说，"今天，不把死亡看作生命的本质因素、不了解生命的否定本质上包含在生命自身之中的生理学，已经不被认为是科学的了，因此，生命总是和它的必然结局，即总是以萌芽状态存在于生命之中的死亡联系起来加以考虑的"①。不仅每一个生命体如此，就是生物物种间的生存斗争也是如此，"首先必须把它严格限制在由于植物和动物的过度繁殖所引起的斗争的范围内，这种斗争实际上是在植物和低等动物的某些发展阶段上发生的。但是必须把这种斗争同下述情况严格分开：没有这种过度繁殖，物种也会变异，旧种会绝灭，新的更发达的种会取而代之。例如，动物和植物迁移到新的地域，那里的新的气候、土壤等等条件会引起变异。在那里，有适应能力的个体存活下来，并且由于越来越适应而形成新种，而其他较稳定的个体则死亡和最后绝灭，那些不完善的、处于中间阶段的个体也随同它们一起绝灭"②。

综上，整个自然界的一切确定性都只有相对性的意义，既有新秩序不断生成、不断走向多样化和丰富化的过程，也有着秩序的解体、走向无序不确定的过程，即"一切平衡都只是相对的和暂时的"③。这样，体现确定性的有序和体现不确定性的无序在恩格斯这里就形成了互为因果的关系，二者互相依存、互相生成，共同推动了自然界的演化生成过程。由于不确定性与确定性或者说无序与有序之间的相互依存与相互生成关系，在自然界的演化过程中必然时时处处产生着以偶然性与不确定性为特征的无序现象，同时这种以偶然性与不确定性为特征的无序现象又必将对自然界向更高层次或阶段（即更高有序程度）演化起到不可替代的重要作用。

恩格斯在高度关注达尔文生物进化论的过程中，充分地认识到了偶然性与不确定性在自然界演化与发展中的作用，"达尔文在他的划时代的著作中，是从偶然性的现存的最广阔的基础出发的。各个种内部的各个个体之间存在着无限的偶然的差异，一些差异强大到突破种的特性，而这种差异的甚至最近的原因也只在极少有的情况下才能得到证实（这期间积累

---

① 《马克思恩格斯选集》（第4卷），人民出版社1995年版，第370页。
② 同上。
③ 同上书，第364页。

起来的有关偶然性的材料,把关于必然性的旧观念压垮和冲破了),——正是这些偶然的差异迫使达尔文怀疑直到那时为止的生物学中的一切规律性的基础,怀疑直到那时为止的形而上学的僵固不变的种概念"①。可见,对于自然界的演化来说,其演化的方向往往不是单一的,而是"存在多种可能形态,不同形态之间有定性的区别"。② 正是这多种可能形态当中的某一种往往会放大原本属于偶然性或不确定性的因素,同时这种偶然性或不确定性因素往往也会由于自身更适应环境的生命力而变得稳定,转化为确定性因素对自然界的演化方向产生实质性的影响。在自然界现实的演化中,正是自然界本身所具有的这种不确定性使得无机世界产生了生命现象,又经过无数次偶然性与不确定性的作用和随机选择才实现了生命的物种进化,并最终进化出人类。正如恩格斯所说,"重要的是:有机物发展中的每一进步同时又是退步,因为它巩固一个方面的发展,排除其他许多方向上的发展的可能性"③。恩格斯在这里明确指出生物的进化过程如果是单一方向的,就会遏制生物进化多样化的选择。生物进化是需要经过从低级到高级反复无数次的"多种可能性"的演化发展不断推陈出新,使得生物物种不断走向多样化。如果自然界是沿着一条单一的、确定性的轨迹演化,自然界中各种丰富的物质具体形态、纷繁复杂的各种生物物种以及人类的产生都是不可理解和想象的。这也可以看出偶然性、随机性等不确定性因素在自然界生成演化的整体过程中起到至关重要的作用。

综上,我们完全有理由相信恩格斯的自然演化图景是一个确定性与不确定性相统一的过程。恩格斯在对近代形而上学思维方式进行批判的过程中,已经充分认识到不确定性在自然存在与演化过程中的表现与重要作用。从恩格斯对自然界随机性、偶然性等不确定性因素的关注表明,与近代经典科学所呈现出来的以确定性、机械性、简单性为基本特征的自然观不同,他所试图建构的自然图景是把偶然性、随机性等不确定性因素当作自然界的重要部分乃至于主要部分来理解。同时也必须清楚地看到恩格斯承认偶然性与不确定性并非是完全否定必然性与确定性,而是在一定程度上承认必然性与确定性为前提的,这正是他对自然进行辩证理解的要义所

---

① 《马克思恩格斯选集》(第4卷),人民出版社1995年版,第326—327页。
② 苗东升:《马克思的非线性历史观——兼与宫敬才先生商榷》,《哲学动态》2001年第12期,第10—13页。
③ 《马克思恩格斯选集》(第4卷),人民出版社1995年版,第371页。

在。如果只是单纯强调不确定性，就会得出自然界完全不可知的结论。这样科学乃至人类的一切认识都失去了意义。但是如果只是片面强调确定性，就会得出近代科学的机械决定论。那我们面对的就是一个僵化简单、毫无生机的自然界。有鉴于此，恩格斯运用辩证法化解了这一矛盾，为我们呈现了一个确定性与不确定性通过相互依存、相互生成以及相互合作与竞争共同推动自然演化发展的自然图景。这种自然图景所体现出的复杂性思想意蕴与现代科学尤其是复杂性科学的思想原则无疑是高度一致的。

第三节 人类社会生成与演化的不确定性

不仅对自然界的不确定性马克思恩格斯有着深刻的理解，这种理解同样适用于更加复杂的社会历史，在他们看来，历史规律在现实表现中往往是不确定的。较之自然界，由于社会基本矛盾运动的不确定性与社会主体选择的不确定性导致这一特征表现得更为突出，也使得历史发展体现为确定性与不确定性统一的过程，也造成了人类社会演化过程的无限多样性。

一 历史规律现实表现的不确定性

在对历史进行研究中，寻找体现历史确定性的规律是马克思研究的目标，但马克思对于规律的理解与近代科学所理解的规律有着明显的不同，在他看来，"规则只能作为没有规则性的盲目起作用的平均数规律来为自己开辟道路"[1]。这里的"平均数规律"说明马克思并不认为历史的发展过程是严格确定的，在他看来这种确定性仅仅具有相对意义，历史的现实过程是复杂的，充满着各种不确定性，"在历史的发展中，偶然性发挥着作用，而在辩证的思维中就像在胚胎的发展中一样，这种偶然性融合在必然性中"[2]，在《德意志意识形态》当中，马克思就指出对抽象的历史规律的理解不能脱离现实："抽象本身离开现实的历史就没有了任何价值。它们只能对整理历史资料提供某些方便，指出历史资料的各个层次的顺序。"[3] 对此恩格斯也有着类似的论述："否则把理论应用于任何的历史时

---

[1] 《马克思恩格斯选集》（第2卷），人民出版社1995年版，第149页。
[2] 《马克思恩格斯选集》（第4卷），人民出版社1995年版，第331页。
[3] 《马克思恩格斯选集》（第1卷），人民出版社1995年版，第74页。

期，就会比解一个最简单的一次方程式更容易了"①，这表明，马克思恩格斯对历史规律的概括显然不是为了设定每一个国家和民族社会发展的具体路径，这个意义上的历史规律实际上是不存在的，历史规律揭示的更多的是历史的趋势和方向，而且这种趋势和方向也仅仅是粗线条意义的，如果把这些历史规律看作是预测历史的公式就大错特错了。马克思曾经对一般的社会历史规律在具体的历史时期表现出来的不确定性进行了专门的强调："一般规律作为一种占统治地位的趋势，始终仅是以一种极其错综复杂和近似的方式，作为从不断地波动中得出的、但永远不能确定的平均情况来发生作用。"②可见，马克思对历史规律现实表现的不确定性有着清醒的认识，但是对于他所提出的一般历史规律有着太多简单化和片面性的理解，对此马克思曾经尖锐地表明了自己的态度："一定要把我关于西欧资本主义起源的历史概述彻底变成一般发展道路的历史哲学的理论，……他（指米海洛夫斯基——引者注）这样做，会给我过多的荣誉，同时也会给我过多的侮辱。"③

马克思把脱离具体现实的抽象性、简单性的解释看作是对自己的"过多的侮辱"，就是因为米海洛夫斯基没有真正领悟马克思对历史规律现实表现的不确定性的深刻理解。因为在马克思看来，在社会历史的具体发展过程中，"使用一般历史哲学理论这一把万能钥匙，那是永远达不到这种目的的，这种历史哲学理论最大的长处就在于它是超历史的"④。可见，马克思对于社会历史演化发展过程中的不确定性有着深刻的体会，他因此不允许用简单确定化的规律脱离具体现实情况去直接解释和说明任何历史问题。恩格斯对此同样有着明确的态度："在社会历史中情况则相反，自从我们脱离人类的原始状态即所谓石器时代以来，情况的重复是例外而不是通例；即使在某个地方发生这样的重复，也决不是在完全同样的状况下发生的。……因此，在这里认识在本质上是相对的，因为它只限于了解只存在于一定时代和一定民族中的，而且按其本性来说是暂时的一定社会形式和国家形式的联系和结果。因此，谁要在这里猎取最后的终极的真理，猎取真正的、根本不变的真理，那么他是不会有什么收获的，除非

---

① 《马克思恩格斯选集》（第4卷），人民出版社1995年版，第696页。
② 《马克思恩格斯全集》（第25卷），人民出版社1974年版，第181页。
③ 《马克思恩格斯选集》（第3卷），人民出版社1995年版，第341—342页。
④ 同上书，第342页。

是一些陈词滥调和老生常谈,例如,人一般地说不劳动就不能生活,人直到现在总是分为统治者和被统治者,拿破仑死于1821年5月5日,如此等等。"① 可见,在恩格斯看来,对社会历史演化规律的认识是一个无止境的过程,因为无论用什么方式"要把'关于事物和人的严格科学的观念'变得简单些,肯定是做不到的"②,因为我们对社会历史各种演化规律的揭示并非严格决定性的,"它们全都没有任何其他的现实性,而只是一种近似值,一种趋势,一种平均数,但不是直接的现实"③。从上面的分析可以说明,寻找简单确定的历史规律并非马克思恩格斯探讨历史的唯一任务,而是要在确定性中看到不确定性,再从不确定性中寻找确定性,才是他们真正理解历史进程的方法。正如马克思所说,"比较简单的范畴可以表现一个比较不发展的整体的处于支配地位的关系或者一个比较发展的整体的从属关系,这些关系在整体向着以一个比较具体的范畴表现出来的方面发展之前,在历史上已经存在"④。这句话内含着深刻的方法论意义,马克思正是针对社会历史演化的不确定性提出了对历史规律的探索应该从一般到特殊、抽象到具体的方法论原则。

不同于多数的研究方法,马克思在揭示了人类社会的一般发展规律之后并没有就此结束,又花费了大量的精力对各种社会形态的特殊规律进行了深入的研究,这也让我们深刻感受到马克思在思想深处对于历史的内在复杂性的自觉。可见在马克思看来,一般规律虽然逻辑地涵盖了特殊规律,但不能替代特殊规律,只有当某种普遍规律的下一个层次的若干特殊规律被揭示出来时,这一普遍规律才具有个别东西的丰富性,在这个意义上规律的探索应该是无止境的。现实中忽视普遍规律与特殊规律之间的差异屡见不鲜,经常可以看到把马克思所揭示的历史一般规律直接套用到某个国家的具体的发展历程,结果要么怀疑马克思所发现的一般规律的正确性,要么就不顾一个国家的具体情况而强行让社会发展的现实进程去"适应"一般规律。马克思从来不想用社会历史发展的一般规律来取代历史中的种种特殊规律,也不打算为各个民族和各个历史时期都找到一个普遍有效的社会发展模式,他曾明确表明自己的态度:"思辨终止的地方,

---

① 《马克思恩格斯选集》(第3卷),人民出版社1995年版,第429—430页。
② 同上书,第439页。
③ 《马克思恩格斯选集》(第4卷),人民出版社1995年版,第745页。
④ 《马克思恩格斯选集》(第2卷),人民出版社1995年版,第20页。

在现实生活的面前，正是描述人们的实践活动和实际发展过程的真正的实证的科学开始的地方。"① 因为在他看来，社会历史演化发展的一般规律离开具体的现实将失去任何意义，正如他所说，"它们决不提供可以适用于各个历史时代的药方或公式"②。这无疑告诉了我们正确对待他的思想的应有态度，是我们把握马克思历史辩证法的复杂性思想的钥匙。尽管马克思几乎在他创立唯物史观的同时就极为郑重地表示出对人们可能把他的思想变为"没有任何价值"的空洞抽象的担忧，一百多年以来把马克思的历史发展理论模式化、教条化、简单化的做法还是比比皆是，甚至在马克思有生之年，这种情况都时有发生，以至于马克思自己都曾经感慨自己"不是一个马克思主义者"了。

对于马克思所揭示的历史演化发展的一般规律，西方的学者有很多都提出过质疑，尤其是科学哲学家波普尔，他其实是错误地理解了马克思恩格斯所揭示的规律，把这种在现实中有着不确定性表现的规律理解为近代科学所描述的机械决定论意义上的规律。波普尔显然忽视了马克思恩格斯揭示的一般规律，揭示的更多的是社会历史中相对稳定的整体性关系，而不是像近代科学那样试图对未知的世界进行预测，马克思恩格斯对于这个问题其实有着清晰的阐述："这里表现出这一切因素间的相互作用，而在这种相互作用中归根到底是经济运动作为必然的东西通过无穷无尽的偶然事件（即这样一些事物事变，它们的内部联系是如此疏远或者是如此难于确定，以致我们可以认为这种联系并不存在，忘掉这种联系）向前发展。"③ 可见，在马克思恩格斯看来，对于社会历史本质、规律的探讨，决不是要轻视具体社会现象和具体发展问题对于社会演化发展的意义，而只是防止将历史过程割裂为片断。过分强调多样性、差异性、不确定性，其结果必然是走向毫无意义的历史虚无主义。既然一切地方、一切事物没什么差异，其价值都是同样的或等价的，那就无所谓历史的发展和进步。但是强调历史规律绝不能对其进行简单独断的理解，以致没有偶然性、不确定性的容身之地，历史过程也就成了单一轨迹的必然过程，由此形成的也只能是线性的、抽象的、简单的历史。这样的历史没有任何丰富性可

---

① 《马克思恩格斯选集》（第1卷），人民出版社1995年版，第73页。
② 同上书，第74页。
③ 《马克思恩格斯选集》（第4卷），人民出版社1995年版，第696页。

言,甚至是不可想象的,用马克思的话说,"如果'偶然性'不起任何作用的话,那末世界历史就会带有着非常神秘的性质"①。所以我们要正确理解马克思恩格斯的历史规律在现实表现中呈现出的不确定的一面,这样才能更好地理解和运用历史规律。

二 人类社会演化基本动力的不确定性

按照通常的理解,生产力与生产关系的关系、经济基础与上层建筑的关系这样两种对人类社会而言是最基本、最重要的历史关系。生产力决定生产关系,生产关系对生产力具有反作用;经济基础决定上层建筑,上层建筑对经济基础具有反作用对我们来说耳熟能详,甚至是我们对唯物史观最简单直观的理解。而社会历史的演化发展正是在这两对社会基本矛盾作用下完成的,而社会基本矛盾又可以简单概括为两对矛盾三个环节。两对矛盾指的是生产力和生产关系、经济基础和上层建筑,而经济基础通常又是指一定社会条件下的生产关系的总和,所以二者可以看作是一个环节。但事实上这两种最深层、最基础、最具决定性的关系,也是以不确定性的复杂方式存在的,也在不断产生和制造着社会历史的不确定性。

邬焜教授从复杂性的视角对此进行了分析,认为上述理解往往把生产力和上层建筑割裂开来,认为它们之间只能借助中介环节才能发生相互作用,其简单性特征是极其明显的,主要表现在以下三个方面:"第一,仅看到二者相互独立的特征,没有看到二者内在融合的全息建构的统一性;第二,受到简单线性思想的影响没有看到作为精神生产产品的上层建筑和作为生产关系(交往关系)生产的制度化凝结的上层建筑的生产力属性,以及其与现实的生产力过程所发生的直接相互作用的情景;第三,还只是某种缺乏历史的考察方式得出的结论,其中体现出两个方面的简单性原则的特征:其一是对生产和生产力形式和内容理解的单一性;其二是对三个环节的相互关系缺乏历史演进的生成性视角的考察。"②

复杂性科学产生之前,相关研究实际上对此也有着深刻的反思,其中比较大的突破也许就是在这两对矛盾统一体当中,通常所认为的只具有

---

① 《马克思恩格斯选集》(第4卷),人民出版社1972年版,第393页。
② 邬焜:《论马克思和恩格斯"全面生产理论"的复杂性特征》,《中国人民大学学报》2006年第6期,第86—92页。

"反作用"的一方也在一定条件下被赋予了某种具有决定性作用的意义。比如毛泽东就曾经明确地指出:"……生产力、实践、经济基础,一般地表现为主要的决定的作用,谁不承认这一点谁就不是唯物论者。然而,生产关系、理论、上层建筑的这些方面,在一定条件下又转过来表现其为主要的决定的作用,这也是必须承认的。"① 在这里,毛泽东所强调的"一定条件之下"具有非常重要的意义,因为生产力对于生产关系的决定作用、对于整个人类历史的决定作用也只能是在"一定条件之下"才能实现的,生产关系、上层建筑的现实状况就是它的条件。另外,作为二者矛盾统一体的生产方式对于人类历史的某种决定性作用,也是历史地形成的,例如在人类社会早期,在人类对自然主要是被动的、直接依赖的情况下,人类"生产自身"的能力而不是"征服自然、改造自然、获得物质生活资料的能力"对于人类的生存和发展才具有更重要的决定性意义。② 这个意义上讲,只是强调所谓生产力"在归根结底的意义上"对于生产关系的决定作用只剩下了理论层面的意义,在现实中生产力与生产关系往往是互相交织、互相渗透在一起的,它们的整体才构成了现实的社会矛盾运动。而且生产关系、上层建筑的反作用的能力在一定条件下是非常巨大的:生产关系不仅可以阻碍、减缓生产力的发展,它甚至还可以按照自己的要求选择、塑造生产力的程度;上层建筑不仅可以主动适应生产关系的需要,也可以让生产关系被动满足自己的需要,并且通过调整、规划、制约生产关系从而改变一个社会的生产力状况。这种可能性不是简单的原理认识与理解可以直接把握和解释清楚的,但它作为经验的事实,在历史和现实中却是非常常见的。

实际上,毛泽东的看法在马克思恩格斯那里也可以找到重要的根据,如在《德意志意识形态》当中就明确说道:"在过去一切历史阶段上受生产力制约同时又制约生产力的交往方式,就是市民社会",③ 而"市民社会包括各个人在生产力发展的一定阶段上的一切物质交往。"④ 也就是说生产力与生产关系之间的作用是相互缠绕、协同作用的,简单机械的把二者划分为谁决定谁的关系在一定意义上掩盖了二者的真实关系。另外,这

---

① 《毛泽东选集》(第1卷),人民出版社1991年版,第325—326页。
② 孟庆仁:《现代唯物史观大纲》,当代中国出版社2002年版,第12页。
③ 《马克思恩格斯选集》(第1卷),人民出版社1995年版,第87—88页。
④ 同上书,第130页。

里所说的市民社会也不仅仅是一个经济学领域的概念，而是指代全部现实社会生活的各种关系，其内在形式和内容是异常复杂的，把所有问题都归结到生产力的决定作用显然把问题简单化了，这种复杂的社会关系在社会整体系统作用下更多呈现出的是一种非线性关系。其实马克思对此有着深刻的认识，比如在批判蒲鲁东试图"用唯一的公式来解决自己的全部问题"①的时候，指出他们试图用某些简单概念的逻辑关系来解释现实的、复杂的经济关系和社会关系。对于这种脱离现实的简单化处理方式，马克思明确指出："假定被当作不变规律、永恒原理、观念范畴的经济关系先于生动活跃的人而存在；再假定这些规律、这些原理、这些范畴自古以来就睡在'无人身的人类理性'的怀抱里。我们已经看到，在这一切一成不变的停滞不动的永恒下面没有历史可言，即使有，至多也只是观念中的历史，即反映在纯理性的辩证运动中的历史。"②而这种把现实社会历史简单化处理的结果就是"自身起作用并且使蒲鲁东先生本人也起作用的矛盾的创造力竟大到这样程度，以致他本想说明历史，但却不得不否定历史；本想说明社会关系的顺次出现，但却根本否定某种东西可以出现；本想说明生产及其一切阶段，但却否定某种东西可以生产出来"③。以上表明马克思揭示的社会历史规律是有着对社会历史演进过程的生成性视角的，是一种非线性的历史观。

就社会基本矛盾而言，生产力、经济基础（生产关系的总和）和上层建筑之间就是标准的非线性作用，并不是按照可用简单函数的比例关系呈现的确定的此消彼长，而是很难形成简单确定的一一对应关系。④流行教科书的理解其实还是多少有些简单线性的特征，整个社会并非是一个由生产力的变化来按顺序依次创造出来的，社会基本矛盾在现实中具有极其复杂的关系。从空间意义上讲，三者之间共处于同一社会整体中，一方面协同作用生成和完善着社会整体；另一方面有作为社会基本要素受整体的制约，这使得它们很难保持自身完全的独立性，往往是彼此全息融合、相辅相成的，这种决定与被决定的关系更多的只能停留在理论层面。从时间

---

① 《马克思恩格斯选集》（第1卷），人民出版社1995年版，第149页。
② 同上书，第147页。
③ 同上书，第147—148页。
④ 白利鹏：《历史复杂性的观念》，吉林大学哲学社会学院博士学位论文，2006年，第139页。

意义上讲，生产力的变化所导致的经济基础的变化、经济基础的变化导致的上层建筑的变化以及有着反馈循环意义的反作用过程都并非按严格的出场次序依次出场，在现实中更多是同时并存，交错进行的。而且这种三联互动不仅本身具有非线性的复杂性特征，更重要的是不断生成和制造着难以描述的历史不确定性，从现实的角度来看，三者彼此适应与不适应必然是同时存在的，区别仅在于两方面的对比关系何者是主流以及程度如何的问题，这本身就是模糊的，不是用适应或不适应可以简单确定的。而且即使当三者之间表现出基本适应的时候，也有可能是不确定性因素的积聚，这也可能直接导致为大规模或长时期的不确定性；同时，当它们基本不适应的时候，现实的不确定性因素就以一种明显的方式爆发出来，使社会处于一种不确定性占据主导的历史时期。

这种历史不确定性时期，是历史上任何一个历史形态都可能具有的，其产生的可能性在任何历史时代都不能被取消，当然其具体表现形式在不同的历史条件下是多样的，既可以是突变为特征的革命，也可以是渐变为特征的改革。另外，在一个社会整体系统中，也并非只有这三个基本要素，其他社会要素也同样在社会整体演化中与社会基本矛盾一起对社会整体系统的演化起到一定作用，而这些因素起作用的形式往往是不确定的。也就是说社会基本矛盾运动的众多参与因素之间往往存在着无数的中间环节和中介因素。根据现代复杂性的相关成果，这些因素中任何之一在一定条件下都有可能会缓冲或放大，导致不确定性的作用空间可以影响到整个社会系统及其主体结构，甚至会形成像"蝴蝶效应"那样的对于初始条件的敏感性，把这些不确定性因素在相当长时期中确定下来，这就可能导致不确定性因素产生确定性结果。在这个意义上讲，不确定性不只是确定性的外在表现、为确定性开辟道路，而是确定性与不确定性互相生成，共同为历史的发展起到应有的作用。这样历史进程就表现为不确定性与确定性互为前提、互相生成的统一过程。

三 人类社会演化中主体选择的不确定性

生产力与生产关系、经济基础与上层建筑彼此之间的复杂的非线性相互作用由上文可知不可能是严格确定的，否则就意味着社会历史的停滞和僵化；同时也表明不确定性并不是外在于历史，而是历史本身内在各种因素通过复杂作用内在地生成的。但是恰恰只有当历史本身能够不断产生不确定性的时候，才表明它是一个有机体、是有生命力的。我们可以想象如果历史完全被必然性和确定性所支配而不存在任何不确定因素的时候，它实际上会像晶体一样失去应有的活力，也就谈不上文明的进步，除了我们前面讨论的社会基本矛盾所表现以及生成出来的不确定性，而且作为历史的主体即"现实的人"也是历史不确定性的重要原因。

马克思恩格斯分析社会历史自始至终都没有离开对人的深入考察，也就是说在他们看来，对社会历史的生成演化过程的理解，同时也意味着对人的理解，因为"人们的社会历史始终只是他们个体发展的历史"[1]。甚至可以说现实的人是马克思恩格斯思考所有问题的理论基点，正如马克思所说，"人是全部人类活动和全部人类关系的本质和基础"[2]，所以，"我们的出发点是从事实际活动的人"[3]。从这些论述可以看出，运用某种先验本质来简单的规定和说明现实的人就遮蔽了人本身所拥有的丰富性和复杂性，从而忽视因此而带来的历史内在的不确定性。人作为自然生命体，与其他一切存在物一样是服从整体自然界必然性的支配，所以人的活动同自然界一样有着确定性的一面。但与此同时，人的实践活动又不同于一般的自然物，有着强烈的目的性和计划性，这就决定了人不仅仅要服从有着一定确定性特点的自然规律和历史规律的支配，还要通过有计划、有目的的实践活动在一定范围内来改造自然和社会满足自身主观的需要，使自己的本质力量在具有多重可能性的对象化过程当中得到最大限度的实现，这使得人的活动并不仅仅停留在维持自身存在这一简单目的上。在人的现实活动中，有着各种各样的价值选择，即使同一价值目标在实现方式上也会存在较大差异的主观选择，正是因为这样，人在历史的演化过程中不断生成和展现着自身，这些都使现实的人的存在具有显著的不确定性特征，正如马克思所说，"个人怎样表现自己的生活，他们自己就是怎样"[4]。

当然，由于受着各种确定性因素的支配人没有绝对的自由，但同时自然与社会内在的不确定性以及人自身的特点使人也必然拥有着一定自由的空间。对于确定性和不确定性交互作用演化着的历史，完全否定和完全肯定人的自由都是不可取的，都无法真正的理解社会历史和人内在所具有的

---

[1] 《马克思恩格斯选集》（第 4 卷），人民出版社 1995 年版，第 532 页。
[2] 《马克思恩格斯全集》（第 2 卷），人民出版社 1957 年版，第 118 页。
[3] 《马克思恩格斯选集》（第 1 卷），人民出版社 1995 年版，第 73 页。
[4] 同上书，第 67—68 页。

复杂性和丰富性。每个人在现实中往往都是自由与不自由、确定性与不确定性之间的某种状态或者过程，自由与不自由、确定性与不确定性通过现实人的生物、社会、文化、心理等等的多维特征的差异统一作用于现实的历史过程。现实的人由于自由和不自由的统一所形成的人的不确定性与确定性也直接导致社会历史的进程、形态及其规律也只能是确定性与不确定性的统一。我们不得不承认，历史生成与演化的一切结果都是现实的人活动的产物，"历史不过是追求自己目的的人的活动而已"[①]，如果现实的人的活动是确定性与不确定性的统一，那么历史中的一切关系在现实中也必将体现为确定性与不确定性的统一。就此而言，人与自然、社会环境以及人自身内部理性与非理性的相互交织和缠绕，就已经导致不确定性因素在社会历史中是普遍存在不可消除的。由于有着情绪、情感、意志、欲望的现实的人各种各样主观因素的作用，人类历史的现实演化过程也必然是不确定的、多样的，在人类历史中众多的民族或国家中很难找到完全一致的发展模式和轨迹，更多的是"八仙过海，各显神通"，呈现出多样化；采用一元化、固定化的标准去理解历史也必然片面的简化历史所固有的复杂性。

可见，人对于历史的不确定性作用主要体现在现实的人的自由性也即作为历史主体的选择性上，对此恩格斯有着深刻而清醒的认识，在他看来，"在社会历史领域内进行活动的，是具有意识的、经过思虑或凭激情行动的、追求某种目的的人"[②]。可见，马克思恩格斯决不像传统理性主义那样，把社会规律视为完全凌驾于人的主观活动之上的决定力量，历史完全由这种必然性的力量所驱使，恰恰相反，它突出人作为实践主体的能动创造和选择，强调从人的实践活动来看待和把握社会历史的发展。

如果承认人的活动、创造是有目的、有计划的即有能动性的，那就会承认社会演化发展不可能是完全确定的、刻板的，而是有着不确定性的一面，为人的主体选择提供空间。"肯定人的活动是自由自觉的活动，也就是承认人的能动活动能够打破既定的历史条件的限制，依据自己的需求、目的即价值取向在社会系统的客观规律所决定的可能性空间中进行选择，

[①] 《马克思恩格斯全集》（第2卷），人民出版社1957年版，第118—119页。
[②] 《马克思恩格斯选集》（第4卷），人民出版社1995年版，第247页。

从而使历史的发展体现出主体的价值选择。"① 另外现实活动的人作为社会整体系统的最基本的要素，其主体选择性大多并不是简单服从于社会整体系统优化这一原则的，而是更过关注自身直接的眼前利益的，正如恩格斯所说："在各个资本家都是为了直接的利润而从事生产和交换的地方，他们首先考虑的只能是最近的最直接的结果。"② 也就是说，直接的需求和利益往往是现实的人目的行为的内在动因和价值尺度，人们现实选择的落脚点往往在于人的直接利益和需要，正如恩格斯所说，"一切较高的生产形式，都导致居民分为不同的阶级，因而导致统治阶级和被压迫阶级之间的对立；这样一来，生产只要不以被压迫者的最贫乏的生活需要为限，统治阶级的利益就会成为生产的推动因素。在西欧现今占统治地位的资本主义生产方式中，这一点表现得最为充分。支配着生产和交换的一个个资本家所能关心的，只是他们的行为的最直接的效益"③。而在现实中人们的利益需要往往是相互冲突的，甚至于往往是与社会整体演化的进程是相冲突的，这些冲突都会对社会发展进程产生影响。可见，这些社会主体选择本身所具有的不确定性特点也必然使得整体社会演化发展的进程呈现出不确定性的特征。

马克思恩格斯十分重视社会历史主体选择与社会历史演化发展进程之间的关系的研究，恩格斯为了让后来的马克思主义研究者更好的理解马克思的观点，他曾经强调："马克思所写的文章，没有一篇不是由这个理论来起作用的，特别是《路易·波拿巴雾月十八日》。"④ 在恩格斯特别推荐的这本书中，马克思清楚分析了具体历史事件中主体选择与历史趋势的客观制约相互作用。在发生政变的这个时期，法国社会呈现出极其复杂的特征，包含着各种"惊人的矛盾"和"矛盾的惊人的混合"，各种利益集团之间展开了极其复杂的争斗，社会处在一个未来极端不确定的混乱状态，但就在这样一种混乱状态下，出人意料的是，"一夜间，一个平庸而且可笑、龌龊而且下流的冒险家居然像清除垃圾一样扫荡了议会，两天之间就镇压了首都的起义，两周就平息了地方的骚乱，通过徒有其名的选举迫使

---

① 陈晏清、阎孟伟：《辩证的历史决定论》，中国社会科学出版社 2007 年版，第 316 页。
② 《马克思恩格斯选集》（第 4 卷），人民出版社 1995 年版，第 386 页。
③ 同上书，第 385 页。
④ 刘奔：《从"活的历史"研究中掌握活的马克思主义》，《哲学研究》1992 年第 6 期，第 3—11 页。

全体人民接受他独揽国家大权的事实",这一事件对于整个欧洲产生了巨大影响。① 在分析事变本身时大多数人采取了两个极端的态度,一种完全强调这个事件是由于波拿巴个人的主观原因;另一种则完全强调这个事件发生的客观必然性。对于这一历史性的事件,马克思既不是纯粹的主观主义的立场,也不是纯粹客观主义的立场,而是充分结合了二者。马克思对这个问题分析时一方面充分肯定了波拿巴在政变中具有不可忽视的作用,"发展的加速和延缓在很大程度上是取决于这些'偶然性'的,其中包括一开始就站在最前面的那些人物的性格这样一种'偶然情况'"。② 但要注意马克思并没有把这种偶然的不确定性因素看作是这次历史事件中的决定性因素,也就是这一历史事件的根本推动力量并不是波拿巴的个人的主观能力,而是当时社会中的利益集团在各自不同目的的要求下彼此之间相互影响和制约形成了某种演化趋势,这样的演化趋势正好被波拿巴有意无意地利用之后才产生了这样的历史结果。

从上面的分析我们可以发现,在马克思看来,历史主体选择性并非是个别历史人物的选择性,而是社会中参与活动的所有的人共同的选择,这种共同选择一方面表现为不确定性;另一方面也综合构成了带有一定确定性的客观趋势。可见历史主体选择性也并非就是杂乱无章完全不确定的,现实的历史演化进程也是确定性与不确定共同作用的结果,而且二者往往是互相生成的,正是在这个意义上,马克思得出了历史主体选择的不确定性与历史制约的确定性之间的辩证统一只能是现实的、具体的、统一的结论,"他们往往会在重大的历史事件中打上自己个性的烙印,使之具有这样或那样的特征"③,在这里,无论是一些重要的历史人物的这些主观作用,还是社会中各种利益集团主观作用的"合力"其实都带有强烈的不确定性特征,这也使得整个社会历史演化发展在历史主体选择不确定性作用下也表现为不确定性与确定性的统一过程。

---

① 刘奔:《从"活的历史"研究中掌握活的马克思主义》,《哲学研究》1992年第6期,第3—11页。
② 《马克思恩格斯全集》(第33卷),人民出版社1973年版,第210页。
③ 李秀林:《辩证唯物主义和历史唯物主义原理》,中国人民大学出版社2004年版,第216页。

四 人类社会演化过程的多样性与不确定性

通过社会历史基本矛盾和历史主体主观选择等历史要素的不确定性作用，历史演化过程就表现为既有我们通过历史规律可以预测的一方面，即确定的一面（往往指历史的整体演化趋势），又有我们不能预测的一方面，即不确定的一方面（往往指历史演化的具体方式和细节）。历史演化的确定性和不确定性事实是并存于历史整体演化过程的，离开任何一方面的历史都是难以想象的，这也使得人类社会不同民族、不同国家在演化道路上呈现出多样性的特点。

众所周知，马克思把人类社会的历史进程概括为五种社会形态的依次更替。马克思对这一理论主要是从社会基本矛盾运动，特别是从生产力的最终决定作用的角度来考察，正如马克思所说，"所有制形式、生产方式和整个社会形态的发展和演变归根到底是社会生产力发展的结果，在生产力的一定发展阶段上必然产生与这一生产力的发展状况相适应的生产关系和社会形态。各种社会形态依次更替所表现出来的顺序本质上体现了社会生产力'拾级而上'的发展过程"。① 这一发展过程集中反映了社会发展的统一性，主要是把人类社会从整体上把握而概括出来的，而并不是简单地从某些具体国家、民族的发展过程推论出来的。这一理论自创立起就遭遇到广泛质疑，一个重要原因就是质疑者把作为人类社会历史总体联系和发展趋势的总规律与具体国家、民族的特定发展历程混为一谈。对此马克思同样有着明确的态度，正如他所说："极为相似的事变在不同的历史环境中就引起了完全不同的结果。"② 这表明，离开具体的环境与条件照搬规律就会犯"纸上谈兵"的错误。五种社会形态依次更替的理论只是揭示了历史的总体联系和总趋势，而不是规定了历史中所有国家和民族的具体的发展过程。这种质疑实际上把历史唯物主义简单化理解为机械决定论，看不到历史唯物主义内在的复杂性自觉的辩证精神。环境与条件往往会对各个具体的民族与社会演化发展产生巨大的影响，正如恩格斯所说，"在此以前，我们可以很一般地把发展过程看作适用于一定时期的一切民族，不管他们所生活的地域如何。但是，随着野蛮时代的到来，我们达到

---

① 《马克思恩格斯全集》（第 19 卷），人民出版社 1963 年版，第 297 页。
② 《马克思恩格斯选集》（第 3 卷），人民出版社 1995 年版，第 342 页。

了这样一个阶段,这时两大陆的自然条件上的差异,就有了意义。野蛮时代的特有的标志,是动物的驯养、繁殖和植物的种植。东大陆,即所谓旧大陆,差不多有着一切适于驯养的动物和除一种以外一切适于种植的谷物;而西大陆,即美洲,在一切适于驯养的哺乳动物中,只有羊驼一种,并且只是在南部某些地方才有;而在一切可种植的谷物中,也只有一种,但是最好的一种,即玉蜀黍。由于自然条件的这种差异,两个半球上的居民,从此以后,便各自循着自己独特的道路发展,而表示各个阶段的界标在两个半球也就各不相同了"①,这表明不同地区、不同国家、不同民族在社会历史发展过程中尽管有着大致相同的演化趋势,但并不是按着同一个固定轨迹展开的,而是由于内外部环境与条件的差异可以有多样性的选择,或者说,历史发展的具体道路和模式是不确定的。

正是基于这样一种认识,马克思并没有把研究的视野局限于西欧资本主义社会的形成和发展,在其晚年研究了东方社会的亚细亚所有制形式。马克思通过对东方落后国家尤其是俄国的现实社会状况深入分析,指出了东方社会的亚细亚所有制与西欧资本主义形成的初期的社会状况有着明显的不同。在亚细亚所有制中,"个人仅仅是共同体的一个肢体,公社才是真正的实际所有者"②,这种所有制形式在马克思看来仍然是一种相对落后的社会形态,与西欧的资本主义社会存在着不同,还处于"以公有制为基础的社会向以私有制为基础的社会的过渡"③。也就是说,按照正常的历史发展,这样的社会形态仍然要同西欧一样先进入资本主义道路。但是在马克思看来,东方社会由于仍然处于自给自足的农业经济阶段,手工业还没有从农业中分离出来,这就使得东方社会的亚细亚所有制形式仍然有着很强的稳定性,也就是说东方社会的演进过程并不会像西欧发达国家那样很快确立资本主义制度,那么东方社会是否一定要重复西欧国家那些漫长的、充满曲折的社会演化道路?马克思就此明确给出了回答,他认为相对落后的各个国家的发展道路并不是要对西欧各国的发展模式进行重复,关于资本主义起源的"'历史必然性'明确地限于西欧各国"④,不能把西欧各国的发展模式强加给其他国家,俄国等东方落后国家有可能跨

---

① 《马克思恩格斯选集》(第4卷),人民出版社1995年版,第20—21页。
② 吕世荣:《马克思社会发展理论研究》,中国社会科学出版社2001年版,第298页。
③ 《马克思恩格斯全集》(第19卷),人民出版社1963年版,第450页。
④ 《马克思恩格斯选集》(第3卷),人民出版社1995年版,第774页。

越资本主义"卡夫丁峡谷",直接进入社会主义,"它(俄国——引者注)目前处于这样的历史环境中:它和资本主义生产的同时存在为它提供了集体劳动的一切条件"①。在这一问题上恩格斯与马克思持有完全相同的观点,他也曾经对俄国问题进行了专门的分析,他同样认为由于俄国有一定的公社所有制基础,这为俄国直接进入社会主义提供了一定的经济基础,"公社,在某种程度上还有劳动组合,都包含了某些萌芽,它们在一定条件下可以发展起来,使俄国不必经受资本主义制度的苦难"。②

马克思恩格斯正是在这个基础上共同提出了社会历史中一些民族和国家可以跨越发展,而不需要按照五种社会形态顺序按部就班的依次更替。在他们看来俄国就完全有可能实现这种跨越发展,"如果俄国继续走它在1861年所开始走的路,那它将会失去当时历史所能提供给一个民族的最好的机会"③。马克思在这里明确表示俄国有着自身特殊的经济形态,而"每一种特定的经济形态都应解决自己的、从它本身产生的任务"④,根据自身的具体特点,俄国完全"可以利用这些公社所有制的残余和与之相应的人民风尚作为强大的手段,来大大缩短自己向社会主义发展的过程"。⑤ 可见,马克思在这里以俄国为例说明了不同的国家和民族的社会发展道路不是按照某种单一的轨迹进行,而是根据自身具体的历史现实情况可以是多样化的发展道路或发展模式,这充分体现了人类社会演化发展过程的多样性和不确定性特征。

这并不意味着与马克思关于五种社会经济形态依次更替的理论相矛盾。实际上,马克思的"世界历史"的思想很好地解释了这个问题。因为马克思关于五种社会经济形态依次更替的理论,是从整个世界历史的角度来说的,在"世界历史"不断明显的背景下,生产力与生产关系的矛盾运动实际上有了世界范围的意义,不仅存在一国内部的生产力和生产关系的矛盾运动,更重要的是各民族或国家间不同的生产力与生产关系之间的矛盾运动相互影响、相互渗透,从使得这种矛盾运动呈现出了极其复杂的特征。正如马克思所说,"而且这个民族本身的整个内部结构也取决于

---

① 《马克思恩格斯选集》(第3卷),人民出版社1995年版,第769页。
② 《马克思恩格斯选集》(第4卷),人民出版社1995年版,第724页。
③ 《马克思恩格斯选集》(第3卷),人民出版社1995年版,第340页。
④ 《马克思恩格斯全集》(第22卷),人民出版社1965年版,第502页。
⑤ 同上。

自己的生产以及自己内部和外部的交往的发展程度"。① 这主要是因为任何一个国家和民族都不再是一个独立的系统，而是融入世界这个大系统中，由于外部环境即其他国家的作用，其内在的社会基本矛盾运动会呈现出复杂的形式，对此马克思进行了专门的阐述："由广泛的国际交往所引起的同工业比较发达的国家的竞争，就足以使工业比较不发达的国家内产生类似的矛盾。"② 马克思从"世界历史"的理论视角，发现了生产力与生产关系矛盾运动的现实复杂性，基于这种对现实历史复杂性的理解，马克思把握住了在"世界历史"形成的大背景中人类历史生成演化过程呈现出来的多样性和不确定性特征，这与他所揭示的五种社会形态理论其实并不相悖，反而充分体现了马克思对历史过程内在的确定性和不确定性相统一的深刻理解。

马克思虽然提出了把握历史总体发展趋势的一系列规律，并运用这些规律对他们所处的现实社会进行了理性的反思与批判，进而对未来社会进行了自己的预测与判断，提出了一些初步的构想。但是马克思恩格斯并没有把自己扮演成通晓未来的预言家，而是基于他们对人类社会历史演化的不确定性的深刻理解保持着严谨的审慎态度，马克思对此也非常明确地表达了这种态度，他认为在他们所处的历史时代还无法对未来社会进行过多的评判。因为在他看来，"任务本身，只有在解决它的物质条件已经存在或者至少是在生成过程中的时候，才会产生"③。恩格斯在批判空想社会主义中也提出了类似的思想，认为对于未来社会来说存在着很多不可预测的不确定因素，"它愈是制订得详尽周密，就越是要陷入纯粹的幻想"④。不仅如此，恩格斯认为人类社会演化的结果和人类的主观预期往往是背道而驰的，"随同人，我们进入了历史。……在这里，预定的目的和达到的结果之间还总是存在着极大的出入。未能预见的作用占据优势，未能控制的力量比有计划运用的力量强大得多。只要人的最重要的历史活动，这种使人从动物界上升到人类并构成人的其他一切活动的物质基础的历史活动，即人的生活必需品的生产，也就是今天的社会生产，还被未能控制的力量的意外的作用所左右，而人所期望的目的只是作为例外才能实现，而

---

① 《马克思恩格斯选集》（第1卷），人民出版社1995年版，第68页。
② 同上书，第115—116页。
③ 《马克思恩格斯选集》（第2卷），人民出版社1995年版，第33页。
④ 《马克思恩格斯选集》（第3卷），人民出版社1995年版，第608页。

且往往适得其反,那么情况就不能不是这样。我们在最先进的工业国家中已经降服了自然力,迫使它为人们服务;这样我们就无限地增加了生产,现在一个小孩所生产的东西,比以前的一百个成年人所生产的还要多。而结果又怎样呢?过度劳动日益增加,群众日益贫困,每十年发生一次大崩溃"[1]。可见在马克思恩格斯看来,由于演化整体过程中的各种不确定因素始终存在,这导致社会历史在演化过程中,演化的未来结果也具有相对不确定性的特征,往往无法对其进行清楚的预见。

---

[1] 《马克思恩格斯选集》(第4卷),人民出版社1995年版,第275页。

结　　语

一　总结

　　现代科学在扬弃传统科学的简单性追求的过程中开始对复杂性进行深入的研究，并在一批科学家的努力下进行了系统的阐发，使复杂性在现代科学研究中占据了主导地位。相关复杂性的科学探索告诉我们现实世界中的相对性比绝对性更普遍，真实世界在本体意义上是复杂的，是不可以随意简化的，这是科学本身通过实证的方式给出的有具体根据的判断。这种判断表明，科学本身正在经历着一场大的自我反思，使自身走向了一个不断走向世界本来面貌同时又永远保持着一份怀疑态度的反思历程。

　　复杂性研究在当代各个领域所展现出来的深度与广度，必然有着历史的渊源，对复杂性的思考在人类认识史中虽然并不居于主导地位，但也从未间断过。在某种意义上人类认识的不断进步就是对世界的理解从简单走向复杂的过程，只是以往的认识大多不愿承认世界在本体意义上是复杂的。在人类早期的哲学思考中对世界复杂性的自觉反思其实已经内蕴在辩证法之中，当然这是在不威胁终极简单性追求的本体预设的前提下进行的，甚至于是为这种追求进行服务的。如果我们把辩证法总的研究历程看作是在哲学上对现实世界复杂性的自觉反思的话，那么马克思恩格斯之前的辩证法研究虽然已经萌发了丰富的复杂性思想，但是由于形而上学以及其内在追求终极简单性的本质在传统哲学中的主导地位，辩证法的这种对现实世界复杂性自觉与反思的内在精神往往被遮蔽了。甚至包括公认的辩证法大师黑格尔，他虽然使辩证法得到了在哲学中应有的地位，但辩证法的精神实质在他这里同样被理性主义内在的简单性追求所遮蔽，从而使他的整个理论体系表现出内在不可调和的矛盾。

　　马克思恩格斯辩证法乃至于其整个哲学思想并不排斥科学，反而强调从科学研究新成果中不断汲取新思想充实和完善自己，我们今天的研究也应秉承这一传统。我们研究会发现，复杂性研究的众多科学家和哲学家都注意到了二者的关系，并给予了马克思恩格斯很高的评价。当我们带着复杂性科学研究的成果回到马克思恩格斯那里，对他们的相关论述进行深入分析后不难发现，虽然没有复杂性科学论述的细致与系统，但比复杂性科学早了一个多世纪的马克思恩格斯辩证法的复杂性思想却是清晰可见的，复杂性科学所揭示的许多思想原则都可以在马克思恩格斯的相关论述中找到相对应的论述。随着人类认识对简单确定性片面追求的局限性日益明显，以往作为形而上学配角的辩证法由于自身对世界复杂性自觉的精神被推向了哲学研究的前台，马克思恩格斯的辩证法正是在这一历史背景下通过对近代哲学与科学的简单确定性观念的批判而确立的。正是因为这样，承认世界的复杂性不仅是现代科学研究的主题，也是马克思恩格斯辩证法理论的题中应有之义。

通过对马克思恩格斯辩证法关于复杂性思想的相关论述进行搜集与整理，我们可以通过四个大的方面对马克思恩格斯辩证法的复杂性思想进行阐述。而这四个方面具体对应着复杂性科学不断深入的四个阶段：系统整体性思想、全息建构的非线性思想、自组织思想与不确定思想。

马克思恩格斯虽然没有直接论述过系统问题，但是系统整体性原则是马克思恩格斯辩证法的重要原则。从他们的相关论述中可以清楚地看到，自然界、人及其思维、人类社会乃至整个世界及其构成部分都被理解为有着内在有机联系的系统整体，而且这些不同层次的系统又无穷交织在一起普遍联系着。同时，系统内在的复杂性就在于它既是由众多要素构成的整体，又同时是更大系统的众多要素之一，马克思恩格斯对此有着深刻的认识，系统所固有的高层新质涌现性与整体作用下的要素新质涌现性也成为他们分析具体问题时的重要方法论原则。马克思恩格斯赋予了"整体性"以哲学本体意义，这必然引发我们对这种"整体性"如何而来的思考，这其实也是现代科学复杂性探索走向深化的内在逻辑，这同样要求我们继续回到马克思恩格斯的原著中去寻找他们给出的答案。

对于普遍联系的非线性全息建构的复杂性，马克思恩格斯虽然没有进行专门的、系统的论述，但在他们对自然、社会与人的关系进行的具体论述中，可以看到三者之间普遍存在着相互交织贯通、内在渗透融合；普遍互为前提与基础；历史、现实与未来的多重全息映射等关系，在这个意义上，马克思与恩格斯许多看似矛盾的思想恰恰是内在统一的。不仅如此，马克思恩格斯在对自然界、人类社会以及社会生产形式等方面进行论述的时候，同样把它们看作是其内在诸多要素通过非线性全息建构联系在一起的有机整体。这样，马克思恩格斯关于世界普遍联系的更深层次的复杂性理解就已经呈现在我们面前，而这种理解的深入，也会进一步让我们看到他们对世界运动演化的复杂性理解。

马克思恩格斯不仅看到了世界普遍联系的复杂性，而且在对自然、社会与人运动发展的具体论述中处处渗透着复杂性的思想。由于这不断地全息建构的非线性相互作用，使得现实演化过程中体现为前后相继的不断生成、转化的复杂交织的多元综合统一的矛盾运动关系，这一关系又集中体现着自然、社会以至人之间及其各自内部的诸多成分、因素，诸多矛盾环节和内容之间的复杂综合的自组织生成与演化，从而推动世界不断走向丰富多彩，并在此基础上不断生成着新的组织模式以实现更高层次上多样性的统一。由于所处时代实践和认识水平的限制，马克思恩格斯对物质世界自组织生成与演化的描述不可能达到现代系统组织理论那么深入与细致，只能是粗线条的，但依然向我们展现了一幅整个物质世界通过自组织生成与演化不断走向丰富多彩的历史画卷。

通过对马克思恩格斯对具体的演化发展过程的相关论述进行考察不难发现，他们对不确定性问题同样有着深刻的理解。从马克思恩格斯的相关论述中不难看出，自组织生成与演化的过程并非简单的秩序持续展开并不断走向确定有序的过程；在其中，随机性、偶然性等不确定性因素同样起着重要作用，是现实世界生成演化中不可或缺的重要部分，进而使现实世界的自组织生成与演化体现为确定性与不确定性统一的过程。

这样，马克思恩格斯的辩证法已经给我们呈现了一个有着复杂性意蕴的世界图景，当然由于理论旨趣的差异，马克思恩格斯辩证法不可能与复杂性科学的理论成果完全相同，但从思想原则上，二者还是在粗线条上保持了高度的一致性。在研究过程中，全书尽可能地对马克思恩格斯辩证法的相关论述，尤其是对具体问题的论述进行深入的挖掘与阐发，虽然把马克思恩格斯辩证法复杂性思想以体系化的形式呈现出来，但是不可避免地存在着一些遗憾。一方面，复杂性科学虽然仍处于探索阶段，但其理论成果已经相当深入和细致，而本书为了论述的方便仅仅从主要的思想原则方面进行了把握；另一方面，对于马克思恩格斯辩证法的复杂性思想的挖掘需要对他们全部的著作有较为熟悉的了解，否则很难完整地把这些思想全面挖掘出来。总之，这项研究仍有着继续研究的空间，需要后续更加深入、细致地进一步研究。

二 展望

当然这并不代表马克思恩格斯的辩证法理论永远站在人类认识的最高峰，今天的科学研究只要以其为航标就可以扬帆远行。说马克思恩格斯辩证法有复杂性思想，并不代表他们的思想全都是复杂性思想。由于时代的局限，马克思恩格斯的辩证法也不可避免地存在一定简单性的特点，很多复杂性科学的研究者都有过相关论述。比如在世界范围内有着广泛影响的系统哲学家拉兹洛，他虽然肯定了马克思恩格斯辩证法思想与众多系统理论思想的统一，但也对恩格斯提出的辩证法规律持怀疑态度，比如他对对立统一规律的评价："世界上发展着的所有实体的内部不可能一律都有一对辩证的对立面"[①]，对立统一规律在科学发展中"并不是严格地像原来那样被证实了"。[②] 再比如耗散结构理论的创始人普利高津在阐述自己的复杂性思想时，高度评价了恩格斯的工作："恩格斯得出结论：机械论的世界观已经死亡"[③]，同时也对辩证法的规律提出了质疑："但是机械论仍然是辩证唯物主义面临的基本难题，……辩证法的普遍规律与同样普适的机械运动定律之间的关系是什么？机械运动定律是达到一定阶段之后就不再适用了呢，还是它们本来就是虚假的或不完备的？"[④] 对于这些评价也许需要做进一步探讨，但他们的评价也绝非毫无根据，任何一种理论都必然受到产生时代认识水平的限制，马克思恩格斯的理论当然也不例外。

现代科学对复杂性的研究已经非常系统深入，马克思恩格斯不可能高瞻远瞩地在100多年以前就对复杂性认识达到今天的高度，他们的辩证法思想也只是对复杂性反思与自觉的一个阶段。马克思恩格斯虽然在实际应

---

① [美]拉兹洛：《系统哲学讲演集》，闵家胤译，中国社会科学出版社1991年版，第34页。

② 同上书，第36页。

③ [比]普里戈金、[法]斯唐热：《从混沌到有序》，曾庆宏、沈小峰译，上海译文出版社1987年版，第30页。

④ 同上书，第305页。

用中蕴含了丰富的复杂性思想，但并没有对此进行理论上的系统概括，在对辩证法进行的一些概括确实有着一定的简单性特征的表述，这也使后来的研究对他们的辩证法产生了很多误解，他们的辩证法理论也同样是一个需要不断自我完善、自我更新的过程。而我们的工作并不是要证明马克思恩格斯可以超越时代拥有完备的复杂性思想，即使现代科学对复杂性的探索在各个领域全面、深入的展开也与这个目标距离甚远，现代所提出的各种复杂性的理论都是复杂性探索的一个个阶段。在这个意义上，任何一种理论被绝对化后也同时意味着简单化，都是与复杂性思想自觉与反思的精神背道而驰。马克思恩格斯的辩证法理论也是如此，同样是复杂性探索的一个阶段。我们研究的主要目的是要在本体意义上使马克思恩格斯辩证法的复杂性自觉与反思的理论原则得以明确，使其与现代科学的认识方向统一起来。

复杂性科学到目前为止仅仅处于探索阶段，仍有着巨大的发展空间，而且复杂性问题显然不仅是理论问题，事实上现实生活中的复杂性、真实世界中的复杂性都远远超过理论研究意义上的复杂性，理论意义上的复杂性也许只是最低限度的复杂性。即便是科学与哲学的理论探索也一样，复杂性至今仍很难给出一个统一的确定定义，或许真正重要的不是去得出一个普适的定义，更或许根本就不存在这样的"法西斯"式的定义，其真谛其实就是实实在在的探索过程本身。这种探索本身事实上已经构成了复杂性研究的思想本质，如果复杂性的研究与探索是这样，那么作为对现实世界复杂性自觉与反思的辩证法理应同样如此，而作为中国特色社会主义理论基础的马克思主义辩证法更应如此。对于辩证法的理解，我们决不能把它教条化和简单化，它本是应该是一种鲜活的理论精神，并且更多作为一种理论态度和反思活动而存在。即使是马克思恩格斯的辩证法理论也是这种理论态度和反思活动总的过程的一个环节，马克思恩格斯辩证法中丰富的复杂性思想并不能说明他们的理论就是终极的真理，受时代的局限性影响他们的理论表述也必然蕴含着一些简单性的内容，也仍然是人类认识从简单性追求向复杂性自觉转变的一个阶段。我们探索马克思恩格斯辩证法的复杂性思想，更主要的是要强调并确立马克思恩格斯辩证法对现实世界复杂性自觉与反思的理论精神，即使是面对马克思主义理论本身与哪怕是最先进的复杂性科学成果同样如此，我们希望看到的是二者分别站在哲学和科学的角度把人类的认识不断推向更加深入。这也意味着复杂性问题并不是单靠科学这一种人类的认识方式所可以解决的,而且需要通过哲学的思辨来指明方向。就马克思主义理论本身而言同样如此,对复杂性的深入认识也不能依靠纯粹的思辨来完成,它需要在科学的精确与严密中得到证实。复杂性研究的不断深入也必将不断丰富和发展马克思主义理论,使其复杂性反思与自觉的精神更好得到体现,同时更需要在人类的实践活动中反复进行验证并不断得到充实。

这一问题的边界具有很大开放性,甚至我国的社会主义现代化建设中的各个领域都不仅要求我们用马克思辩证法理论去深入思考,同样也要求我们立足于现代科学的复杂性新成果不断去深入理解。这也将成为自己后续研究的主要工作甚至是以后研究的主要方向。可以想见这一研究的难度,甚至可能需要毕生去不断探索,但我仍希望通过对这一问题深入的理论研究从而真正对现实社会发展贡献自己一份微薄之力。

总之,作为一种理论态度和活动的辩证法,正是不断通过对现实世界复杂性反思与自觉把人的理论认识不断推向前进,而这恰恰是辩证法真正的价值所在。马克思恩格斯辩证法无疑彰显了这一价值,我们更应该秉承马克思恩格斯这一思想原则继续前进。继承马克思恩格斯辩证法的复杂性自觉与反思的精神,就要求我们踏上一条漫长的认识苦旅,可以想象,这条路"任重而道远",甚至永远不会有终点,唯一可以肯定的是我们始终处在不断前进之中。

主要参考文献

马克思主义经典著作文献

1. 《马克思恩格斯选集》（第1—4卷），人民出版社1995年版。
2. 《马克思恩格斯全集》（第1卷），人民出版社1956年版。
3. 《马克思恩格斯全集》（第2卷），人民出版社1957年版。
4. 《马克思恩格斯全集》（第3卷），人民出版社1960年版。
5. 《马克思恩格斯全集》（第4卷），人民出版社1958年版。
6. 《马克思恩格斯全集》（第6卷），人民出版社1961年版。
7. 《马克思恩格斯全集》（第16卷），人民出版社1964年版。
8. 《马克思恩格斯全集》（第19卷），人民出版社1963年版。
9. 《马克思恩格斯全集》（第20卷），人民出版社1971年版。
10. 《马克思恩格斯全集》（第22卷），人民出版社1965年版。
11. 《马克思恩格斯全集》（第23卷），人民出版社1972年版。
12. 《马克思恩格斯全集》（第24卷），人民出版社1972年版。
13. 《马克思恩格斯全集》（第25卷），人民出版社1974年版。
14. 《马克思恩格斯全集》（第27卷），人民出版社1972年版。
15. 《马克思恩格斯全集》（第30卷），人民出版社1974年版。
16. 《马克思恩格斯全集》（第31卷），人民出版社1972年版。
17. 《马克思恩格斯全集》（第33卷），人民出版社1973年版。
18. 《马克思恩格斯全集》（第39卷），人民出版社1975年版。
19. 《马克思恩格斯全集》（第42卷），人民出版社1979年版。
20. 《马克思恩格斯全集》（第46卷）（上），人民出版社1979年版。
21. 《马克思恩格斯全集》（第47卷），人民出版社1979年版。
22. 《马克思恩格斯全集》（第48卷），人民出版社1985年版。
23. 《毛泽东选集》（第1卷），人民出版社1991年版。

24. 列宁：《哲学笔记》，人民出版社 1958 年版。

译著文献

1. ［美］拉兹洛：《系统哲学讲演集》，闵家胤译，中国社会科学出版社 1991 年版。
2. ［加］邦格：《科学的唯物主义》，张相轮、郑毓信译，上海译文出版社 1989 年版。
3. ［苏］萨多夫斯基：《一般系统理论原理》，贾泽林等译，人民出版社 1984 年版。
4. ［苏］乌约莫夫：《系统方式和一般系统论》，闵家胤译，吉林人民出版社 1983 年版。
5. ［东德］克劳斯：《从哲学看控制论》，梁志学译，中国社会科学出版社 1981 年版。
6. ［英］罗素：《西方哲学史》（上卷），马元德译，商务印书馆 1976 年版。
7. ［英］罗素：《西方哲学史》（下卷），马元德译，商务印书馆 1976 年版。
8. ［德］黑格尔：《小逻辑》，贺麟译，商务印书馆 1980 年版。
9. ［德］黑格尔：《哲学史讲演录》（第 1 卷），贺麟、王太庆译，商务印书馆 1959 年版。
10. ［美］塞耶：《牛顿自然哲学著作选》，上海人民出版社 1974 年版。
11. ［法］霍尔巴赫：《自然的体系》，管士滨译，商务印书馆 1999 年版。
12. ［美］爱因斯坦：《爱因斯坦文集》（第 1 卷）许良英等译，商务印书馆 1976 年版。
13. ［英］波普尔：《猜想与反驳科学知识的增长》，傅季重等译，上海译文出版社 1986 年版。
14. ［法］埃德加·莫兰：《我的精灵》（法文版），Stock 出版社 1994 年版。
15. ［法］埃德加·莫兰：《自然之为自然》（法文版），Seuil 出版社 1977 年版。
16. ［美］拉兹洛：《用系统论的观点看世界》，闵家胤译，中国社会科学出版社 1985 年版。

17. ［德］黑格尔：《逻辑学》（下卷），贺麟译，商务印书馆 1976 年版。
18. ［匈］卢卡奇：《历史与阶级意识》，杜章智、任立等译，商务印书馆 1992 年版。
19. ［德］施密特：《马克思的自然概念》，欧力同、吴仲译，商务印书馆 1988 年版。
20. ［法］埃德加·莫兰：《方法：天然之天性》，吴泓缈、冯学俊译，北京大学出版社 2002 年版。
21. ［比］普里戈金、［法］斯唐热：《从混沌到有序》，曾庆宏、沈小峰译，上海译文出版社 1987 年版。
22. ［比］尼科里斯、普利高津：《探索复杂性》，罗久里等译，四川教育出版社 1986 年版。
23. ［美］米歇尔·沃尔德罗普：《复杂》，陈玲译，生活·读书·新知三联书店 1997 年版。
24. ［加］威塔涅：《描述复杂性》，李明译，科学出版社 1998 年版。
25. ［美］盖尔曼：《夸克与美洲豹》，杨建邺等译，湖南科技出版社 1991 年版。
26. ［德］克拉默：《混沌与秩序》，柯志阳等译，上海科技教育出版社 2000 年版。
27. ［古希腊］亚里士多德：《形而上学》，吴寿彭译，商务印书馆 1959 年版。
28. ［英］切克兰德：《系统论的思想与实践》，左晓斯、史然译，华夏出版社 1990 年版。
29. ［英］牛顿：《自然哲学的数学原理》，郑太朴译，商务印书馆 1963 年版。
30. ［德］克劳斯·迈因策尔：《复杂性中的思维》，曾国屏译，中央编译出版社 2000 年版。
31. ［英］毛·伯特：《近代物理科学的形而上学基础》，徐向东译，四川教育出版社 1994 年版。
32. ［美］贝塔朗菲：《一般系统论——基础发展和应用》，林康义等译，清华大学出版社 1987 年版。
33. ［美］司马贺：《人工科学——复杂性面面观》，武夷山译，上海科技教育出版社 2004 年版。

34. ［丹麦］帕·巴克：《大自然如何工作》，李炜等译，华中师范大学出版社 2001 年版。
35. ［美］米歇尔·沃尔德罗普：《复杂》，陈玲译，生活·读书·新知三联书店 1997 年版。
36. ［荷］威塔涅：《描述复杂性》，李明译，科学出版社 1998 年版。
37. ［美］盖尔曼：《夸克与美洲豹》，杨建邺等译，湖南科技出版社 1991 年版。
38. ［德］克拉默：《混沌与秩序》，柯志阳等译，上海科技教育出版社 2000 年版。
39. ［美］洛伦兹：《混沌的本质》，刘式达等译，气象出版社 1987 年版。
40. ［美］司马贺：《人工科学》，武夷山译，上海科技教育出版社 2004 年版。
41. ［美］约翰·霍根：《科学的终结》，远方出版社 1997 年版。
42. ［美］P. 巴克：《大自然如何工作》，华中师范大学出版社 2001 年版。
43. ［美］霍兰：《涌现——从混沌到有序》，陈禹等译，上海科学技术出版社 2001 年版。
44. ［法］埃德加·莫兰：《复杂思想：自觉的科学》，陈一壮译，北京大学出版社 2001 年版。
45. ［美］维纳：《控制论》，郝季仁译，科学出版社 1962 年版。
46. ［德］哈肯：《协同学——自然界成功的奥秘》，戴钟鸣译，上海科学普及出版社 1988 年版，序言。
47. ［德］黑格尔：《逻辑学》（下卷），贺麟译，商务印书馆 1976 年版。
48. ［比］普利高津：《确定性的终结》，湛敏译，上海科技教育出版社 1999 年版。
49. ［德］海森堡：《物理学与哲学》，范岱年译，商务印书馆 1981 年版。
50. ［英］戴维斯：《原子中的幽灵》，易心如译，湖南科学技术出版社 1998 年版。
51. ［英］斯图尔特：《上帝掷骰子吗？混沌之数学》，潘涛译，上海远东出版社 1995 年版。
52. ［德］马克斯·韦伯：《社会科学方法论》，杨富斌译，华夏出版社 1999 年版。

53. ［德］克劳斯·迈因策尔：《复杂性中的思维物质、精神和人类的复杂动力学》，曾国屏译，中央编译出版社1999年版。

54. ［英］约翰·厄里：《全球复杂性》，李冠福译，北京师范大学出版社2009年版。

55. ［美］内格尔：《科学的结构》，徐向东译，上海译文出版社2002年版。

56. ［美］贝尔：《当代西方社会科学》，范岱年等译，社会科学文献出版社1988年版。

57. ［美］伊曼纽尔·沃勒斯坦：《知识的不确定性》，王昺等译，山东大学出版社2006年版。

58. ［美］约翰·布里格斯、［英］戴维·皮特：《混沌七鉴——来自易学的永恒智慧》，陈忠、金纬译，上海科技教育出版社2001年版。

59. ［美］大卫·格里芬：《后现代精神：科学魅力的再现》，马季方译，中央编译出版社1998年版。

60. ［美］理查德·H.戴：《混沌经济学》，傅琳等译，上海译文出版社1996年版。

61. ［英］帕特里克·贝尔特：《二十世纪的社会理论》，瞿铁鹏译，上海译文出版社2005年版。

62. ［美］科恩：《地缘政治学——国际关系的地理学》，严春松译，上海社会科学院出版社2009年版。

63. ［美］沃勒斯坦：《学科知识权力》，刘健芝译，生活·读书·新知三联书店1999年版。

64. ［美］威廉姆·多尔：《后现代课程观》，王红宇译，教育科学出版社2000年版。

65. ［英］罗素：《西方哲学史》（上卷），何兆武等译，商务印书馆1963年版。

66. ［法］埃德加·莫兰：《迷失的范式：人性研究》，陈一壮译，北京大学出版社1999年版。

67. ［德］施太格缪勒：《当代哲学主流》，王炳文等译，商务印书馆1986年版。

68. ［英］波普尔：《猜想与反驳科学知识的增长》，周昌忠译，上海译文出版社1986年版。

69. ［英］柯拉柯夫斯基：《形而上学的恐怖》，唐少杰等译，生活·读书·新知三联书店1999年版。
70. ［古希腊］亚里士多德：《物理学》，张竹明译，商务印书馆1982年版，第2页。
71. ［美］福莱：《从亚里士多德到奥古斯丁》，冯俊等译，中国人民大学出版社2004年版。
72. ［古希腊］亚里士多德：《形而上学》，李真译，上海人民出版社2005年版。
73. ［美］罗蒂：《哲学与自然之镜》，李幼蒸译，生活·读书·新知三联书店1987年版。
74. ［澳］保尔·戴维斯：《宇宙的最后的三分钟》，傅承启译，上海科学技术出版社1995年版。
75. ［美］库恩：《科学革命的结构》，李宝恒等译，上海科技出版社1980年版。
76. ［美］弗罗姆：《占有还是生存》，关山译，生活·读书·新知三联书店1989年版。
77. ［英］莱恩：《分裂的自我》，林和生等译，贵州人民出版社1994年版。

专著文献

1. 钱学森：《论系统工程》，湖南科学技术出版社1983年版。
2. 邬焜：《信息哲学——理论、体系、方法》，商务印书馆2005年版。
3. 邬焜：《信息哲学问题论辩》，西安交通大学出版社2008年版。
4. 邬焜：《古代哲学中的信息、系统、复杂性思想》，商务印书馆2010年版。
5. 庞元正、李建华：《系统论、控制论、信息论经典文献选编》，求实出版社1989年版。
6. 黄小寒：《世界视野中的系统哲学》，商务印书馆2006年版。
7. 陈一壮：《埃德加·莫兰复杂性思想述评》，中南大学出版社2007年版。
8. 成思危：《复杂性科学探索》，民主与建设出版社1999年版。
9. 吴彤：《自组织方法论研究》，清华大学出版社2001年版。

10. 魏宏森：《系统科学方法论导论》，人民出版社1985年版。
11. 金观涛：《我的哲学探索》，上海人民出版社1987年版。
12. 汪富泉、李后强：《分形——大自然的艺术构造》，山东教育出版社1996年版。
13. 堵丁柱、葛可一、王杰：《计算复杂性导论》，高等教育出版社2002年版。
14. 文军：《承传与创新：现代性、全球化与社会学理论的变革》，华东师范大学出版社2004年版。
15. 沈湘平：《全球化与现代性》，湖南人民出版社2003年版。
16. 陈平：《文明分岔、经济混沌和演化经济动力学》，北京大学出版社2004年版。
17. 顾基发：《综合集成方法体系与系统学研究》，科学出版社2007年版。
18. 汪子嵩等：《希腊哲学史》，人民出版社1988年版。
19. 方福康：《复杂经济系统的演化分析》，《21世纪100个科学难题》，吉林人民出版社1998年版。
20. 孟庆仁：《现代唯物史观大纲》，当代中国出版社2002年版。
21. 陈晏清、阎孟伟：《辩证的历史决定论》，中国社会科学出版社2007年版。
22. 李秀林：《辩证唯物主义和历史唯物主义原理》，中国人民大学出版社2004年版。
23. 吕世荣：《马克思社会发展理论研究》，中国社会科学出版社2001年版。
24. 严建强、王渊明：《从思辨的到分析与批判的西方历史哲学》，浙江人民出版社1997年版。
25. 阎康年：《牛顿的科学发现与科学思想》，湖南教育出版社1989年版。
26. 何兆武：《历史理性的重建》，北京大学出版社2005年版。
27. 苗力田：《古希腊哲学》，中国人民大学出版社1995年版。
28. 孙周兴：《海德格尔选集》（下卷），上海三联书店1996年版。
29. 贺来：《辩证法的生存论基础——马克思辩证法的当代阐释》，中国人民大学出版社2004年版。
30. 何兆武：《历史理性批判论集》，清华大学出版社2001年版。
31. 刘炯忠：《马克思的方法与系统论》，人民出版社1994年版。

32. 陈学明:《二十世纪哲学经典文本》(西方马克思主义卷),复旦大学出版社1999年版。

期刊文献

1. 钱学森:《大力发展系统工程尽早建立系统科学体系》,《光明日报》,1979-11-10。
2. 钱学森:《现代科学的结构——再论科学技术体系学》,《哲学研究》1982年第3期。
3. 钱学森:《系统科学、思维科学与人体科学》,《自然杂志》1981年第1期。
4. 钱学森:《系统思想、系统科学和系统论》,《系统理论中的科学方法与哲学问题》(论文集),清华大学出版社1984年版。
5. 苗东升:《马克思的非线性历史观——兼与宫敬才先生商榷》,《哲学动态》2001年第12期。
6. 邬焜:《论马克思和恩格斯"全面生产理论"的复杂性特征》,《中国人民大学学报》2006年第6期。
7. 邬焜:《古希腊哲学的信息、系统、复杂性思想论纲》,《人文杂志》2008年第1期。
8. 黄麟雏、李世新:《系统论的发展与哲学及未来社会——记拉兹洛教授在西安的一次座谈》,《自然辩证法研究》1988年第4期。
9. [法]埃德加·莫兰:《论复杂性思维》,《江南大学学报》(人文社会科学版)2006年第10期。
10. [美]拉兹洛:《略评现代系统研究学派》,波兰《科学问题》(季刊)1972年第8卷第2期。
11. 林德宏:《辩证法:复杂性的哲学》,《江苏社会科学》1979年第5期。
12. 陈一壮:《包纳简单性方法的复杂性方法》,《哲学研究》2004年第8期。
13. 方锦清:《混沌:拨开世纪迷云》,《百科知识》2005年第8期。
14. 白刚、张荣艳:《当代中国马克思辩证法研究的四大范式》,《教学与研究》2007第10期。
15. 苗东升:《论复杂性》,《自然辩证法通讯》2000年第6期。

16. 张嗣瀛：《复杂性科学——整体规律与定性研究》，《复杂系统与复杂性科学》2005 年第 1 期。

17. 刘奔：《从"活的历史"研究中掌握活的马克思主义》，《哲学研究》1992 第 6 期。

18. 刘劲杨：《穿越复杂性丛林——复杂性研究的四种理论基点及其哲学反思》，《中国人民大学学报》2004 年第 5 期。

19. 张华夏：《论唯物辩证法与一般系统论的关系》，《哲学研究》1985 年第 5 期。

20. 林德宏：《社会科学：复杂性的科学》，《江苏社会科学》1996 年第 2 期。

21. 吴彤：《复杂性范式的兴起》，《科学技术与辩证法》2001 年第 6 期。

22. 杨中楷、刘永振：《从简单性到复杂性》，《系统辩证学学报》2002 年第 4 期。

23. 刘锋：《系统方式论纲》，《上海交通大学学报》2001 年第 4 期。

24. 苗东升：《论系统思维（二）：从整体上认识和解决问题》，《系统辩证法学报》2004 年第 10 期。

25. 张永安、湛垦华：《非线性经济学的特点与展望》，《经济学动态》1996 年第 7 期。

26. 白利鹏：《历史复杂性的观念》，吉林大学哲学社会学院博士学位论文，2006 年。

27. 吴彤：《复杂性、科学与后现代思潮》，《内蒙古大学学报》2003 年第 4 期。

28. 苗东升：《复杂性科学与后现代主义》，《民主与科学》2003 年第 3 期。

29. 聂耀东、彭新武：《复杂性思维·中国传统哲学·深层生态学》，《思想理论教育导刊》2005 年第 4 期。

30. 田宝国、谷可、姜璐：《从线性到非线性》，《系统辩证学学报》2001 年第 3 期。

31. 吴彤：《复杂性范式的兴起》，《科学技术与辩证法》2001 年第 6 期。

32. 刘放桐：《超越近代哲学的视野》，《江苏社会科学》2000 年第 6 期。

33. 王泽农：《物理学中的简单性原则与物理世界的复杂性》，《学海》1996 年第 6 期。

34. 文雪、扈中平：《复杂视域中的教育研究》，《教育研究》2003年第11期。
35. 周志平：《复杂科学在教育研究中的方法论意义》，《教育理论与实践》2005年第4期。
36. 王洪明：《复杂性视野下的教育研究》，《教育科学》2006年第4期。
37. 赵蒙成：《复杂性知识及其教育意蕴》，《高等教育研究》2006年第11期。
38. 唐德海、李袅鹰：《复杂性视域中的教育选择》，《高等教育研究》2006年第10期。
39. 陈一壮：《包纳简单性方法的复杂性方法》，《哲学研究》2004年第8期。
40. 蔡灿新：《教育本体论研究的转向与教育本体的复杂性——复杂性思维方式视野中的教育本体论研究》，《教育理论与实践》2006年第9期。
41. 苗东升：《地缘政治学与复杂性科学》，《贺州学院学报》2013年第3期。
42. 么加利：《走向复杂——教育视角的转换》，华东师范大学博士学位论文，2002年。

后　　记

我 2001 年从西北大学哲学专业毕业后，一直在西安工程大学从事哲学尤其是马克思主义哲学的研究与教学工作。于 2003 年在西安交通大学攻读科学技术哲学硕士学位，接触到复杂性科学，产生了浓厚兴趣并进行了系统学习；于 2006 攻读马克思主义哲学博士学位，开始致力于复杂性科学与马克思主义哲学有机结合地研究。如今博士毕业已经数个年头，期间因复杂性科学与马克思主义哲学的关系研究在学界有些降温，便试图围绕着用复杂性科学方法分析解决社会现实问题，另觅一些与社会现实密切相关的领域进行研究；又因从事马克思主义哲学的教学工作，时常苦于教与研的错位。几经思虑，便索性又回到读博期间的老路，通过探索复杂性科学与马克思主义哲学的会通以缓解教与研的错位之苦。

三年来，在博士期间思考的基础上又翻阅了大量资料，惊喜地发现相关研究又日渐增多，同道的学者们各辟领域甚至已开花结果，通过仔细研读相关成果，我深感博士期间的一些思考只是看到了冰山一角。在同道学者们相关研究的启发下开阔了思路，闭门读书，期间之苦唯有自知，历经三年终于完成书稿。虽书稿完成，但仍深感现在仅算勉强入门，基于自己有限的释读能力，书中一定存在诸多未尽之意，甚至对前辈同道的研究有着理解性的偏差，后续仍有大量工作需继续探究，所以诚望翻阅本书的前辈同道能给予斧正，更希望能加入到当代的复杂性探索与马克思恩格斯辩证法关系这一话题的讨论中。

全书完成之际，可谓是五味杂陈，有压力，有痛苦，有喜悦，但仔细想来更多确是感激。感谢带我进入这一研究领域并倾力悉心指导的博士生导师邬焜教授与硕士生导师张帆教授；感谢一直给予我宽松研究环境以及方方面面支持的西安工程大学马克思主义学院王志刚院长；感谢给了我各方面帮助和启发的西安工程大学各级领导和同事们；也感谢中国社会科学出版社田文老师等的细致工作。怀着深深的歉意与愧疚，最后感谢研究过程中一直默默支持我的妻子及我可爱的女儿。

另外，本书是在参阅大量参考资料的基础上完成的，有些著作与文章对我在学习研究复杂性与马克思恩格斯辩证法的关系中有不可忽视之启发，却未在这里直接引证和列举，但前辈同道们已有的研究均是本书宝贵的基础，特在此一并感谢！